e-Citoyennetés

Collection *Local & Global*

Dirigée par Gilles Rouet & François Soulages

Migrations, Mobilités, Frontières et Voisinages, Maria Rosteková & Serge Dufoulon (dir.)
Citoyennetés et Nationalités en Europe, articulations et pratiques, Gilles Rouet (dir.)
Nations, cultures et entreprises en Europe, Gilles Rouet (dir.)
Productions et perceptions des créations culturelles, Helena Bálintová & Janka Palková (dir.)
La photographie, mythe global et usage local, Ivaylo Ditchev & Gilles Rouet (dir.)
Pratiques artistiques contemporaines en Martinique. Esthétique de la rencontre 1, Dominique Berthet
Usages de l'Internet, éducation & culture, Gilles Rouet (dir.)
Usages politiques des nouveaux médias, Gilles Rouet (dir.)
Participations & citoyennetés depuis le Printemps arabe, Antoniy Galabov & Jamil Sayah (dir.)
Internet ou la boite à usages, Serge Dufoulon (dir.)
Géoartistique & Géopolitique. Frontières, François Soulages (dir.)
Europe partagée, Europe des partages, Serge Dufoulon & Gilles Rouet (dir.)

Partenaires de la collection

RETINA.International,
Recherches Esthétiques & Théorétiques sur les Images Nouvelles & Anciennes,
ECAC, *Europe Contemporaine & Art Contemporain*, Paris 8,
IEEI, *Institut d'Études Européennes et Internationales* de Reims
& Faculté de Sciences Politiques et des Relations Internationales de Banská Bystrica.

Sous la direction de
Anna KRASTEVA

e-Citoyennetés

L'Harmattan

Les directeurs de cette publication remercient tous les contributeurs pour leur implication dans le colloque international Médias, Internet, Démocratie *qui a donné lieu à plusieurs publications dans cette collection, dont ce volume, ainsi qu'à Anne-Coralie Bonnaire, Iva Debrenlieva et Christophe Lips pour leur important travail de traduction et de relecture attentive, patiente et efficace.*

Publié avec le concours
Du département de sciences politiques de la Nouvelle Université Bulgare de Sofia, du centre de recherche *e-Citizenship*, de RETINA.International, de l'équipe *Arts des Images, Art Contemporain* de Paris 8, du département de sociologie de l'Université Pierre Mendès France de Grenoble, de l'Institut d'études européennes et internationales de Reims, de la faculté des sciences politiques et des relations internationales de l'Université Matej Bel de Banská Bystrica, de la Chaire Jean Monnet *ad personam* « Identités et Cultures en Europe », de la revue *Sens Public*
et grâce au soutien de l'Institut Français de Bulgarie.

5-7, rue de l'École polytechnique ; 75005 Paris

http://www.librairieharmattan.com
diffusion.harmattan@wanadoo.fr
harmattan1@wanadoo.fr

ISBN : 978-2-343-00869-1
EAN : 9782343008691

Préface

Interactions socio-techniques des pouvoirs et des sans-pouvoir

Le thème organisateur de mon travail est le suivant : je suis intéressée et concentrée sur les questions d'interactivité numérique. Dans ce cadre, je soutiens que les technologies de l'interactivité numérique développent leur utilité au sein d'une écologie qui comporte nombre d'éléments non-techniques. Les tablettes, par exemple, mettent à profit un champ d'interactivité pour créer une socialité fine, et ce qui importe avant tout est de prendre en compte cette écologie élargie.

Quand je suis confrontée à des explications puissantes et tenues pour suffisantes, mon premier mouvement n'est pas de les rejeter, mais d'étudier les risques et les dangers de telles explications. Elles renvoient bien à certains motifs : ces grilles d'analyse sont bien des productions collectives. Mon travail portera donc sur le halo de pénombre qui environne de telles analyses. Je procède ainsi dans le cas des technologies numériques. En effet, il a fallu bien du temps et une suite de séquences pour engendrer une stabilisation du sens qu'on leur attribue. Et mon travail de chercheuse consiste à introduire une déstabilisation active des significations sociales qui sont parvenues à une certaine stabilité. Il en va ainsi de concepts comme « Globalisation », « Immigration »… Ce faisant, je dois clairement prendre position dans le champ de ces débats. La méthode est ainsi une discipline, une tactique analytique, et je dois me positionner vis-à-vis de la pénombre.

Par exemple, il y a des rapports entre les techniques et les dimensions sociales et démocratiques. Aux États-Unis, nous observons la domination d'une pensée du déterminisme technologique. Pour ma part, j'insiste sur les interactions plutôt que sur les procédés techniques. C'est bien ainsi qu'en contrepoint de leur développement centré sur les marchés financiers, divers acteurs sociaux géographiquement dispersés prennent de plus en plus part aux espaces globalisés. Ces acteurs ont des rapports variables, souvent complexes, au territoire, au droit, à l'État, à l'autorité et aux divers pouvoirs. Pour analyser cela, il est indispensable de spécifier les éléments d'interactivité spécifiquement numériques et ceux qui leur sont extérieurs. Nous ne les comprendrons qu'en rejetant l'idée d'hybridation et en les étudiant pour eux-mêmes. C'est là une question de méthode. Je me consacre depuis quarante ans à la question de savoir comment conceptualiser ces champs.

À l'aide de ces technologies, les sans-pouvoir peuvent réellement délégitimer les systèmes de savoirs formalisés. Ces systèmes formalisés de savoirs – spécialement ceux constitués par les universités et la finance – sont difficiles à combattre par des acteurs qu'on a longtemps tenus pour purement locaux, immobiles. Et pourtant, l'interactivité en réseau peut leur permettre de sortir de ces relégations et de surmonter les barrières hiérarchico-institutionnelles. Ces démontages des formes du pouvoir légitime se produisent notamment par la remise en circulation des éléments de ces légitimités par le biais du potentiel distributif des réseaux numériques.

Des environnements numériques aux logiques sociales

Il s'agit donc de comparer ces deux types de pouvoirs numériques. L'interaction numérique fait partie de cette écologie complexe, mais il importe d'appréhender la diversité et la spécificité de ces « formations socio-numériques », porteuses à chaque fois d'interactions nouvelles entre le pouvoir et les possibles. Des types différents de formations socio-numériques rendent lisibles différentes manières d'articuler entre elles les interactions numériques et sociales qui redéfinissent les pouvoirs. Ainsi, les traders et les organisations actives sur le numérique suivent une courbe de Phillips qui se rassemble au point technique de réunion de forces particulièrement diversifiées. Les technologies sont utilisées de manières différentes, et relèvent de styles différents. Ces logiques d'usages sociaux par le numérique ont des implications sur les pratiques politiques, y compris pour la gouvernance et la participation démocratique. Je relève trois de leurs caractéristiques. D'une part, l'accès décentralisé : des personnes nombreuses peuvent participer depuis des lieux variés. D'autre part, la simultanéité : l'interaction s'opère en temps réel. Enfin, la connectivité : les hyperliens sont la dimension structurante des interfaces numériques. Sur le fond, notons que les divers utilisateurs partagent les mêmes méthodes. La finance dit : « je suis partout, confiez-moi votre argent ». Et la stratégie des réseaux décentralisés est homologue pour mobiliser vers d'autres fins.

Comment reformuler ces stratégies dans le cadre d'une interaction sociale ? La différence est celle-ci : dans un cas, cela pousse très loin la centralisation de la société civile ; dans l'autre, cela ne se produit pas. On voit que les écologies complexes sont capitales. Elles incluent les variables non-techniques – comme les dimensions sociales et subjectives – tout comme les cultures d'usage propres aux différents acteurs. Les logiques sociales particulières contribuent donc à modeler en partie ces écologies. Ces caractères créent un espace pour des pratiques cognitives informelles. En fin de compte, nous mettons en place un espace destiné à concevoir et à observer des développements contre-intuitifs. Cela joue tant du côté des pouvoirs que du côté des sans-pouvoir. Prenez la finance : il nous a fallu comprendre que la haute finance n'avait rien à faire de l'ordre conventionnel des entreprises. Il y a là un vaste modèle informel.

La question du format est capitale. La firme multinationale est une plate-forme fermée, autarcique. Une entreprise pharmaceutique, par exemple, se protège derrière la propriété industrielle – ses brevets. La finance possède le monopole de ses réseaux et de ses formats – notamment les bourses des principales villes liées entre elles : Londres, New York, Paris, Amsterdam, Hong-Kong, Francfort, Lisbonne… De même pour les fusions et acquisitions réservées à certaines firmes. La finance conserve d'ailleurs certaines redondances, car elles sont autant de ponts vers d'autres secteurs de performance. Chacun de ces formats est un pont vers une économie plus large. À son tour, la société civile procède de même. Ses organisations sont antimondialistes et radicalement obsédées par le souci de maximiser les effets qu'elles peuvent produire. *Amnesty International* utilise des accès décentralisés : elle documente les cas un par un. Dès lors, elle peut utiliser un accès décentralisé, proche du terrain, mais dans le but de maximiser son impact.

Un trait essentiel de ces configurations numériques est la vélocité, qui pousse par elle-même à développer les savoirs informels. Le *trading* à haute fréquence de la finance en est le symbole. Nous voyons ici comment la théorie rend visible ce qui se passe dans le réel. La vitesse de circulation est le premier aspect. Si l'on veut opérer à grande vitesse, il n'est plus possible de manipuler des documents complets. La logique *Twitter* consiste donc à n'extraire que les données pertinentes pour les opérateurs à l'instant donné. Ensuite, la vélocité rend visibles les trajectoires. Tout savoir peut être utilisé en fonction de contextes différents. Enfin, notons en retour que ces pratiques de connaissance largement informelles et transversales peuvent faire l'objet d'une reprise formalisée – la finance comme les organisations de la société civile en font l'expérience en permanence.

Une part informelle dans les processus techniques

Il est ainsi important de noter que le moment informel existe dans toutes les formes exploratoires, et je trouve intéressant que ces technologies permettent de plonger le regard au cœur de cette dynamique présente en permanence. Nous accédons à ce moment informel de la construction des connaissances. En certains cas, cela nous situe au moment émergent de nouvelles pratiques politiques qui, d'ailleurs, résistent à la formalisation. Cela vaut, là encore, pour les acteurs de la société civile comme pour la haute finance. Dans ces deux univers, on transfère en permanence des approches cognitives particulières pour en faire des pratiques sociales et politiques neuves. Cette mutabilité est systématiquement d'ordre micrologique, en sorte qu'elle résiste à la formalisation.

Insistons sur quelques traits de ces trouvailles expérimentales. En tout premier lieu, et pour tous les types d'acteurs, cela favorise à la fois une décentralisation accrue et une plus forte intégration. Ainsi, des initiatives locales en viennent à constituer un réseau global analogue à celui que les marchés de capitaux constituent entre les places financières. L'essentiel pour tous est d'accéder à la dimension globale sans rien perdre des liens spécifiques aux conditions et aux ressources locales qui légitiment ces acteurs.

Puis vient le moment d'une montée en généralité. Les instruments utilisés et les milieux connectifs qui se relient se densifient et se complexifient. Ils deviennent en partie génériques, en sorte que le nombre d'acteurs concernés par ces usages se démultiplie. La politique locale peut toujours se comparer à la finance, par cette association de technicité et d'usages.

Pour finir, il reste cependant une différence substantielle entre les deux modes de connectivité. En effet, la finance, en devenant globale, rend liquides toutes les valeurs qu'elle traite ; à rebours, les villes globales développent toujours davantage leur orientation vers des espaces d'interrelations entre les acteurs. À ce niveau, la différenciation entre les deux univers se renforce continûment, car chacun des deux se rapporte à des normes indépendantes des systèmes techniques. C'est ce qui pousse les contradictions à leur point de rupture. Ainsi comprend-on le ressort de la politique en Argentine, qui refuse l'injection de crédits internationaux dans son économie pour ne pas devoir se conformer aux normes de la finance mondiale. Il est vrai que ce pays a expérimenté la contradiction entre les normes internationales et les conditions de survie des entreprises locales. Il est donc bien légitime de résister à l'uniformisation des normes. En ce qui me concerne, je ne ménage pas les multinationales. Mais en fin de compte, ce sont bien elles qui financent mes travaux.

Saskia Sassen

Traduction et adaptation de **Gérard Wormser**

Introduction

L'e-citoyenneté, projet politique de la révolution numérique

Chaque technologie a son projet politique[1]. Imprimerie rime avec Réforme. La parole de Luther n'aurait pas eu cet effet révolutionnaire si elle n'avait pas été multipliée, renforcée, accélérée par les milliers de bibles que l'imprimerie rend accessibles aux croyants. La radio et la télévision ont un effet encore plus universalisant et globalisant, ainsi qu'un autre référent politique – la démocratie de masse. La technologie acquiert de l'épaisseur sociale et du sens quand elle est imbriquée dans la transformation politique. L'inverse est du genre de l'anti-utopie technologique. Si le lien entre les vagues précédentes d'innovation technologique et les étapes successives de la culture politique pour Dominique Wolton est du registre de la constatation, pour l'Internet, elle est du registre de la problématisation[2].

Quel est le projet politique de l'Internet ? Wolton pose la question, mais ne trouve pas, au début de la décennie précédente (en 2002), suffisamment d'arguments pour y répondre. Dix ans plus tard, un groupe international de chercheurs trouve tant de réponses qu'on leur consacre le présent ouvrage.

---

1. Dominique Wolton, *Fracture numérique ou facture numérique ?*, in Francis Jauréguiberry & Serge Proulx (dir.), *Internet, nouvel espace citoyen ?*, Paris, L'Harmattan, 2002, pp. 31-35.

2. « *Internet est un projet social, pas politique* », affirme Dominique Wolton, *op. cit.*, p. 34.

Le premier groupe de réponses est lié à l'*empowerment* des citoyens, terme anglais au fort message normatif et politique. Le citoyen non seulement devient acteur à part entière, mais entre, grâce aux réseaux et la connectivité sans précédent, dans l'espace des grands pour les défier et même les délégitimer. L'argument le plus ambitieux est formulé par Saskia Sassen : « *à l'aide de ces technologies, les sans-pouvoirs peuvent réellement délégitimer les systèmes de savoirs formalisés. Ces systèmes formalisés de savoirs – spécialement ceux constitués par les universités et la finance – sont difficiles à combattre par des acteurs qu'on a longtemps tenus pour purement locaux, immobiles. Et pourtant, l'interactivité en réseau peut leur permettre de sortir de ces relégations et de surmonter les barrières hiérarchico-institutionnelles* » (p. 8 de cet ouvrage).

Le lien technologie – politique a toujours été direct ; dans le monde numérique il devient intime et intense : rarement une technologie a engagé autant de politique que l'Internet[3] : « *la révolution numérique est une révolution communicationnelle qui transforme la société. La nouvelle technologie exige une nouvelle politique. La Toile transforme le monde en notre sphère d'influence. Grâce à la technologie, nous acquérons la connaissance et la liberté pour agir. Les gouvernements ne peuvent pas arrêter ce processus. Le futur appartient à ceux qui le construisent. Commençons à le construire maintenant* »[4]. Non, ceci n'est pas le manifeste du présent ouvrage, mais le *Wired Manifesto* de 1996 qui a proclamé fièrement le pathos révolutionnaire d'Internet, son ambition à opposer aux gouvernements, corporations, bureaucraties une nouvelle gouvernance en réseau, flexible et centrée sur les individus et les innovations.

Les années après le Manifeste numérique ne finissent pas de tisser le filtre critique à ces interprétations idéologiques du lien technologie-politique. Ce lien n'a pas de couleurs idéologiques claires : libéral ? Libertaire ? Communiste[5] ? L'Internet s'affranchit des étiquettes politiques. Les habits idéologiques et partisans sont trop petits pour son ambition qui vise le noyau même du politique, la démocratie, aspirant à faire éclater le premier et à

3. Dominique Cardon, *La démocratie d'Internet*, Paris, Seuil, 2010, p. 13.
4. "The *Wired Manifesto*", *Wired*, 1996, n° 2.10, sur <http://yoz.com/wired/2.10/features/manifesto.html>.
5. Dominique Cardon, *op. cit.*, p. 7.

refonder la seconde. Il aspire aussi à en construire l'auteur et l'acteur, l'e-citoyen.

« De l'engagement des masses à une masse d'engagements », par cette formule Lucie Merra résume deux tendances : l'accessibilité de l'engagement qui devient à la portée de tout un chacun, ainsi que la multiplication et la diversification des cyberactivités. « Et je pense que maintenant, chacun peut être activiste à son niveau sur des petits trucs, voilà », dit M. (p. 172).

Les internautes affirment une forme active de citoyenneté. Entre les deux conceptions, la citoyenneté comme appartenance et devoir et la citoyenneté comme engagement et activisme, ils choisissent sans hésiter la seconde : « *participer à des initiatives politiques non électorales, comme des mouvements de protestation, des campagnes sociales, la défense de causes, etc.* » (p. 87). Les net-citoyens sont allergiques à toute forme d'action politique instituée. Svetla Koleva *et al.* résument cette transition en « du vivre-ensemble au faire-ensemble » (p. 119). Le cyberactivisme n'aspire pas à renforcer l'ordre établi, mais à le défier, le contester, le refonder.

La reconnaissance est une dimension essentielle de chaque identité, elle est doublement chargée de capital symbolique quand elle est niée par les régimes dictatoriaux. Le réseau global de blogueurs contribue à la formation et au renforcement du e-citoyen par la reconnaissance numérique transfrontalière : l'organisation *Reporter Sans Frontières* a créé le Prix du Net-citoyen. En 2012, il a été remis aux Centres des médias des comités locaux de coordination en Syrie regroupant « *des journalistes citoyens ayant rassemblé et diffusé en temps réel, informations et images sur la révolte populaire syrienne* » (p. 70).

Internet et les réseaux sociaux contribuent à l'innovation et au renforcement de la citoyenneté dans deux directions, en « hauteur » et en « largeur ». La première est exprimée par les idées « chaque e-citoyen-leader » ou « mobilisations sans leader ». La citoyenneté « élargie » trouve sa réalisation dans la création d'une diaspora numérique.

« *Votre désir de voir les "organisateurs" nous fait rire… Votre plus grand cauchemar est devenu réalité : la majorité est capable de s'auto-organiser. Spontanément, rapidement, efficacement. Sans possibilité de neutralisation.* » (p. 161). Cette citation d'un blogueur bulgare vert illustre la volonté des nouvelles mobilisations de rejeter le moule traditionnel – « masse » guidée par un leader – et d'affirmer l'égalité dans cette citoyenneté redéfinie comme participation et responsabilité de chaque citoyen pour l'intérêt public.

La seconde transformation de la citoyenneté, en « largeur », renvoie à la création d'un nouveau phénomène, la diaspora numérique. Traditionnellement, la diaspora est pensée en termes de langue et de culture et ses liens avec la mère patrie sont tissés par deux instances centrales : la famille et l'État. L'Internet et les réseaux sociaux sont les démiurges d'une nouvelle diaspora, numérique, dont les liens sont construits par cette nouvelle citoyenneté transfrontalière active et engagée. La solidarité n'est plus avec l'État, mais avec les citoyens contre des États irresponsables et corrompus. Les mobilisations vertes contre le gaz de schiste ont enthousiasmé les Bulgares en Bulgarie et les Bulgares hors Bulgarie[6] ; les manifestations de masse dans de nombreuses villes bulgares en février-mars 2013 ont été soutenues par des actions de solidarité des Bulgares dans de nombreuses villes européennes[7]. Cette nouvelle diaspora numérique respire au rythme de la contestation, de l'engagement, de la citoyenneté augmentée, plus seulement appartenance culturelle, mais avant tout et surtout action et mobilisation.

Le second groupe d'arguments est lié à l'*accès*. L'Internet élargit l'accès des citoyens à l'espace public numérique plus que toute autre innovation technologique. L'homme en réseau devient homme augmenté. Deux tendances convergent et interfèrent pour faire de l'accès un argument central de la nouvelle e-citoyenneté. La première s'exprime dans les évolutions récentes du concept de citoyenneté, de plus en plus lié aux logiques et les pratiques de la communication et de l'information : « *En particulier, la question de l'accès à l'information et sa place dans la participation aux processus de décision sont devenues des questions majeures de la rationalité politique* » (p. 43). L'autre tendance montre la forte charge normative et politique de l'accès, transformant le dernier d'un terme technique en un nouvel idéal démocratique : il « *incarne aux yeux des nouvelles générations ce que la perspective démocratique représentait pour les générations précédentes* » (p. 43).

L'accès est conçu non seulement en termes quantitatifs – accès d'un nombre croissant de citoyens à un nombre croissant de

6. À Londres, Paris, Copenhague, comme le rappelle Ildiko Otova, chapitre 8.
7. Cf. Anna Krasteva, chapitre 1 & Ildiko Otova, chapitre 8.

sources d'information –, mais avant tout et surtout en termes qualitatifs, le passage du citoyen de la consommation à la production d'information. De nouveaux concepts, tel le journalisme participatif, sont forgés pour exprimer ces nouvelles réalités : « *le journalisme participatif abandonne l'idée de la fabrication d'un "produit" médiatique, et du journalisme comme une "culture d'experts et marchandise", pour adopter un processus interactif, conversationnel qui, idéalement, implique davantage les citoyens à la vie publique* » (p. 190). Valentina Gueorguieva illustre le phénomène par *Indymedia,* son pathos citoyen et son journalisme alternatif.

Le fort potentiel militant des blogueurs et internautes atteint des hauteurs pendant les émeutes, les révoltes et les révolutions. Dans des situations extrêmes, les internautes assurent une multitude de fonctions : ils remplacent les journalistes[8], informent, coordonnent, mobilisent. *Anonymous*, blogueurs, cyberexperts du monde entier courent au secours des blogueurs censurés et menacés, leur procurant des logiciels libres pour se protéger de la cybercensure, attaquant des sites de gouvernements répressifs… Le *Courrier international* appelle les hackers la « cinquième colonne » des révolutions arabes[9].

Créer un *espace public numérique global* est l'aspiration suprême en temps de révolutions, comme en temps de paix. *Global Voices* en atteste, réunissant ceux qui veulent une meilleure conversation globale : « *Les gens qui pensent que les conversations et les partages* peer-to-peer *de travaux créatifs entre citoyens ordinaires sur le cyberespace n'est pas seulement "cool". Ce n'est pas une autre opportunité commerciale. C'est vital pour améliorer l'état du monde* » (p. 70).

L'espace public et numérique est le centre de la troisième catégorie d'arguments pour l'e-citoyenneté comme le projet politique de la révolution d'Internet. Chaque étape de développement de la citoyenneté renvoie à une conception de l'espace public. Michel de Certeau définit 1968 comme « prise de parole »[10]. D'autres auteurs comme Nancy Fraser[11] ajoutent l'inclusion dans la conversation de thèmes qui, avant, étaient

---

8. Par exemple pendant le printemps tunisien quand il n'y avait pas de correspondants étrangers.

9. Cf. Muriel Boudon, chapitre 3.

10. Michel de Certeau, *La prise de parole et autres écrits politiques*, Paris, Seuil, 1994.

11. Nancy Fraser, *Scales of justice: reimagining political space in the globalizing world*, Columbia University Press, 2010.

marginalisés ou repoussés de l'espace public. Dominique Cardon décrit la double révolution numérique comme interférence de deux changements : d'une part, le droit de prendre la parole en public s'élargit à la société entière ; d'autre part, une partie des conversations privées s'incorpore dans l'espace public. « L'espace public s'élargit de toute part et dans tous les sens[12] ».

Internet permet à l'espace public de changer d'échelle. La critique sociale radicale redéfinit l'espace de la justice[13] qui ne doit plus s'arrêter aux frontières nationales, mais doit reconnaître le monde globalisé. Internet fait la même opération avec l'espace public : il en « pousse les murs tout en enlevant le plancher »[14].

Il se construit par la solidarité entre blogueurs du monde entier. Plus la situation de la blogosphère dans un coin du monde s'empire et s'aggrave, plus les blogueurs des pays démocratiques s'ingénient et se mobilisent pour apporter du secours. *Global Voice Online* est un réseau de blogueurs et traducteurs du monde entier qui soutient les blogueurs arabes : « *Il s'agit alors de renforcer leurs liens pour faire pression sur les gouvernements et arrêter la censure en se soutenant mutuellement* » (p. 69). L'Association a créé un observatoire pour aider les blogueurs contre la censure[15].

L'ambition du net-citoyen pourrait être mesurée par le projet d'un *nouvel ordre international* : « *l'existence d'un sixième continent virtuel conduit à prendre en compte un nouvel ordre international où les citoyens du "village global" s'engagent au sein de leur État, mais aussi auprès des autres gouvernements* » (p. 74).

La société civile mondiale est une autre conceptualisation de la création de réseaux entre acteurs locaux. Antony Todorov souscrit à la thèse de Saskia Sassen en affirmant que « *des acteurs, des organisations et des causes tout à fait locaux constituent des maillons tout à fait essentiels de la société civile mondiale, telle qu'elle prend forme actuellement, et ce bien que son existence repose sur les réseaux électroniques globaux et les imaginaires qui leur sont associés* » (p. 140).

De la contre-culture des années 1960 à la cyberculture des années 2010, Anna Krasteva pose la question des valeurs qui fondent la communauté imaginaire des e-citoyens[16] et forment la quatrième

12. Dominique Cardon, *op. cit.*, p. 11.
13. Nancy Fraser, *op. cit.*
14. Dominique Cardon, *op. cit.*, p. 10.
15. Cf. Muriel Boudon, chapitre 3.
16. Avec plusieurs autres auteurs dont Dominique Cardon, *op. cit.*

catégorie d'arguments. « *Révoltés contre le consumérisme, le conformisme, le matérialisme, les hippies des années 1960 chantent l'utopie de la liberté et de l'autonomie, rejettent les pyramides pour les réseaux, sacrifient avec joie l'autorité à l'autel du nouveau lien social et de la solidarité. À ce mixte de contestation, valeurs et utopies, on ajoute aujourd'hui Internet, réseaux sociaux, blogs et autres gadgets digitaux pour réussir l'alchimie de la cyberculture contemporaine. Communications riment avec contre-culture, réseaux informatiques avec messages alternatifs.* » (p. 26).

La contre-culture des années 1960 et la cyberculture des années 2010 partagent la même aspiration : recréer la société par le bas, détrôner les pyramides et légitimer la Toile, tourner le dos aux hiérarchies et redécouvrir la solidarité. Les hippies vivent dans des communautés inspirées par le *free speech*, l'authenticité et les droits de l'homme. Les internautes construisent la « république des informaticiens »[17], un monde méritocratique, complété et solidifié par la culture d'échange et de coopération entre pairs. Le culte du micro et du *do it yourself* sont deux autres piliers des deux cultures. Les hippies créent des communautés pour être authentiquement eux-mêmes ; le monde digital innove les moyens pour redessiner et multiplier les liens sociaux.

Luc Boltanksi et Ève Chiapello[18] nous ont appris qu'après 1968 la critique du capitalisme prend deux voies : sociale, orientée vers la transformation des relations de pouvoir, et artistique, aspirant à la libération, l'authenticité et la créativité des individus. Des auteurs comme Dominique Cardon préfèrent s'inscrire dans la seconde voie : « *dans le contexte américain, Internet a été porté par le mouvement de la critique artiste. Libertaire, son centre de gravité est l'autonomie de l'individu, l'auto-organisation et le refus des contraintes collectives* »[19]. Les auteurs du présent ouvrage préfèrent la voie de la critique sociale et politique et se concentrent sur la construction de la nouvelle citoyenneté numérique.

Dans « L'Internet contre la démocratie », Antony Todorov (p. 135) puis Alexander Marinov développent la réflexion critique. Robert Putnam parle de « cyberaparthied » et de « cyberbalkanisation », l'innovation technologique est séparée et

17. Dominique Cardon, *op. cit.*

18. Luc Boltanski & Ève Chiapello, *Le nouvel esprit du capitalisme.*, Paris, Gallimard, 2011.

19. Dominique Cardon, *op. cit.*, p. 31.

même opposée au changement social par l'affirmation que les nouvelles technologies reproduisent et renforcent de vieilles inégalités. Cette conception critique souligne l'idée que « The winner takes all » et la soutient par une palette d'arguments : les corporations médiatiques sont aussi puissantes dans la Toile que hors d'elle, de nouveaux monopoles s'imposent, *Google*, *Yahoo*, *Facebook* ; la concentration du public sur l'Internet est encore plus importante que dans les médias traditionnels ; les hommes professionnels éduqués sont surreprésentés dans la formation *online* de l'opinion publique ; la légèreté de parler ne surmonte pas la difficulté d'être entendu[20]. D'autres auteurs sont encore plus radicaux et proclament ni plus ni moins la fin de la révolution numérique[21]. Alexander Marinov souligne « *qu'il y a déjà suffisamment d'exemples de réseaux sociaux qui sont plutôt des clubs fermés et qui peuvent difficilement être rattachés aux valeurs de la parité et de l'ouverture* » (p. 235).

Les auteurs de l'ouvrage connaissent cette réflexion critique, la commentent, lui consacrent plusieurs pages. Ils la connaissent, mais ne se convertissent pas. La conception positive est mûre et réfléchie, elle va au-delà du *pathos* technologique, révolutionnant la démocratie, ainsi que des nouvelles inégalités numériques qui complètent et renforcent les inégalités classiques économiques, sociales et culturelles. Deux idées fortes sont formulées : l'Internet a un *projet politique* ; ce projet politique s'appelle l'*e-citoyenneté* : vitale, élargie, augmentée.

Anna Krasteva

20. Matthew Hindmar, *The myth of digital democracy*, Princeton University Press, 2009.
21. Nicholas Negriponte, *La fin de la révolution digitale ?*, sur <http://www.kultura.bg/media/my_html/2063/b_digit.htm>.

1ère Partie

E-PARTICIPATIONS

Chapitre 1

Les Indignés d'Internet

Si les Indignés n'existaient pas, Internet les aurait créés. Je commence par la thèse que je vais argumenter en l'articulant en deux prédécesseurs, sept caractéristiques et quatre figures. Deux remarques préliminaires s'imposent[22].

L'une concerne la distinction entre *deux générations de la démocratie numérique*. La première est celle de la démocratie délibérative qui fonctionne dans la sphère publique virtuelle habermassienne d'après les normes de la communication rationnelle. Elle a été beaucoup critiquée pour son esprit utopique et la surestimation de la rationalité et de la délibération. La seconde génération est centrée sur le citoyen en réseau. Ce citoyen est moins analyseur qu'utilisateur. Il est plus retiré dans la sphère privée, plus autonome aussi. Ces individus autonomes ont accès à une multitude d'espaces politiques choisis. Ce citoyen en réseau est l'auteur et le moteur de l'innovation démocratique[23].

La seconde remarque est inspirée par le *printemps érable* avec son slogan : « Le bruit de nos casseroles sont les cris d'une société en colère ». L'idée de casserole (inspirée des précédents chilien et vénézuélien) est lancée par un professeur qui en crée un évènement sur *Facebook*. Son succès foudroyant va dépasser tous

---

22. Ce chapitre a été réalisé dans le cadre du projet « e-Citoyenneté », concours « Idées » du ministère bulgare de l'Éducation, de la Recherche et de la Jeunesse.
23. Brian D. Loader & Dan Mercea (dir.), *Social Media and Democracy: Innovations in Participatory Politics*, Londres, Routledge, 2012, pp. 1-2.

les pronostics. Cette sonorité violente nous fait entrer dans les deux registres explicatifs de ce mouvement de contestation fort et inédit dans la société québécoise plutôt consensuelle, la force mobilisatrice des réseaux sociaux et la vague des Indignés qui déferle de l'Espagne au Québec, de New York à Sofia.

Les prédécesseurs

Les hackers, hippies de la révolution numérique

« *Nous explorons… et vous nous appelez criminels. Nous recherchons la connaissance… et vous nous appelez criminels. Vous construisez des bombes atomiques, vous financez des guerres, vous tuez, trichez, vous nous mentez et essayez de nous faire croire que c'est pour notre bien et c'est encore nous les criminels. Oui, je suis un criminel. Mon crime est celui de la curiosité. Mon crime est de vous surpasser… Je suis un hacker et ceci est mon manifeste*[24]. »

Le *Manifeste du hacker* annonce haut et fort l'opposition radicale entre *offline* et *online*, entre le monde réel du pouvoir et le monde digital de la liberté.

Les premiers grands prédécesseurs des Indignés d'Internet sont les hackers. Pour leur goût de la liberté et de la contestation, mais aussi pour leur maîtrise de l'espace digital. « Pas d'Internet sans hackers » affirment Fréderic Bardeau et Nicolas Danet[25].

Internet démocratise l'innovation[26] qui devient ascendante : l'architecture d'Internet place le potentiel d'innovation à la périphérie du réseau, dans les ordinateurs et les logiciens qui les connectent. La Toile offre à chaque utilisateur le potentiel d'innover. Cette innovation ascendante et collaborative diminue la distance entre utilisateur et créateur[27]. Les premiers utilisateurs d'Internet – qui en sont aussi les créateurs – préfèrent détourner l'usage des ordinateurs pour créer des choses nouvelles[28] : « *Ils sont*

24. *Manifeste du hacker*, sur <www.phrack.org>.
25. Fréderic Bardeau & Nicolas Danet, *Anonymous. Pirates informatiques ou altermondialistes numériques ?*, Paris, Éditions FYP, 2011.
26. Eric von Hippe, *Democratising innovation.* Cambridge (Mass), MIT Press, 2005 & Dominique Cardon, *La démocratie Internet. Promesses et limites.* Paris, Seuil, 2010.
27. Dominique Cardon, *op. cit.*
28. Fréderic Bardeau & Nicolas Danet, *op. cit.*, p. 10.

déjà des pirates, au sens grec du terme perayo, *signifiant "essayer de", "tenter sa chance à l'aventure"* »[29].

La mégère apprivoisée renvoie à un idéal désuet, le charme d'Internet est dans son indocilité, dans sa capacité à échapper au contrôle, la Toile ne se laisse pas apprivoiser. Bien au contraire, elle se mobilise exactement comme périphérie, différente et opposée au centre : « *il n'est pas surprenant que les premiers groupes politiques sur Internet aient été les groupes les moins verticaux et les moins structurés* »[30], les zapatistes au Mexique, les sans droits (sans papier, sans-abri, chômeurs) en France. Dès son origine, Internet est multicolore, innovant et efficace dès lors qu'il est utilisé par et pour les mobilisations citoyennes, pâle et ennuyant dans ses usages institutionnels.

Pas d'Internet sans hacker, mais aussi pas de hacker sans autonomie du cyberespace. D'où la volonté de se l'approprier, la radicalité du changement, la révolution revendiquée. Le *Manifeste du hacker* (1986) est la pierre angulaire, la *Déclaration de l'indépendance du cyberespace* (1996) dix ans plus tard confirme et radicalise le rejet du pouvoir existant et la création du nouveau monde de liberté et de souveraineté numérique : « *gouvernements du monde industriel, je viens du cyberespace, la nouvelle demeure de l'esprit. Vous n'avez aucun droit de souveraineté sur le territoire où nous nous rassemblons. Je m'adresse à vous avec la seule autorité que donne la liberté elle-même lorsqu'elle s'exprime. Je déclare que l'espace social global que nous construisons est indépendant, par nature, de la tyrannie que vous cherchez à nous imposer. Vous n'avez pas le droit moral de nous gouverner, pas plus que vous ne disposez de moyens de contrainte que nous ayons de vraies raisons de craindre* »[31].

Les philosophes Andre Gorz et Pekka Himanen théorisent le hacker comme l'expression d'une nouvelle conception d'un monde de partage de l'information, de logiciel libre, de production coopérative en réseau, de rapport alternatif au travail, à l'argent, au temps[32] : « *nous sommes en train de créer un monde ouvert à tous, sans privilège ni préjugé qui dépende de la race, du pouvoir économique, de la puissance militaire ou du rang de naissance. Nous croyons que c'est à travers l'éthique, l'intérêt individuel éclairé et le bien collectif, qu'émergera la conduite*

---

29. *Idem.*
30. Dominique Cardon, *op. cit.*, p. 91.
31. *Déclaration de l'indépendance du cyberespace*, 1996, disponible sur <http://morne.free.fr/celluledessites/OeilZinE/declarationdindependanceducyberespace.htm>.
32. Fréderic Bardeau & Nicolas Danet, *op. cit.*, p. 35.

de notre communauté. Nous allons créer une civilisation de l'esprit dans le cyberespace. Puisse-t-elle être plus humaine et plus juste que le monde que vos gouvernements ont créé auparavant »[33].

Le logiciel libre, la production en réseau et le partage lancent un défi au monde de la concurrence exacerbée. L'éthique des hackers attaque le noyau de l'éthique protestante – la propriété capitaliste.

De la contre-culture, années 1960, à la cyberculture, années 2010

La contre-culture de 1968 est le second prédécesseur des Indignés. Révoltés contre le consumérisme, le conformisme, le matérialisme, les hippies des années 1960 chantent l'utopie de la liberté et de l'autonomie, rejettent les pyramides pour les réseaux, sacrifient avec joie l'autorité à l'autel du nouveau lien social et la solidarité. À ce mixte de contestation, valeurs et utopies, on ajoute aujourd'hui Internet, réseaux sociaux, blogs et autres gadgets digitaux pour réussir l'alchimie de la cyberculture contemporaine.

Communications riment avec contre-culture, réseaux informatiques avec messages alternatifs. « *La coïncidence n'est pas fortuite. C'est à San Francisco que s'embrase, en 1967, le* Summer of love *de la jeunesse américaine et que, un an plus tard, Doug Engelbart, directeur du Stanford Research Insitute, [...] montre comment la coopération entre deux ordinateurs peut augmenter l'intelligence humaine* »[34]. Dans les deux cas l'inspiration est la même : l'aspiration à reconstruire la société par le bas.

Zen and the art of motocycle maintenance. An inquiry into values, le roman-phare de Robert Pirsing résume le culte du micro, du *Do it yourself*, du bricolage pour se (re)constuire soi-même et changer le monde.

Luc Boltanski et Ève Chiapello ont montré que la critique du capitalisme entame deux chemins : *social* dont l'objectif est la transformation des relations de domination et *artistique* qui aspire à changer les individus par l'authenticité et la créativité. Les Indignés d'aujourd'hui ne veulent ni plus ni moins que « changer le système », Dominique Cardon situe les prédécesseurs dans la seconde mouvance : Internet a été porté par la critique artiste.

33. *Déclaration de l'indépendance...*, *op. cit.*
34. Dominique Cardon, *op. cit.*, p. 13.

« *Libertaire, son centre de gravité est l'autonomie de l'individu, l'auto-organisation et le refus des contraintes collectives*[35]. »

Avoir des prédécesseurs dans cette vision optimiste et enchantée de la démocratie Internet n'est pas considéré comme répétition. Chaque utopie est conçue comme première et ses fondateurs comme pionniers. La contre-culture de la fin des années 1960 et la cyberculture des années 2010 chantent toutes les deux le nouveau monde de liberté et d'autonomie, fondé sur l'échange, la créativité et les réseaux.

Caractéristiques

Se cacher pour dire et faire plus

Je ne vais pas commencer par la plus importante, mais par la plus visible : l'invisibilité, *l'anonymat.* Le masque de Guy Fawkes est l'image emblématique des Indignés et des Internautes subversifs, leur acteur le plus connu et reconnu, *Anonymous.* C'est du jeu ou du sérieux ? C'est de l'ordre du défi ou du développement de la démocratie ?

Une chose est certaine – le goût pour l'anonymat est tel qu'on en déploie une large palette de formes, y compris le *pseudonimat.* Wu Ming en illustre l'ambition et le profil. En chinois, ce pseudonyme signifie à la fois « 5 noms » et « anonyme » et il englobe cinq auteurs qui publient sur l'abandon des droits d'auteurs. Dans l'esprit de ce qu'ils professent, ils rendent disponibles et *free* tous leurs textes en ligne[36]. L'Internet n'a pas inventé le pseudonyme, on connaît Nicolas Bourbaki, ce nom sous lequel plusieurs mathématiciens ont publié leurs recherches. Ce qu'Internet a fait, c'est d'en amplifier et d'en démocratiser l'usage en quittant la sphère des élites intellectuelles et culturelles. Si le premier objectif est la démocratisation, le second est encore plus ambitieux : la construction et la légitimation de sujets collectifs, critiques et contestataires.

Les messages sont éminemment politiques : accuser l'opacité du pouvoir ; renverser, même dans le ludique, les

35. *Ibid.*, p. 31.
36. Fréderic Bardeau & Nicolas Danet, *op. cit.*, p. 122.

rapports de domination ; affirmer une citoyenneté active et engagée. Le masque et l'anonymat lancent un défi aux politiciens dont les visages sont ouverts, mais l'information est souvent opaque, et affirment un espace public renversé où les visages sont cachés, mais les informations sont transparentes, comme en atteste *Wikileaks*.

L'anonymat est le masque favori du carnaval citoyen. Bakhtine nous l'a fait comprendre comme un espace fort et unique de changement d'identité, de genre, de rôle, de renversement des hiérarchies : les autorités surveillant les citoyens sont remplacées, pour le temps utopique de la fête populaire, par des citoyens surveillant les autorités. Les citoyens masqués font ce que les citoyens non masqués n'osent ou ne peuvent pas faire, rendent publiques des informations institutionnelles, commentent ou participent indépendamment des restrictions professionnelles, politiques, etc.

Le masque porte deux autres messages. Il est la représentation parfaite du symbole vide que chaque Internaute ou citoyen est libre de remplir du contenu désiré. Le triptyque masque-*persona*-personne renvoie à deux conceptions de citoyen : dans la vision grecque la cité vient d'abord, l'individu ensuite, la conception romaine voit l'individu d'abord, la cité ensuite : « *la langue grecque reconnaît la primauté de la cité sur le citoyen ; la langue latine connaît d'abord le citoyen, dont elle dérive la cité et la citoyenneté ; la citoyenneté est un statut de réciprocité* »[37].

L'indigné d'Internet est l'individu éminemment public. Nikolas Sarkozy avait lancé l'appel à « civiliser Internet »[38]. Les *Anonymous* refusent de se civiliser et affichent leur identité sauvage, rebelle et contestataire. L'anonymat est le meilleur allié quand on décide de « *lancer des luttes politiques contre des régimes dictatoriaux ou de passer outre des lois liberticides dans les démocraties* »[39].

Les *Anonymous* ne sont pas les premiers à lier anonymat et démocratie, ce lien a toujours existé, fort et intouchable dans la conception du vote. Ce que les *Anonymous* ont fait, précédés par

---

37. Paul Magnette, *La citoyenneté. Une histoire de l'idée de participation civique*, Bruxelles, Bruylant, 2001, pp. 33-34.

38. Déclaration du président français lors du e-G8, en mai 2011, in Fréderic Bardeau & Nicolas Danet, *op. cit.*, p. 179.

39. Olivier Rollot, *La génération Y*, Paris, PUF, 2012, p. 29.

d'innombrables Internautes, c'est d'étendre son application à d'autres formes de l'e-participation.

S'indigner pour pouvoir prendre la parole

Les *Indignados de Puerta del Sol* et d'*Occupy* crient au paradoxe démocratique : les citoyens doivent *s'indigner et s'insurger pour pouvoir prendre la parole.* Un jeune Bulgare s'est immolé devant le Conseil municipal de Varna, des dizaines de milliers de personnes sont descendues dans les rues en Bulgarie pour se faire entendre par un gouvernement enveloppé par la surproduction de son propre discours populiste et sourd pour les paroles de ses citoyens.

> Mai 1968 et Mai 2011 : la prise de parole
> « *I didn't say "Look", I said "Listen"* »
> « *Je n'ai pas dit "regardez", j'ai dit "écoutez"* »
> Slogan des *Occupy*

Michel de Certeau avait décrit Mai 68 comme une prise de parole, *Occupy* aspire à créer un espace permettant la conversation, pour une démocratie vraie, directe, participative[40].

Les deux évènements essaient de faire le pont entre les pôles de l'espace public de plus en plus éloignés : les interactions entre les individus, d'un côté, l'univers de plus en plus professionnalisé et clos de la politique, d'un autre côté[41].

Nancy Fraser analyse l'élargissement de l'espace public contemporain par deux procédés : l'inclusion dans le débat public des thèmes qui étaient marginalisés ou exclus avant et l'inclusion de nouveaux acteurs/auteurs. La révolution numérique assure l'infrastructure technologique et stimule la culture participative qui pousse encore plus loin ces développements. Dominique Cardon décrit l'élargissement de l'espace public par deux dynamiques orthogonales : « Internet pousse les murs tout en enlevant le plancher »[42] . Il déploie une version numérique de la conception de Nancy Fraser : « *Le droit de prendre la parole s'élargit à toute la société.*

---

40. *Idem.*
41. Dominique Cardon, *op. cit.*
42. *Ibid.* p. 10.

L'espace public s'élargit de toutes parts et dans tous les sens »[43]. La fracture numérique atténue la validité de cet optimisme technologique.

Ce que les Indignés ont clairement montré est que la prise de parole – et l'écoute de la parole citoyenne – est moins fonction de la force des technologies que de la force de l'indignation et de la contestation. Et ce n'est que par la contestation que le citoyen est vu et reconnu – la personnalité de l'année[44] pour *Time magazine* est *the protester*. Les Indignés Internet sont la figure emblématique de *grassrout empowerment*, de l'*electronic grassrouting of democracy*[45].

Les Indignés d'Internet ne sont pas les seuls indignés, ils ne sont qu'une des expressions de cette vague de contestation, rejet et révolte qui ne connaît pas de frontières et qu'on retrouve dans les sociétés pauvres comme dans les sociétés riches. « *L'époque contemporaine se caractérise, ainsi, par une logique de la résistance qui se manifeste par une rhétorique de l'indignation et par une géopolitique de la rupture*[46] ».

Le succès foudroyant de « Indignez-vous ! » en atteste : il est devenu le manifeste de cette nouvelle époque de la contestation. L'indignation n'est pas conçue comme négativité et rejet, mais comme construction et positivité. Elle s'affirme comme la voie privilégiée de construction du citoyen actif et responsable : « *Indignez-vous ! Je vous souhaite à tous, à chacun d'entre vous, d'avoir votre motif d'indignation. Quand quelque chose vous indigne, on devient militant, fort et engagé* »[47].

Rêve et Utopie

À l'une des assemblées des *Occupy*, quelqu'un demande à tous ceux qui veulent rêver de lever la main, une poignée de main se lève[48]. Marina Sitrin, une des auteurs d'*Occupy*, le livre qui rassemble les textes et les témoignages des indignés, se définit comme écrivaine, avocate, activiste, *idéaliste*.

---

43. *Ibid.*, p. 11.
44. 2011.
45. Manuel Castells, *The Internet galaxy: reflections on the Internet, business and society*, Malden, MA, Blackwell, 2001.
46. Bernard Lamizet dans le même ouvrage.
47. Stephane Hessel, *Indignez-vous !*, Paris, Indigène Éditions, 2011, p. 11-12.
48. *Occupy…*, *op. cit.*

Les Indignés s'insurgent, mais rêvent aussi. Ils ne veulent pas canaliser la contestation dans les rails du pragmatisme politique. Ils aspirent à créer un espace utopique et alternatif, « *l'espace le plus ouvert, participatif et démocratique possible. Nous faisons tous de notre mieux pour incarner, dans nos relations quotidiennes, le changement que nous désirons* »[49]. Cet idéal assumé est résumé dans le titre de l'ouvrage de John Holloway, *Changer le monde sans prendre le pouvoir*[50].

Le genre utopique est la preuve que les Indignés, les *Occupy* ne s'apprêtent pas à passer dans la politique politicienne, mais veulent changer la politique de l'extérieur, en posant l'idéal par rapport auquel les citoyens vont évaluer les développements démocratiques.

Revendications « *abstraites* »

De la baisse du prix de l'électricité pour les ménages à une nouvelle Constitution, du rejet des monopoles à la diminution du nombre des parlementaires, les revendications du « printemps Bulgare »[51] sont très hétérogènes, disparates, contradictoires, mélange entre le court et le long terme, demandes concrètes et justes et réformes politiques plus qu'ambiguës. Ce mixte est la cible des critiques des indignés bulgares, le procédé le plus facile pour les dévaloriser et les ridiculiser.

Anticipant un tel risque, les *Occupy* se sont bien gardés de revendications concrètes : « Nous avons décidé de ne pas nous inscrire *du tout* dans un cadre de revendications »[52]. Leurs cibles sont plus globales et « abstraites » : la financiarisation extrême du capitalisme, la dictature des marchés financiers, l'arrogance des 1 %.

---

49. *Occupy…*, *op. cit.*, p. 32.
50. John Holloway (dir.), *Changer le monde sans prendre le pouvoir*, Paris, Syllepses, 2008.
51. Les manifestations de masse dans de nombreuses villes bulgares qui ont duré plusieurs semaines pendant le printemps 2013 et ont provoqué la chute du gouvernement, la démission du leader politique le plus charismatique de la transition, le premier ministre Boyko Borisov, des élections anticipées, la démission après quatre mandats du maire de la seconde ville du pays, etc.
52. *Occupy…*, *op. cit.*.

Au monde dominé par les marchés et les finances, les Indignés et les *Occupy* opposent le monde démocratique tourné vers les citoyens et fait par les citoyens. Comment nommer cette nouvelle forme de démocratie? Directe ? Elle ne se reconnaît pas dans les mots trop descriptifs, trop usés et cherche la fraîcheur de la nouveauté et de la normativité, la *vraie* démocratie : « *en Espagne ils crient :* Democratia Real Yà *! En Grèce ils se sont remis à utiliser le mot du grec ancien,* Demokratia. *Bientôt, je l'espère, dans nos parcs et sur nos places, dans nos quartiers, nos écoles, nos lieux de travail, nous nous écrierons tous d'un même élan : démocratie vraie* »[53].

Mouvement sans leader, ni hiérarchie

13 juin 2012 – l'anniversaire du premier ministre bulgare Boyko Borisov. Tôt l'après-midi, on lance sur *Facebook* l'appel « Retirons le cadeau de Boyko ! Bloquons le Pont aux Aigles contre la Loi des forêts ». Le profil *Facebook* est créé le jour même. Malgré son apparition immédiate sur la Toile, 2 062 personnes s'inscrivent à l'évènement. Une partie d'eux bloque le carrefour au centre de la capitale. Quelques filles et garçons reproduisent avec joie le geste favori des Indignés : ils offrent des fleurs aux policiers lourdement armés. Le lendemain un autre utilisateur *Facebook* crée le groupe « Monsieur le Président, venez avec nous ! Nous revendiquons le veto sur la loi des forêts ». Le profil est créé de nouveau le même jour, il mobilise 4 487 signataires, on bloque de nouveau la circulation.

Le *happy end* ne tarde pas : le président utilise son droit de veto, les manifestants se réunissent de nouveau non plus pour bloquer, mais pour planter des fleurs à la place de celles écrasées[54].

Une histoire bulgare comme il y en a partout, de Madrid à New York, d'Athènes à Reykjavik. Comme règle, ces mobilisations n'ont pas de leaders, l'appel *Facebook* est explicite là-dessus : « Il n'y a pas d'organisateurs. Diffuse urgemment par mails, *Facebook*, *Skype*, SMS »[55].

Une belle absence de leader ! Comment la remplir ? Comment nommer positivement le manque de hiérarchie ? Les

53. *Occupy…*, *op. cit.*, p. 34.
54. Svetolav Spassov, « Новини », *Тема*, 25/2012, pp. 26 et suivantes.
55. *Idem.*

Occupy ont forgé le terme de *horizontalidad* inspiré par l'Argentine de 2002. Ils l'illustrent par différents gestes : une surface plane en écartant les deux mains à plat ou une montagne pentue dessinée par les mains jointes par le bout des doigts. La conception de la *horizontalidad* est encore plus belle que le geste, elle aspire au double objectif de faire *agency*, un nouveau sujet engagé, et de refonder le lien social : « *une relation sociale qui permet la création d'autres choses, mais c'est aussi un but en soi : le but est de développer la participation et l'horizontalité même.* Horizontalidad *désigne et décrit les changements qui surviennent lorsque le processus participatif lui-même nous transforme* »[56].

La Génération Y – connectée et indignée

On souligne à chaque fois quand les adultes joignent le printemps érable ou les *Indignados de Puerta del Sol*, cela ne fait que souligner leur exceptionnalité. Les Indignés d'Internet sont un phénomène générationnel.

Indignés sur les places + Indignés d'Internet = *Jeunesse du début du XXIe ou la génération* Why

Cette nouvelle jeunesse, connectée, méfiante et indignée, est labélisée « Y »[57]. D'abord et surtout, parce que la Génération Y[58] n'accepte ni les évidences, encore moins les autorités et qu'elle questionne tout, mais aussi parce qu'elle échappe souvent à l'intelligibilité' et reste une énigme pour les parents. Ce sont les natifs numériques, ils se sentent les hôtes et les maîtres du monde digital dans lequel les adultes, dans tous leurs rôles de parents, politiciens, leaders, etc., ne sont que des étrangers ou métèques. Même quand ces derniers essaient de s'y intégrer, ils n'en deviennent jamais les auteurs. On les appelle les quatre « I » : interconnectés, inventifs, individualistes, impatients. La tradition

56. *Occupy…*, *op. cit.*, p. 33.
57. Y de *Why*, Pourquoi ?
58. Olivier Rollot, *La génération Y*, Paris, PUF, 2012 & Monique Dagnot, *Generation Y. Les jeunes et les réseaux sociaux, de la dérision à la subversion,* Paris, Sciences Po, 2011.

est un mot vide, l'institution un peu moins, mais ils y sont profondément déloyaux : ils ne se laissent pas guider, ne suivent pas, ils cherchent, expérimentent, innovent. La politique traditionnelle les ennuie, ils cherchent l'action immédiate et la posture radicale. Les Y ont une mission : se révolter et un objectif : un monde plus juste : « *il faut se révolter. Les Y se vivent comme les acteurs majeurs d'une société dont ils veulent accompagner les mutations. Et rien ne les révolte plus que l'injustice* »[59].

Humour – dérision et défoulement

L'indignation n'est pas l'unique émotion des indignés, l'humour en atteste : « Pas besoin de boulot, j'ai trouvé une occupation »[60], sourit une des *Occupy*. L'humour est l'arme favorite de la politique contestataire. Ses acteurs s'ingénient à en inventer les expressions les plus extravagantes et diversifiées : Boris Johnson gagne le siège de maire de Londres avec le slogan « *Si vous votez pour moi vos épouses auront des seins plus grands et vous augmenterez les chances de conduire une BMW M3* ». Il a même réussi à obtenir un second mandat, car il n'avait pas précisé combien de mandats sont nécessaires pour la réalisation du slogan.

L'humour est tellement puissant qu'il se transforme en vrai démiurge et crée ses propres figures politiques : « nous n'avons pas des politiciens, mais des comédiens » déclare le parti *Die Partei* en Allemagne. Un des leaders favoris des Brésiliens est le clown professionnel Tiririka qui devient maire d'une des plus grandes métropoles mondiales Sao Paolo avec le slogan : « *Que fait un élu ? Je ne sais pas, mais si tu votes pour moi je vais étudier la question* ». Un autre comique professionnel, Beppe Grillo, est en train de bouleverser la scène politique italienne. Si l'humour n'existait pas, les Indignés l'auraient inventé. Pourquoi le registre opposé à l'indignation est-il donc si crucial ?

D'abord et surtout par son opposition constructive à la colère et à la rage. Il fait baisser la tension, aide à surmonter les contradictions en les sublimant dans la blague et la dérision. Il contrebalance l'exaspération de l'explosion en ouvrant une piste à

---

59. Olivier Rollot, *op.cit.*, p. 31.
60. *Occupy…*, *op.cit.*, p, 19.

l'espoir que tout n'est pas perdu, si on montre les failles et les faiblesses, on aura aussi la force de trouver une solution.

La seconde force de l'humour contestataire vient de son enracinement dans la culture cool de la Génération Y. L'objectif du défouloir est de « dissiper soucis et colères, d'acheminer vers cet idéal des jeunes, le *ground zero* de l'énervement : le cool »[61].

Le troisième attrait de l'humour fait de lui l'espace par excellence de la créativité, de l'expérimentation, de l'imagination, ce qui est bien le terrain de mouvements qui n'aspirent pas à la politique politicienne, mais à la création d'alternatives.

L'homme augmenté

Simmel a une belle définition de l'amour : les amoureux grandissent ensemble dans la relation. Une des plus belles images utopiques des Indignés et d'*Occupy* est la croyance qu'ils se rassemblent nous seulement pour faire plus, pour faire masse, mais pour que chacun grandisse dans la contestation et la citoyenneté engagée : « *les* Occupy *disent combien cette nouvelle relation avec leur environnement social les a transformés, combien l'idée même de "je", s'était modifiée dans sa relation à l'idée d'un "nous", un "nous" lui aussi transformé dans sa relation au "je"* »[62].

Figures

Je vais articuler quatre figures ou cas des Indignés d'Internet : les *Anonymous*, les auteurs de la Constitution islandaise, les nouveaux leaders de l'e-rue, la diaspora numérique et contestataire bulgare.

Anonymous : *se cacher pour mieux lutter*

« Nous sommes *Anonymous*. Nous sommes légion », « Nous sommes les 99 % », les petites minorités des *Anonymous* et des *Occupy* pensent représenter une majorité écrasante de citoyens. Si cela reste à prouver, il est incontestable que le phénomène des

61. Monique Dadnaut, *op. cit.*
62. *Occupy…*, *op. cit.*, p. 33.

Anonymus connaît une forte expansion : des modestes 10 cyber-attaques en 2009 aux impressionnantes 100 cyber-cibles juste deux ans plus tard. Ces cibles sont de trois types : organisations[63] et individus[64] qui représentent un danger pour les droits et valeurs citoyens ; grandes compagnies qui menacent la liberté d'expression[65] ; régimes non démocratiques[66]. Le printemps arabe inspire certaines de leurs actions comme le délaçage de la page d'accueil du site du ministère de la Défense de la Syrie. Ils menacent le gouvernement égyptien : « Anonymous *veut que vous offriez pleinement le libre accès aux médias dans votre pays, sans censure. Si vous ignorez ce message, non seulement nous attaquerons vos sites web, mais…* »[67].

Les cyber-attaques des *Anonymous* sont une des expressions de l'indignation Internet. Ce qui rapproche encore plus les *Anonymous* des Indignés sont à la fois les cibles – la gouvernance néolibérale, ainsi que les principes positifs – la défense de la liberté d'expression, le partage des connaissances et la croyance en la faculté bénéfique du réseau.[68]

Crowdsourcing *politique, e-démocratie directe en Islande*

Wikipédia définit *crowdsourcing* comme un nombre important de personnes qui travaillent gratuitement pour un projet qui peut varier d'un logiciel libre à *Wikipédia* elle-même. Le cas qui nous intéresse est une Constitution, ni plus, ni moins.

Qui a pu avoir le courage d'oser faire descendre la Constitution du plus haut piédestal politique et juridique dans l'espace quotidien de *Facebook* ? Un peuple, dont l'expérience et la culture démocratique datent de plus de 1000 ans et qui charrie l'idée d'agora et de rassemblement populaire, et que le nombre d'habitants (320 000) n'écrase pas.

63. La Scientologie attaquée en 2008 à cause de son obscurantisme.

64. Les *Anonymous* ont publié les abonnés des sites pédophiles et font des attaques contre les sites des mouvements d'extrême droite.

65. Les *Anonymous* s'emparent de mails de hauts responsables de HBGary Federal – société de sécurité informatique – et montrent que la société développait des logiciels pour influencer l'opinion publique en créant de faux blogs.

66. Fréderic Bardeau & Nicolas Danet, *op. cit.*

67. *Ibidem*, p. 151.

68. *Idem.*

Une expérimentation d'une telle radicalité nécessite un déclencheur gigantesque. Elle l'a reçu sous la forme du tsunami de crise, de la faillite des banques, une dette qui représente dix fois le PNB et le discrédit total des élites. Quand la classe politique abdique de ses responsabilités, il n y a que les citoyens qui peuvent prendre la démocratie en main.

C'est le cas de l'Islande de 2008. Transformer la rage et la colère de la crise totale, financière, économique, politique, en énergie positive est un défi difficile à gagner. Les citoyens islandais l'ont fait avec courage et engagement.

La citoyenneté n'est pas quantifiable, sa force est dans le capital symbolique de la participation. Quelques chiffres pourtant pour illustrer la création de la WikiConstitution : *brainstroming* sur la question « Où voulons-nous aller ? » avec la participation de 1 000 citoyens moyens et de certains grands penseurs. Cette première étape de mobilisation des réseaux sociaux finit par une liste de valeurs partagées. Un appel à candidatures pour la Cour Constitutionnelle (CC) a été lancé et 522 citoyens ont répondu positivement. Le vote populaire a sélectionné parmi eux les 25 membres de la CC. Tous les réseaux sociaux, *Facebook, Twitter, Youtube, Flickr*, ont été mobilisés pour la cause constitutionnelle et les citoyens ont formulé 3 600 commentaires et 370 suggestions.

La qualité juridique de la Constitution islandaise n'est pas pertinente pour mon analyse. Cinq conclusions sont à retenir de l'expérimentation islandaise :

- la transformation des Indignés de la rue en e-citoyens actifs et engagés ;
- la réputation du *crowdsourcing* pour les mobilisations de masse ; il s'est avéré aussi efficace et réussi pour la Constitution que pour *Wikipédia* ;
- l'expérience inestimable de dialogue entre citoyens et experts, la créativité des premiers et la responsabilité des seconds à traduire dans un discours juridique valeurs et idées ;
- la transition douce entre e-démocratie directe et la démocratie représentative qui a succédé ;
- l'écho démocratique qui a largement dépassé les frontières islandaises et qui continue à inspirer des citoyens partout en Europe et au-delà pour inventer de nouvelles formes d'e-démocratie et réinventer la démocratie tout court.

La Toile étoilée italienne, indignation et Commedia dell'arte

La *Commedia dell'arte* sur les places italiennes et l'avant-garde dans les réseaux sociaux sont les deux premiers atouts du succès foudroyant de Beppe Grillo en Italie 2013 : de 5 % dans les sondages en 2012 aux incroyables 25 % lors du vote de février 2013 : « *la rue et l'e-rue sont les espaces favoris de cette nouvelle star de la politique italienne : les foules sur les places et le million d'amis sur Facebook et le nombre similaire de* followers *sur Twitter. Son opposant – le socialiste Bersani – n'en a que le quart* »[69]. Le blog de Grillo est le plus lu en Italie. C'est l'e-leader par excellence.

Pendant vingt ans, Berlusconi s'est adressé directement aux électeurs à travers ses télévisions. Aujourd'hui Grillo s'adresse directement aux électeurs à travers les réseaux sociaux.

Le secret de son succès est le va-et-vient permanent entre la rue et l'e-rue : il invite ses amis *Facebook* aux débats directs, aux *meet-up groups* offline. Il ferme le cercle de l'engagement quant à ses meetings, il invite le public à rester connecté et actif. Le processus politique a été transféré on-line : 35 000 sympathisants ont élu leurs candidats aux élections parlementaires par Internet avec la conviction que les citoyens ordinaires feront mieux la politique que l'élite corrompue.

Ses électeurs sont les Indignés d'Internet et du direct. Il capte leur colère, leur mépris du politique avec son discours anti-establishment, anti-élite, anti-corruption. Si les Indignés ne sont qu'une minorité, bien que de plus en plus importante, ils expriment une tendance générale, la confiance dans les partis traditionnels diminue drastiquement, le nombre de participants dans les réseaux sociaux augmente.

Le printemps numérique bulgare

Le printemps bulgare de 2013 a vu descendre dans les rues de nombreuses villes bulgares des centaines de milliers de manifestants. Les revendications se multipliaient, des prix inabordables de l'électricité à cause des monopoles à la corruption des élites nationales et locales et à la pauvreté généralisée. *Facebook* et les réseaux sociaux, comme dans tous les « printemps », ont été

69. Comme le conservateur David Cameron en Grande-Bretagne.

à la fois le mégaphone des organisateurs, l'agora des manifestants virtuels et le forum des discours critiques.

Je vais me concentrer sur un évènement qui est emblématique pour mon thème : la mobilisation des Bulgares de la diaspora dans quelques dizaines de villes européennes. L'online et l'offline ont créé une réalité « augmentée »[70] de la citoyenneté connectée engagée. Au début était, évidemment, *Facebook*. Dans la page de l'organisation « Ensemble pour la Bulgarie » à Munich en Allemagne : « *Chers amis, nous qui allons tous manifester demain, on aura l'honneur d'être part de la même initiative. Nous, les concitoyens de nombreux pays européens, on va se ranger pour présenter avec nos corps une lettre et écrire ensemble Bulgarie. Montrons que les Bulgares peuvent être unis, même loin les uns des autres* ».

25 villes européennes ont vu les Bulgares se réunir pour montrer leur solidarité. Toutes les villes bulgares, à travers les télévisions et Internet, ont vu les Bulgares de la diaspora faire citoyenneté commune avec les Bulgares de Bulgarie.

Berlin a dessiné « B », Düsseldorf, « U », Londres, « L », Vienne, « G », Paris, Munich, Dublin et Lille, les autres lettres du nom du pays. Varna, la ville-symbole du printemps bulgare, a dessiné tout le mot « Bulgarie ». Le caractère utopique de cette nouvelle politique symbolique est souligné par le dernier mot du clip : « *cette vidéo exprime la force du désir, la folie du non traditionnel, la confiance dans les inconnus, l'amour dans la vie* »[71].

Rassembler dans une réalité ces morceaux dispersés dans plusieurs villes et pays n'est possible que dans l'Internet, dans la vidéo[72] diffusée par *Youtube*. Le Web s'affirme comme une nouvelle république citoyenne numérique de contestation, de solidarité, de fierté nationale.

Comment théoriser les Indignés d'Internet ? La théorie des nouveaux mouvements sociaux offre un cadre analytique intéressant qui met l'accent sur les *life politics* et les projets réflexifs de soi (Anthony Giddens), signification, autonomie, créativité :

---

70. *Homme en réseau – homme augmenté. Ces réseaux numériques, dits sociaux*, vol. thématique, n° 59, *Hermès*, 2011, pp. 123-124.
71. Sur <http://www.youtube.com/watch?v=t9Ed_jm1hjM>.
72. *Idem.*

« *New actors whose identity is flexible, fragmented and shifting do not seek control, power or economic gain. Instead, the struggle is oriented toward control over the process of meaning, autonomy, creativity of relationships, and ways of defining and interpreting reality* »[73].

Le diagnostic théorique de ce modèle transfère le conflit social de la sphère politique à la société civile et la sphère culturelle où se jouent et se reconstruisent les identités et les nouvelles solidarités[74]. Ce modèle explique plusieurs dimensions des Indignés Internet, comme les hackers, *Anonymous*, la Génération Y. Il reste pourtant déficitaire par rapport aux autres phénomènes analysés comme les 5 étoiles en Italie, la réinvention de la démocratie en Islande, le printemps bulgare digital. Ces cas montrent une nouvelle ambition : accéder au vif de la politique par une critique radicale et par une nouvelle définition de la démocratie, citoyenne et connectée. Le modèle théorique pour expliquer cette nouvelle e-citoyenneté reste encore à inventer.

Je résumerai les changements dont les Indignés Internet sont à la fois l'expression et les porteurs :

- de l'apathie et de la fatigue démocratique à l'explosion de l'engagement ;
- de la non-participation à la révolte ;
- de l'individualisme à l'action collective ;
- du consumérisme aux valeurs politiques du partage ;
- de l'individu en réseaux à l'individu augmenté ;
- d'une jeunesse centrée sur elle-même à une jeunesse ambitionnant de changer le monde sans faire la révolution.

Anna Krasteva

73. Victoria Carty. *Wired and mobilizing, Social movements, new technologies, and electronic politics*, New York, Routledge, 2011, pp. 14-15.
74. *Idem.*

Chapitre 2

Mutations de la citoyenneté

La recomposition de l'espace public

Le concept d'espace public est élaboré par Jürgen Habermas[75] en 1962, au moment de la guerre froide et au moment de l'élaboration de nouvelles pratiques d'information, de communication et de médiation, pour désigner le champ dans lequel a lieu, avant la Révolution française, le débat public qui s'instaure dans l'opinion, à la fois dans les pratiques nouvelles des médias et de l'information et dans les logiques nouvelles d'expression des identités politiques. Depuis, ce concept d'espace public a évolué, il a connu de nombreuses transformations liées en particulier à l'évolution des identités politiques et des formes de la citoyenneté. Il a notamment connu trois types de recomposition, qu'il importe de comprendre ici pour mieux penser les mutations de la citoyenneté.

Les premières sont liées à la mutation des territoires, dans la logique de la décentralisation et dans celle de la mondialisation. Pour bien penser cette évolution, sans doute est-il important de commencer par une définition du concept de territoire. *Médiation politique de l'espace*, le territoire désigne les modalités selon lesquelles les identités politiques se manifestent dans l'espace sous la forme de l'emprise des pouvoirs et de l'étendue de l'expression de la

75. Jürgen Habermas, *L'espace public*, tr. fr. de M. B. de Launay, Paris, Payot, Coll. « Critique de la Politique », 1978 [1962].

citoyenneté. Un territoire désigne ainsi, à la fois l'étendue d'espace dans laquelle s'exprime l'identité politique qui correspond à une appartenance et l'étendue d'espace sur laquelle s'exerce le pouvoir d'un acteur politique ou d'une institution. Or, à la fois pour des raisons liées à l'évolution des pratiques de la communication et de l'information et pour des raisons liées aux transformations des espaces de l'activité économique liées à l'évolution des modes de déplacement et de transport, les territoires ont connu des transformations importantes. On peut citer, en particulier, parmi ces transformations, la distanciation parfois considérable entre l'étendue des espaces économiques et de l'emprise des pouvoirs financiers et celle des espaces politiques de la citoyenneté, dont l'Union européenne nous donne un exemple particulièrement éclairant.

Les secondes recompositions sont liées aux migrations et flux de population liés aux contraintes économiques et aux faits de la décolonisation. Les colonisations avaient donné lieu à la naissance de nouveaux espaces économiques et politiques et à de nouveaux marchés, sans commune mesure avec les territoires et les espaces politiques traditionnels. On se rappelle qu'il se disait du Commonwealth que le soleil ne se couchait pas sur l'espace qu'il représentait. La décolonisation a transformé l'emprise coloniale en donnant lieu à de nouvelles formes d'emprise politique et économique. Par ailleurs, les migrations liées à la recherche du travail et aux inégalités du développement économique des différentes parties du monde expliquent la construction de nouveaux espaces économiques d'échanges commerciaux et de flux de travailleurs qui font apparaître, dans l'espace public international, l'emprise de nouvelles logiques et de nouvelles formes d'exercice des pouvoirs et celle de nouvelles identités politiques et de nouvelles formes d'appartenance et de sociabilité.

Enfin, les recompositions de l'espace public sont liées aux évolutions des pratiques de la communication, de la représentation et de la médiatisation. Elles tiennent, en particulier, aux mutations du temps de la communication, qui est toujours plus rapide et, en quelque sorte, raccourcit les distances, et aux transformations de la spatialité de la communication, désormais inscrite dans la problématique du réseau qui supplante la problématique classique des territoires.

Logiques contemporaines de la citoyenneté

La citoyenneté a toujours consisté dans une articulation entre la médiation politique de l'appartenance, ses manifestations institutionnelles et la mise en œuvre des pratiques symboliques de son expression et de sa représentation. Mais, au cours de son histoire, les logiques et les pratiques de la communication et de l'information ont pris de plus en plus d'importance dans l'élaboration du concept de citoyenneté. En particulier, la question de l'accès à l'information et sa place dans la participation aux processus de décision sont devenues des questions majeures de la rationalité politique. Cet accès est devenu de plus en plus complexe, en raison de la multiplication des acteurs engagés et en raison de la complexité croissante des dispositifs de la médiation et de l'information. Par ailleurs, cet accès est devenu de plus en plus dépendant de la maîtrise des technologies, à la fois discriminante socialement et restreinte en raison de leurs coûts, et de celle des logiques économiques qui constituent un pouvoir majeur sur l'information et sur les logiques et les dispositifs de représentation et d'expression des identités politiques. Jeremy Rifkin a ainsi montré en particulier comment la signification complexe et multiple du concept d'accès manifestait cette confusion contemporaine entre la citoyenneté et les usages des technologies d'accès à l'information. La logique de l'accès « *est désormais* », écrit-il, « *la porte ouverte au progrès et à l'accomplissement personnels, elle incarne aux yeux des nouvelles générations ce que la perspective démocratique représentait pour les générations précédentes* »[76].

Lié à la fois à l'identité des nations, aux logiques d'appartenance et de sociabilité, et aux pratiques de communication et d'information, le concept de citoyenneté manifeste une articulation entre des droits institutionnels, des pratiques symboliques de langue et de représentation, des modes communs d'expression de l'identité culturelle et l'adhésion à des imaginaires politiques partagés. Mais ce qui semble fondamental dans le concept de citoyenneté est sa dimension restrictive : comme la citoyenneté n'est pas seulement un ensemble de pratiques, mais une médiation politique de l'appartenance, elle

76. Jeremy Rifkin, *L'âge de l'accès*, trad. fr. par M. Saint-Upéry, Paris, La Découverte, 2000, p. 25.

représente l'accès à des droits, c'est-à-dire aux logiques d'une identité politique close. C'est d'ailleurs pourquoi la citoyenneté s'acquiert, mais peut aussi se refuser ou se perdre. Les logiques contemporaines de la citoyenneté consistent dans la maîtrise de l'articulation entre les pratiques et les technologies des médias et la formulation ou l'interprétation des significations politiques.

En soulevant la question de l'accès comme forme de la citoyenneté, Rifkin vient nous rappeler que la citoyenneté n'est pas seulement une manifestation politique de l'identité dont on est porteur, mais qu'elle consiste aussi dans un ensemble de devoirs et d'obligations imposés à ceux qui la revendiquent et un ensemble de droits et de libertés dont peuvent disposer ceux qui en sont porteurs. Ainsi, la citoyenneté revêt, en particulier, une dimension économique, et l'on peut, sans doute, distinguer ici, comme à propos de la démocratie, une citoyenneté formelle, réduite à des dispositions légales et symboliques, et une citoyenneté réelle. Cette dernière comporte une dimension économique, celle de la possibilité financière, pour ceux qui en sont porteurs, de la mettre pleinement en œuvre, et une dimension culturelle, celle de la possibilité de l'exprimer en termes langagiers et en termes d'accès à l'information.

L'appartenance, la citoyenneté et la démocratie

Nous devons ici revenir au concept de *démocratie* et à sa signification, en particulier dans sa dimension linguistique. La *démocratie* désigne, étymologiquement, le pouvoir (*cratos*) du peuple (*dèmos*). On a donné ainsi à ce terme la dimension d'un imaginaire politique de partage de la souveraineté. La démocratie a d'abord désigné un système politique dans lequel le pouvoir, au lieu de n'être reconnu qu'à quelques-uns, voire à un seul, est partagé par tous et est exercé par le peuple tout entier. Mais sans doute faut-il revenir sur les significations de cette désignation du *dèmos*, en la situant, d'abord, dans l'espace et dans le temps de la formation du terme « démocratie ». Quand les auteurs grecs de la philosophie politique ont pensé le concept, ils se situaient dans un système politique fondamentalement restrictif. Le *dèmos* ne manifestait pas une conception ouverte du peuple, mais impliquait une limitation de l'accès à cette identité. D'abord, les femmes en étaient exclues, ensuite les esclaves aussi, et, enfin, pour se prévaloir de la citoyenneté, c'est-à-dire de l'appartenance au *dèmos*, encore fallait-il se voir reconnu par les autres et s'acquitter d'un impôt assez considérable. La démocratie est donc le partage du pouvoir exercé en commun par l'ensemble des citoyens manifestant, ainsi, l'expression commune d'une identité politique ; certes, mais aussi le pouvoir de faire partie du peuple, le *kratos*, c'est-à-dire la réalité de l'appartenance au *dèmos*[77]. Le *kratos* désigne, étymologiquement, en grec, la manifestation réelle d'une supériorité[78]. En fait, il s'agit, dans ces conditions, de ce qui vient rompre la spécularité, de ce qui empêche l'identification symbolique à l'autre. La démocratie n'est donc pas seulement le partage du pouvoir : elle se fonde aussi sur la manifestation d'une identité qui n'est pas reconnue à l'autre, *parce qu'elle est limitée aux membres du* dèmos, *qui désigne, ainsi, les citoyens, porteurs d'une identité close.* La démocratie désigne donc également le pouvoir de reconnaître, ou non, l'appartenance au *dèmos*, c'est-à-dire, pour reprendre le terme de Rifkin, l'*accès* au *dèmos.*

Sans doute est-il nécessaire de poser de nouveau ici le problème de la distinction entre une logique politique de l'appartenance, fondée sur l'expression commune d'une identité partagée, qui peut être ouverte à d'autres, et une logique politique de la communauté, fondée sur une forclusion du politique, c'est-à-dire sur le fait d'en limiter l'accès et, en particulier, de le fermer à l'extérieur, à l'étranger, à celui qui n'est pas reconnu par les membres du *dèmos* comme semblable à eux. La démocratie désigne ainsi l'ensemble des dispositifs économiques et institutionnels par lesquels le *dèmos* limite son accès à ceux qui disposent d'une identité définie de façon restrictive par des critères d'appartenance qui en limitent l'accès. La complexité croissante des modes d'expression symboliques de la citoyenneté et des dispositifs technologiques par lesquels on peut avoir accès aux réseaux de diffusion et d'élaboration de l'information fait, aujourd'hui, de la démocratie un concept désignant une identité de plus en plus

77. En effet, en grec ancien, *kratos*, qui signifie « pouvoir », renvoie, étymologiquement, à une racine signifiant le fait d'être plus fort que l'autre, de triompher de lui dans une compétition.

78. Émile Benveniste, *Le vocabulaire des institutions indo-européennes. 2. Pouvoir, droit, religion*, Paris, Éd. de Minuit, Coll. « Le sens commun », 1969, p. 74 et suivantes. Le terme grec *kratos* est formé sur le même radical que l'anglais *hard.*

restreinte. Mais il importe aussi de remarquer que cette identité finit par manifester un imaginaire politique de plus en plus éloigné des pratiques réelles de sa mise en œuvre. L'usage des dispositifs technologiques de l'information et de la communication comme la navigation sur Internet finit ainsi par donner à ceux qui les mettent en œuvre l'illusion de participer réellement au politique et d'avoir la maîtrise d'un espace public qui, dans la réalité, finit par devenir imaginaire.

Expressions contemporaines de la citoyenneté

Sans doute est-il important de distinguer deux temporalités dans l'expression de la citoyenneté. Le temps long, l'histoire, la mémoire constituent les temporalités au cours desquelles s'est façonnée la citoyenneté dans différentes cultures. Dans différentes rationalités du fait politique, s'est exprimée cette articulation entre appartenance, identité et engagement politique. Ce temps long structure en même temps ce que l'on peut appeler un *inconscient de la citoyenneté*, qui vient donner du sens aux manifestations de nos engagements politiques dans l'espace public des confrontations qui leur donnent leur consistance. Et il y a un temps court de la citoyenneté, celui de la réalité de l'espace public et de la matérialité de l'*agora*. C'est ce temps court qui est le nôtre, c'est dans ce temps court que nous exprimons aujourd'hui, ici et maintenant, les engagements, les choix et les pratiques politiques qui font de nous des citoyens confrontés à d'autres citoyens dans des échanges, dans des débats, dans des manifestations politiques de toutes sortes qui donnent sa vie à l'espace public.

Dans les expressions contemporaines de la citoyenneté, on peut, en particulier, relever quatre formes qui permettent d'en comprendre la visibilité contemporaine, et que l'on trouve exprimées et visibles à la fois dans la réalité des événements et des manifestations de la citoyenneté et dans la dimension symbolique des médias et des représentations qui articulent ces manifestations à des significations et à une mémoire politique constituant une culture.

Il s'agit, d'une part, des expressions des logiques d'adhésion ou de rejet vis-à-vis des formulations ou des projets, dans une relation de la citoyenneté à l'imaginaire politique. La citoyenneté se situe d'abord, ainsi, par rapport à des imaginaires dont sont porteurs les acteurs politiques et qu'ils confrontent les uns aux autres au cours des débats qui ont lieu dans l'espace public, à l'occasion d'élections ou d'événements qui scandent le temps politique d'interrogations et de remises en cause. Parmi les imaginaires contemporains de la citoyenneté, on peut remarquer, aujourd'hui, deux mutations importantes.

La première est l'urgence qui apparaît aujourd'hui de la prise en considération des impératifs écologiques. L'imaginaire environnemental était, jusqu'à des temps encore récents, l'imaginaire utopique d'un espace sans pollution, d'un espace qui ne serait plus chargé de menaces, d'un espace offrant aux regards les formes esthétiques d'un paysage. Aujourd'hui cet imaginaire écologique est confronté à l'urgence de la menace réelle d'une dégradation de notre espace de vie et de la temporalité de notre existence. Sans doute est-ce ce qui explique que l'urgence écologique soit désormais prise en considération aussi bien par des identités de droite, fondées sur le libéralisme, que par des identités de gauche, fondées sur des orientations socialistes ou sociales-démocrates. L'urgence écologique impose ainsi à la citoyenneté la prise en considération d'une dimension environnementale de l'engagement politique.

L'autre caractéristique de la citoyenneté contemporaine est la recomposition des logiques de la solidarité. C'est, encore une fois, une forme d'urgence politique qui impose la redéfinition et la reformulation de la solidarité au cœur de la citoyenneté. La citoyenneté ne se pense plus seulement en termes de droit sous la forme de la participation à la décision et au débat public, mais elle se pense désormais aussi sous la forme de l'engagement associatif et dans la recomposition de l'économie politique. Le développement d'organismes de solidarité, la naissance de tout un marché associatif parallèle aux structures et aux organisations du marché libéral de la concurrence, l'articulation de pratiques d'échange à des formes d'adhésion et à des projets collectifs de développement, constituent autant d'expressions de la place nouvelle de la solidarité dans le champ du débat politique et des pratiques de la citoyenneté.

L'urgence de la crise économique, de la raréfaction des emplois et de la mutation des logiques économiques vient ainsi instituer dans l'espace public une mutation de la citoyenneté et de sa signification qui peut prendre la forme du *care*, dans les logiques sociales-démocrates. « *La politique du* care », écrit C. Paul[79], « *réaffirme aussi la nécessité de soutenir l'innovation sociale et l'engagement citoyen* ».

La solidarité peut aussi s'exprimer dans les mutations de la politique économique européenne, comme le suggère Ferry : « *Nous savions* », écrit-il, « *que la voie d'intégration européenne passe par une solidarité de ses États membres, et qu'une telle solidarité requiert une sorte de conversion de l'éthos national. Si l'on veut conjurer l'avènement d'une ère européenne post-démocratique, alors la voie qui se recommande est celle d'une solidarité coresponsable transnationale, fondée sur des tours de rôle keynésiens (le gros mot est lâché !), agencés dans le temps : temps de restriction, pour les uns, synchronisé avec un temps de relance, pour les autres : quand le Sud, comme il le doit aujourd'hui, engage le retour aux équilibres internes, cela implique certes une politique de restriction de la dépense* »[80].

Il s'agit, par ailleurs, des expressions de la citoyenneté en termes de populations ou en termes d'identités. La mondialisation, c'est-à-dire le développement des flux internationaux d'échanges économiques, de relations symboliques, de confrontations politiques et de flux de populations, en particulier sous la pression de la recherche d'emplois, amène une recomposition des identités politiques d'appartenance et des citoyennetés. On observe aujourd'hui un écart croissant entre la dimension politique de la citoyenneté et la dimension géographique de l'habitation et de la résidence qui amène à une remise en question de la notion même de citoyenneté et de sa signification dans une forme de régression, dans tous les sens du terme, dans une forme de retour aux logiques de l'Antiquité. En effet, la constitution athénienne de l'Antiquité distinguait les citoyens, les « métèques », autrement dit les *met-oikoi*, ceux qui « habitaient avec » les citoyens, et les esclaves, autrement dit ceux qui travaillaient sans avoir le droit de participer au débat public. En opposition à une telle conception, la naissance d'un espace public indistinct lors des révolutions des XVIIIe et XIXe siècles a manifesté la naissance d'une conception universelle de la citoyenneté ouvrant les mêmes droits à tous. Mais c'est précisément cette universalité de la citoyenneté qui se trouve aujourd'hui menacée d'une régression.

---

79. « Repenser la solidarité », *Le Monde*, 10.9.10.
80. « Les candidats face au défi européen », *Le Monde*, 3.4.12.

Nous nous trouvons aujourd'hui devant des restrictions à l'acquisition d'une citoyenneté librement choisie, devant des limitations mises à la circulation des personnes dans l'espace international, devant les manifestations de l'absence de mémoire qui consiste, pour les pays développés, à oublier que leur prospérité s'est construite en grande partie sur l'utilisation de main-d'œuvre étrangère et sur la colonisation. Tout cela amène à une mutation de la notion ouverte de citoyenneté qui tend à se confondre avec la notion close de communauté et à se limiter dans un retour aux conceptions antiques qui faisaient des citoyens participant à la décision publique des habitants supérieurs aux autres. C'est ainsi que la citoyenneté devient aujourd'hui l'enjeu d'un débat politique portant sur le choix entre sa fermeture et son ouverture et sur les formes que prennent ses manifestations. Dans le même temps, on assiste à une division des espaces nationaux, à la revendication de reconnaissance d'identités territoriales plus réduites, remettant en question les frontières imposées par l'histoire, en particulier, mais pas seulement, par la colonisation.

C'est ainsi que les frontières héritées de la fin de la Première Guerre mondiale en Europe sont remises en cause. Par exemple, la Tchécoslovaquie se trouve scindée entre République tchèque et Slovaquie. Ainsi encore le débat sur l'adhésion de la Turquie à l'Union européenne et sur la fixation d'une frontière de l'Europe avec la Syrie ne fait qu'engager de nouveau le débat sur l'identité européenne ouvert par la prise de Constantinople par les Turcs en 1453. Mais on peut citer aussi le débat qui a lieu aujourd'hui au Mali, avec la revendication de la partition de ce pays entre une région culturellement africaine, celle du Sud et de Bamako, et une région du Nord, la région de Tombouctou, l'Azawad. Un débat comparable a lieu en Espagne, depuis longtemps, sur la revendication d'une identité nationale propre à la Catalogne. La citoyenneté se manifeste ainsi par la revendication d'une remise en débat des frontières et de l'étendue des identités nationales : elle ouvre le débat sur l'histoire et sur les conditions dans lesquelles, dans le passé, les identités nationales ont été construites et les citoyennetés reconnues. C'est, finalement, la citoyenneté dans sa relation à la langue, à la culture, à l'espace, qui se trouve faire l'objet d'un débat et d'une redéfinition de ses critères et de ses modes d'expression dans l'espace politique.

La citoyenneté s'exprime également dans des articulations entre le temps court de la quotidienneté politique et le temps long des évolutions et des projets. Le débat public qui manifeste la confrontation des identités politiques ne porte pas seulement sur l'appréciation de la réalité et ne consiste pas uniquement dans le contrôle de l'exercice de la domination légitime par les pouvoirs institutionnels. Il consiste aussi dans la confrontation entre les imaginaires et les projets dont sont porteurs les acteurs politiques. La citoyenneté s'exprime également dans un imaginaire politique, celui des utopies, mais aussi celui de la décision. C'est que la décision consiste toujours dans la confrontation de l'imaginaire, dont est porteur celui qui a à la prendre, à la réalité de la situation dans laquelle il se trouve.

La citoyenneté manifeste les imaginaires dont sont porteurs les acteurs du politique et du débat public, et sans doute convient-il, dans ces conditions, de relever les deux évolutions contemporaines qui caractérisent l'imaginaire citoyen. D'abord, il s'agit d'un imaginaire de crise. Depuis, en particulier, les « chocs pétroliers » qui, dans les années 1970, ont fait apparaître la dépendance des pays occidentaux à l'égard de l'énergie, l'imaginaire économique est marqué par une inquiétude liée à ce qui est présenté par les médias et par les discours politiques comme une situation de crise continue. La citoyenneté se marque aujourd'hui par la nécessité de penser la crise et d'articuler les engagements politiques à une situation menaçante, tendue, source d'une forme d'angoisse ou d'inquiétude politique. Par ailleurs, l'imaginaire politique contemporain se caractérise par la disparition de la confrontation des deux grands imaginaires politiques de la fin du XIXe siècle du socialisme naissant et du XXe siècle de la « guerre froide » et par l'éveil de nouveaux imaginaires politiques caractérisés par les radicalismes religieux et nationalistes. C'est ainsi que les imaginaires politiques contemporains prennent la forme de l'islamisme radical, mais aussi celle du sionisme radical ou encore des idéologies nationalistes totalitaires qui ont pris les pouvoirs dans les pays d'Europe centrale comme la Hongrie, caractérisées, elles aussi, par des orientations religieuses fortes et violentes. La citoyenneté contemporaine est ainsi marquée par le repli des confrontations entre les imaginaires économiques et sociaux et par la montée des imaginaires fondamentalistes.

Enfin, comme les médias sont les modes d'expression de la citoyenneté et l'espace public le champ dans lequel elle se manifeste, les mutations contemporaines des médias, de l'information et de la communication ont des incidences sur la recomposition de la citoyenneté.

On peut relever, en particulier, le développement des flux internationaux de l'information, l'atténuation de la différence entre information politique et loisir ou dimension ludique des médias, la place de la fiction dans le débat politique qui contribue à l'évolution de l'imaginaire. Les médias ont tendance aujourd'hui à perdre les orientations politiques par lesquelles ils contribuaient à façonner une citoyenneté politique active et militante, engagée dans le débat public, pour jouer un rôle tourné davantage vers des activités de loisir et de consommation.

La citoyenneté, dans ces conditions, tend à s'éloigner des médias, et l'espace public à ne plus être habité par les médias acteurs du débat public, mais par des spectacles et par une activité ludique de fiction. Par ailleurs, la citoyenneté s'articule, aujourd'hui, à des logiques nouvelles de sublimation esthétique de représentation dans l'espace et à des formes nouvelles d'expression, qui, d'ailleurs, concourent à cette atténuation de la présence du politique dans l'espace public. Identification esthétique et symbolique à l'idéal de soi, la sublimation a été longtemps partagée entre une esthétique de la représentation des identités singulières et de leur psychisme, comme, par exemple, dans le roman, et une représentation des identités collectives, des institutions et des pouvoirs politiques, comme dans la tragédie grecque. C'est ainsi que la tragédie racinienne est une mise en scène des pouvoirs faisant des spectateurs des citoyens éclairés et engagés. La sublimation esthétique du politique prenait aussi la forme des monuments et de l'aménagement des espaces publics concourant à manifester dans l'espace public des institutions exprimant des idéaux politiques de référence.

Aujourd'hui, les spectacles n'ont plus lieu dans l'espace privé, mais sont de plus en plus diffusés dans l'espace privé, et l'aménagement des espaces publics est de plus en plus dominé par des orientations commerciales privées, la crise conduisant les états à se désengager de leur expression dans l'espace public, qui se privatise de plus en plus. Ce n'est donc plus dans l'espace public que se manifeste la citoyenneté, mais dans des activités politiques mises en œuvre dans l'espace privé, ce qui contribue à transformer les langages dans lesquels elle s'exprime et les modalités de sa représentation et de sa visibilité.

Contraintes et normes de la citoyenneté

Tandis que les contraintes et les normes qui constituent le *réel de la citoyenneté* étaient dominées par des logiques institutionnelles et par des logiques éthiques de pouvoirs, la citoyenneté est de plus en plus soumise à des normes et à des contraintes nouvelles, propres à l'époque contemporaine. Articulation entre la dimension symbolique de ses expressions et de sa visibilité, la dimension imaginaire de ses aspirations et de ses projets et la dimension réelle des contraintes auxquelles elle est soumise dans la réalité des situations dans lesquelles elle s'exprime, la citoyenneté connaît de nouveaux impératifs qui transforment le réel auquel elle est soumise.

On peut, ici, aborder trois de ces logiques actuelles de la citoyenneté.

Il s'agit, en premier lieu, de la responsabilité écologique des espaces, des territoires et de leurs aménagements. L'engagement écologique fut d'abord un imaginaire de protestation contre la montée des dangers liés à la pollution croissante des espaces d'habitation et un imaginaire de résistance à la logique capitaliste et libérale des profits et de la consommation, tourné vers la recherche de nouveaux modes de vie et de nouvelles pratiques sociales. La pensée écologiste est ainsi une pensée de rupture avec la société de consommation qui caractérise le libéralisme. Mais aujourd'hui la menace qui pèse sur les territoires et la pérennité des espaces de vie devient une contrainte réelle, qui inquiète la citoyenneté contemporaine et qui lui inspire des logiques de responsabilité. Cette articulation entre la citoyenneté et ce que l'on est convenu de nommer « l'éco-responsabilité » est une des tendances contemporaines de la citoyenneté qui tend à rapprocher les logiques politiques et les logiques de l'habitation et de l'usage de l'espace, en particulier dans l'urbanisme et l'aménagement des espaces des villes, notamment dans les banlieues et dans les sites industriels. Cet engagement écologique trouve d'ailleurs une autre signification dans la situation de crise économique qui pousse à une modération de la consommation et à des tentatives de limitation des dépenses énergétiques.

Liée à cette dimension écologique de la responsabilité citoyenne, la responsabilité climatique situe la citoyenneté contemporaine par rapport au temps long dont nous avons une approche de plus en plus rationalisée. Le temps long était jusqu'à nos jours une préoccupation d'historiens. On rappellera seulement ici que c'est Braudel qui propose l'articulation théorique entre le temps court des événements et des acteurs et le temps long de l'évolution des cultures, des sociétés et des identités. Mais l'urgence écologique et climatique a introduit le temps long au cœur du débat politique et de la responsabilité citoyenne. En effet, la préoccupation pour le réchauffement lié à la consommation excessive d'énergie s'inscrit dans l'imaginaire politique du temps long qui devient ainsi une des orientations de la citoyenneté contemporaine sous la forme d'une responsabilité vis-à-vis des générations à venir qui, pour le moment, ne se situent que dans l'imaginaire de la prévision. Comme toutes les questions géographiques, la question du climat devient politique, car elle interroge les pouvoirs et constitue une forme de réel venant limiter les pouvoirs par une contrainte dont la maîtrise leur échappe.

La citoyenneté contemporaine se caractérise enfin par ce que l'on peut appeler la responsabilité symbolique de l'information, qui consiste dans la responsabilité de l'expression du discours dans les médias et dans celle de l'accessibilité de l'information. On a pris conscience de l'importance du rôle des médias dans la société politique, en grande partie grâce aux sciences de l'information et de la communication qui sont venues proposer des méthodes critiques d'analyse de la signification.

La citoyenneté contemporaine se définit ainsi aussi par des logiques nouvelles d'accès à l'espace de la communication, de traitement et d'intelligibilité de l'information et de pratiques de médiation. L'accroissement de la culture médiatique des citoyens étend la notion de citoyen éclairé à des ensembles de plus en plus importants de population et à des espaces publics de plus en plus peuplés. Dans le même temps, la citoyenneté contemporaine devient l'enjeu d'une confrontation de plus en plus forte entre des orientations politiques de la pratique des médias et de la communication engagée dans l'espace public et des logiques d'usage des médias plus proches de la consommation et d'une conception ludique de la représentation – jusqu'à une confusion entre le jeu et l'information. La citoyenneté pourrait, dans ces conditions, se définir aujourd'hui comme la résistance du sujet aux pouvoirs de l'imaginaire de la communication et de l'information et comme l'engagement des acteurs dans des dynamiques politiques de débat et de confrontation. On a, d'ailleurs, pu le constater lors des événements liés à la chute du mur de Berlin, et plus récemment lors des révolutions et des révoltes qui ont agité les pays arabes.

Sémiotique politique de la rupture et de l'indignation

L'époque contemporaine se caractérise ainsi par une logique de la résistance qui se manifeste par une rhétorique de l'indignation et par une géopolitique de la rupture, constituant, l'une et l'autre, des dénégations et des déplacements des identités politiques classiques. L'indignation, qui fut récemment le titre d'un petit livre de Stéphane Hessel, un grand succès, témoignage de son actualité, est aujourd'hui un mode dominant d'expression de la citoyenneté et de manifestation des identités politiques, dans un espace qui se caractérise par la résistance aux logiques anciennes de la manipulation et de la domination des pouvoirs. Après le roman de George Orwell, *1984* (1949), un film comme *Bienvenue à Gattaca*, d'Andrew Niccol (1997), est, lui aussi, une illustration de cette visibilité nouvelle de la rupture et de la résistance à la répression et à la contrainte idéologique dans l'espace public.

La géopolitique de la rupture s'inscrit, d'abord, dans un temps long qui va de la chute du mur de Berlin et de la rupture des nationalités et des régimes d'Europe de l'Est aux révoltes et aux ruptures contemporaines des régimes politiques arabes. Les logiques et les espaces géopolitiques issus de la guerre froide sont en train de se remodeler, sous l'effet à la fois des logiques économiques nouvelles et des formes nouvelles d'expression de la citoyenneté et des contre-pouvoirs. Dans ce champ, la rhétorique de l'indignation, mise, en particulier, en évidence par la diffusion du petit livre de Stéphane Hessel, *Indignez-vous !*, consiste dans une dénonciation des identités et des appartenances politiques classiques, dans le rejet des impératifs traditionnels. Il s'agit d'une mutation considérable de la citoyenneté, qui se caractérise aujourd'hui par ce que l'on pourrait appeler une *performativité de la contradiction.*

C'est en manifestant leur antagonisme avec les pouvoirs par des discours politiques qui sont en même temps des gestes de résistance que les citoyens expriment, aujourd'hui, les identités politiques dont ils sont porteurs. Sans doute peut-on lire la rupture et l'indignation comme des modalités de l'expression des nouvelles identités politiques contemporaines, facilitées par la mise en œuvre des nouveaux médias qui contribuent, par ailleurs, à leur formulation et à ce que l'on peut appeler leur esthétique, et qui font de la dénonciation la dynamique majeure de l'espace public.

Les imaginaires contemporains de la citoyenneté

La citoyenneté comporte une part d'imaginaire qui, comme ses autres aspects, fait l'objet d'une recomposition et d'une reformulation caractérisant l'époque contemporaine.

Il s'agit d'abord de l'imaginaire du pouvoir. Sur ce plan, l'accès illimité au réseau Internet donne à ceux qui en disposent l'illusion d'un pouvoir lui aussi illimité. L'imaginaire du pouvoir qui était, jusqu'à nos jours, à la fois un imaginaire de crainte des pouvoirs et de leur activité de répression et imaginaire utopique de projets d'idéologies devient, en particulier du fait de l'importance croissante des médias et de la mise en scène des acteurs politiques dans l'espace public, un imaginaire de *fiction du pouvoir.*

Les modes contemporains d'exercice des pouvoirs sont dominés par les exigences de la visibilité et par un temps politique de plus en plus rapide, soumis à la temporalité des médias contemporains. Un film récent comme *La Firme*, qui met en scène les dirigeants politiques contemporains et leur action dans l'espace public, montre bien ce rapprochement continuel entre les orientations et les exigences du politique et celles de la fiction et des logiques du spectacle.

Il s'agit, par ailleurs, de la dimension imaginaire de l'espace public. À l'époque où Jürgen Habermas élabore le concept d'espace public, en 1962, la spatialité politique se fonde sur des contraintes de parcours et de déplacements qui lui donnent une réalité opposée à l'imaginaire politique. Plus encore, à l'époque dont parle Habermas, au dix-huitième siècle, la spatialité est un réel difficile à vaincre. Or, aujourd'hui, l'espace public, en raison de la multiplication de ses expressions, devient un espace imaginaire que l'on se donne l'illusion de parcourir et de maîtriser. Le développement des technologies de communication qui donnent l'illusion que l'on peut correspondre et échanger avec des interlocuteurs à l'autre bout du monde, en temps réel, comme s'ils étaient à côté de nous, tend à cette disparition de la conscience du réel de l'espace et de la distance, qui fait de l'espace public un espace imaginaire d'identités de plus en plus fictionnelles.

Enfin, l'éloignement de la citoyenneté de ses lieux d'expression finit par susciter une dimension imaginaire des conceptions dont elle fait l'objet aujourd'hui. C'est ainsi, par exemple, que l'immigration a développé un sentiment d'appartenance à des espaces politiques imaginaires, et que l'accès aux dispositifs technologiques contemporains de la communication et de la représentation développe un espace public virtuel sans prise sur la réalité. Cela conduit à la formulation de logiques radicales de la citoyenneté qui peuvent conduire à des manifestations comme les attentats du 11 septembre 2001, ou, plus récemment, la tuerie de Toulouse, qui finissent par faire de la violence un mode ordinaire d'expression illusoire de la citoyenneté.

Les impensés de la citoyenneté contemporaine

Comme tout problème politique, la réflexion sur la citoyenneté se heurte à des impensés, qui à la fois en limitent la visibilité et en orientent les logiques de façon inconsciente.

Il s'agit, en particulier, de l'impensé des logiques de légitimation de la citoyenneté, en particulier dans le champ des mutations de la citoyenneté liées aux migrations de population. Une forme de tension se manifeste dans la reconnaissance de la citoyenneté de l'autre et dans l'accès à la citoyenneté qui manifeste ce que l'on peut appeler un *imaginaire de clôture*. Manifestant la médiation politique de l'identité, la citoyenneté tend à se clore dans les limites qui donnent l'illusion d'une sécurité et d'une protection contre un étranger, contre un *autre*, menaçant, comme ont pu l'être, à d'autres époques, les envahisseurs étrangers, les fous, les pauvres ou les malades et comme ils continuent à l'être aujourd'hui, en raison de la persistance de cet impensé.

Il s'agit aussi des impensés du langage et de la formulation des identités politiques, en particulier dans les situations de mutation des langues, des appartenances et des formes de sociabilité. Les flux de migrations et de déplacements des populations, mais aussi les déplacements des frontières, en particulier dans les logiques d'évolution de la géopolitique, font des appartenances nationales et des citoyennetés des identités mouvantes, qui reposent, désormais, autant sur des références imaginaires fondées sur des passés mythiques que sur des réalités des expériences sociales effectives. Dans ces conditions, de telles conceptions et de telles logiques fondent la citoyenneté sur des références imaginaires qui relèvent davantage d'impensés que de pratiques symboliques argumentées du débat public.

Il s'agit, par ailleurs, des limites de la citoyenneté et de la question de la privation de la citoyenneté ou de sa perte. La citoyenneté est aussi une forme singulière d'expression de l'identité individuelle, et, comme telle, elle est soumise à des contraintes psychiques qui peuvent la déplacer ou la menacer. Sans doute les contraintes de la vie contemporaine, en termes de déplacements, en termes de précarité des emplois, en termes aussi de mutations des dynamiques familiales, viennent-elles peser de façon significative sur la citoyenneté et sur ses expressions, y compris dans l'espace public des confrontations politiques. La citoyenneté devient, aujourd'hui, un droit fragilisé par la précarisation même des identités sociales de ceux qui en sont porteurs.

Cela s'inscrit dans une conscience plus aiguë de la citoyenneté de ses logiques inconscientes, abordées à la lumière d'une approche psychanalytique plus connue des identités psychiques et des identités politiques. À cet égard, le discours de Freud a, sans doute, constitué un moment majeur de l'élaboration de la culture politique contemporaine en faisant prendre conscience de la dimension inconsciente de la pression des pouvoirs sur le psychisme et de la place du désir dans les manifestations et dans les expressions de la citoyenneté. Comme toujours, mais aujourd'hui de façon plus claire qu'auparavant, la citoyenneté est bien une médiation politique et psychique de la tension entre la dimension singulière du psychisme du sujet et la forme sociale de son appartenance.

Bernard Lamizet

Bibliographie complémentaire

Charaudeau, Patrick, *Le discours politique. Les masques du pouvoir*, Paris, Vuibert, 2005.

Lamizet, Bernard, *Politique et identité*, Lyon, Presses Universitaires de Lyon, 2002.

Lamizet, Bernard, *Le langage politique*, Paris, Éditions Ellipses, 2011.

Benveniste, Émile, *Le vocabulaire des institutions indo-européennes. 1. Économie, parenté, société*, Paris, Éditions de Minuit, Coll. « Le sens commun », 1969.

Chapitre 3

Cybercitoyenneté : de la résistance à la résilience. Vers un nouvel ordre international ?

En 2011, le journal américain *Time magazine* mettait en avant les indignés comme personnes de l'année, signe d'un immense bouleversement qui a secoué les sociétés arabes, mais aussi dans le monde entier. Le 17 décembre 2010, la mort d'un vendeur de légumes tunisien de 26 ans, immolé par le feu devant le siège du gouvernorat suite à des brimades répétées par la police a été l'étincelle d'une révolution qualifiée de « Printemps arabe ». Comment une telle tragédie se déroulant dans la banlieue de Sidi Bouzid située à plus de 125 km de Tunis, a-t-elle pu connaître un tel écho ? Quel lien y a-t-il entre les révoltés de Tunisie, d'Égypte, de Wall Street et de Russie ? Le monde est devenu un village global relié par des réseaux numériques qui constituent les nouvelles armes du cybercitoyen.

Profitant des opportunités technologiques fournies par la toile et de la téléphonie, des hommes et des femmes s'engagent à l'image de leurs aînés des années 1960 pour faire partager leur indignation et changer le monde. L'histoire récente de la cybercitoyenneté en Libye et en Tunisie sert ainsi de prétexte à illustrer l'émergence d'un espace public où les notions de frontières et de citoyennetés sont remises en question.

Deux étapes peuvent être identifiées : *le temps de la résistance* puis *le temps de la résilience* qui débouchent sur l'apparition d'un nouvel ordre international.

Le temps de la résistance

La lutte des citoyens contre les régimes autoritaires de Libye et de Tunisie s'est organisée autour des nouvelles technologies, par l'utilisation des téléphones portables et de l'Internet. L'étude de l'arsenal de surveillance déployé par les gouvernements permet de mesurer l'enjeu de la bataille qui s'est mise en place à partir des années 2000. La cyberguerre fait désormais partie du vocable des relations internationales dont elle est une composante majeure. Les portraits de cyberactivistes et de leurs moyens d'action permettent de mieux connaître les artisans du printemps arabes.

Le courage des cybercitoyens est d'autant plus grand que leur résistance s'est effectuée dans des États ayant largement investi dans un vaste arsenal de surveillance technologique. Les exemples libyens et tunisiens illustrent la façon dont les régimes ont déployé avec la complicité de firmes étrangères des outils technologiques très perfectionnés de censure.

En Libye, le colonel Khadafi a fait appel à la filière française de Bull, Amesys, mais aussi à des firmes originaires de Chine et d'Afrique du Ssud. Le 30 août 2011, deux journalistes du *Wall Street Journal*, Paul Sonne et Margaret Coker, ont révélé comment les citoyens tunisiens étaient surveillés par le régime, avec l'aide de firmes étrangères[81]. Ils ont en effet pénétré dans l'ancien Centre de surveillance de l'Internet et de la sécurité interne, un bâtiment de six étages dans lequel ils ont découvert les cibles de la cybersurveillance : des mails datant du soulèvement de février, des chats, des dossiers personnels, des cassettes vidéo. La collaboration avec la compagnie française Amesys leur est apparue clairement à travers une affiche portant son logo et demandant de

81. Paul Sonne & Margaret Coker, « Firms aided Libyan Spies, First look inside Security Unit shows how citizens were tracked », *The Wall Street Journal*, 30.8.2011, sur <http://online.wsj.com/article/SB10001424053111904199404576538721260166388.html>, (17.4.2012).

ne pas révéler les secrets hors service ainsi que des manuels. La levée des sanctions commerciales de l'ONU et de l'Union européenne autrefois appliquées à la Libye en représailles à l'attentat de 1988 contre le vol 103 de la Pan Am a permis au gouvernement d'entamer des négociations. Il a ainsi approché l'américain Boing & Co. Narus, expert en contrôle des flux Internet, passé des contrats avec la compagnie sud-africaine VASTech SA Pty Ltd, et son homologue chinoise ZTE Corp.

Selon les deux journalistes américains, l'objectif du gouvernement libyen était de posséder des outils permettant de filtrer le flux Internet, de « *contrôler la ligne téléphonique encryptée de* Skype, *de censurer les vidéos sur* Youtube *et d'empêcher les libyens de déguiser leurs activités en ligne en utilisant des serveurs* proxy »[82]. Les dirigeants libyens se seraient tournés vers la France afin d'échapper au système de surveillance américain Échelon. Ainsi la société Amesys aurait équipé le centre de sécurité liée à l'homme d'affaires Ziad Takieddine. La firme aurait fourni un outil de contrôle des données Internet appelé Eagle, l'un des plus aboutis dans le domaine de la cybersurveillance permettant notamment de « *contrôler les boîtes mails, les conversations instantanées et les vidéoconférences effectuées avec Skype* »[83]. La Chine et l'Égypte l'utilisent par ailleurs.

De même, le système de contrôle des appels téléphoniques fourni par VASTech appelé « Zebra band surveillance » a permis de capturer et de stocker un très gros volume de communications internationales effectuées sur mobiles (30 à 40 millions de minutes par mois), et d'analyser les liens entre les interlocuteurs. À la tête de la Libya Telecom and Technology se trouvait Mohammed Kadhafi, fils du dictateur. Le régime a donc su établir un climat de peur en procédant à de nombreuses arrestations parfois dans les quatre heures suivant un échange téléphonique. Par ailleurs les 100 000 abonnés à Internet (sur une population de 6,6 millions) ont vu leur connexion se fermer début mars 2011, un mois après le soulèvement de Benghazi le 15 février, sur ordre du colonel Khadafi. Les internautes ont été ainsi isolés pendant six mois. La

82. *Idem.*

83. *Slateafrique*, « Kadhafi et les services français de cybersurveillance », 31.8.2011, sur <http://www.slateafrique.com/33849/kadhafi-france-cybersurveillance-internet>, (19.4.2012), *Slateafrique* est dirigé par Jean-Marie Colombani.

connexion a été rétablie par les rebelles lors de la bataille de Tripoli le 22 août.

De son côté, la Tunisie a signé en 2006 avec Microsoft une convention visant la lutte anti-terroriste sur Internet. Selon Fabrice Epelpoin, en Tunisie, « *il ne s'agit ni plus ni moins que d'une reprise en main de l'économie numérique d'un pays qui s'était pourtant engagé très tôt dans le logiciel libre* »[84]. En effet un câble de l'Ambassade américaine précise que depuis « *2001, le gouvernement Tunisien a adopté une politique favorisant l'open source, n'utilisant que des logiciels libres. Désormais, le gouvernement dans ses appels d'offre spécifiera que les équipements doivent être compatibles Microsoft, ce qui était jusqu'ici interdit par la loi sur l'open source tunisien* »[85].

Le marché conclu les 10 et 11 juillet 2006 entre Microsoft et le gouvernement tunisien est le suivant : d'un côté le géant de Redmont obtient « *l'arrêt des initiatives liées au logiciel libre au sein du gouvernement Tunisien et la mention explicite de Microsoft dans la loi de finance tunisienne* », de l'autre, le gouvernement acquiert « *la possibilité, via une autorité de certification qu'il contrôle, de réaliser des contrefaçons des certificats SSL lui permettant de voler les identifiants et les mots de passe des citoyens Tunisiens à travers de fausses pages Gmail, Facebook, Live.com, etc.* »[86]. Selon le câble de l'ambassade américaine du 7 septembre 2007, cet « *accord portant sur l'autorité de certification tunisienne, explicitement mentionné dans la section 1.2 du contrat entre Microsoft et l'État Tunisien, prévoit d'intégrer ses certificats automatiquement et sans en avertir les utilisateurs (contrairement à des navigateurs comme Firefox) dans Internet Explorer et de procéder à leur mise à jour automatiquement, toujours sans en avertir les utilisateurs, permettant ainsi par la suite aux agents du ministère de l'Intérieur, dûment formés à la sécurité des solutions Microsoft, tel que prévu dans les articles 1.1 et 1.3 du contrat, de s'immiscer dans les profils et les emails des citoyens Tunisiens en réalisant une contrefaçon des certificats de sécurité de Facebook ou de Gmail* »[87].

---

84. Fabrice Ebelpoin, « Wikileaks révèle la guerre menée par Microsoft contre le logiciel libre en Tunisie », 6.9.2011, sur <http://reflets.info/wikileaks-devoile-comment-microsoft-a-tue-le-logiciel-libre-dans-la-tunisie-de-ben-ali/>, (19.4.2012).
85. Cable 06TUNIS24240.
86. Fabrice Epelpoin, « Microsoft et Ben Ali : Wikileaks confirme les soupçons d'une aide pour la surveillance des citoyens Tunisiens », sur <http://reflets.info/microsoft-et-ben-ali-wikileaks-confirme-les-soupcons-d-une-aide-pour-la-surveillance-des-citoyens-tunisiens/>, (19.4.2012).
87. Câble O7TUNIS1286.

Malgré la tentative de Google de passer en https, le gouvernement a pu « *lire la correspondance des internautes, repérer leurs amis et les réseaux d'activistes, voire même prendre la parole à leur place* »[88].

Comment les cyberactivistes ont-ils pu déjouer une surveillance aussi sophistiquée des réseaux sociaux et de l'Internet ? Le chercheur en géopolitique Masri Feki note que « *la propagation d'Internet dans le monde arabe au cours des années 2000 a eu l'effet d'une véritable révolution sociale. Internet s'est rapidement substitué aux journaux locaux censurés et apportant la bonne parole du régime* ».

Dans le cas de Bouaziz, le mouvement de contestation qui s'est organisé le jour même de son immolation a pris le gouvernement tunisien par surprise. Selon le témoignage de *Time*, « *un cousin a posté une vidéo des manifestations. La nouvelle s'est répandue grâce à* Al Jazeera *et Internet [...] inspirant des mouvements de protestations dans d'autres villes et villages. Lorsque Bouaziz est décédé le 4 janvier 2011, les manifestations ont atteint un point critique et plus d'une douzaine d'opposants ont été tués par la police dans le pays* »[89]. Masri Feki relate l'effet domino de cet événement dans son ouvrage sur *Les révoltes arabes* : « *le geste de Bouaziz a rapidement été imité par des dizaines de jeunes en Algérie, en Égypte, en Syrie, en Mauritanie, au Maroc, en Arabie Saoudite, au Soudan, en Irak, en Libye, au Yémen, en Jordanie* »[90].

Ce phénomène montre l'importance des réseaux sociaux. Selon Masri Feki, « *en Tunisie, la "génération* Facebook*" a été à l'origine des toutes premières manifestations hostiles à la dictature. Plus de 1,8 million de Tunisiens disposeraient d'un compte* Facebook, *selon CheckFacebook* »[91].

Les portraits de blogueurs arabes permettent de mesurer leur courage et leur détermination. Certains, tels que Lina Ben Mehni en Tunisie ou Wael Ghonim en Égypte sont devenus très célèbres. Les blogueurs arabes ont également bénéficié de la complicité de correspondants étrangers. Le magazine *Time* dresse plusieurs portraits de ces blogueurs arabes. En voici un : « *le 14 janvier 2011, Majdi Calboussi, un développeur informatique de 29 ans appartenant à la classe moyenne et blogueur anti régime, était là pour enregistrer les manifestations et la police avec son BlackBerry. Les gens ont*

88. *Idem.*
89. Kurt Andersen, « The Protester », *Time Magazine*, 14.12.2011.
90. Masri Feki, *Les révoltes arabes*, Paris, Studyrama, 2011.
91. *Idem.*

commencé à dire "Ben Ali, dégage". Il a téléchargé sa vidéo sur Twitter, et elle a été vue par un demi-million d'internautes dans la journée. Quelques heures plus tard, le président Zine el Abidine Ben Ali s'envolait en exil pour l'Arabie Saoudite »[92].

Voici quelques exemples des tweets échangés durant les affrontements en Tunisie que Pierre Haski a recensés dans son ouvrage intitulé *100 Tweets qui ont fait le printemps*[93] :

@Azyoz Manzel Bouzayane : affrontements très violents et perquisitions (arrestation de Charfeddine Hamdi), rupture de l'électricité et brouillage d'Internet à Sidibouzid

@moalla Les vidéos des funérailles de Mohamed Bouazizi sont bouleversantes. Mon cœur saigne. Puissent les responsables être punis un jour !

@dsaied Le silence de Paris sur la tragédie tunisienne…

@lysdeschamps Appel d'un avocat sur Facebook aux habitants du centre-ville de Tunis : aidez SVP ceux qui sont coincés. Abritez-les chez vous.

Par définition anonymes, certains blogueurs ont pourtant acquis une réputation au-delà des frontières de leur pays. Tel est le cas de Lina Ben Mhenni. Blogueuse de la révolution du jasmin, Lina Ben Mhenni a été pressentie pour le prix Nobel de la paix. Dans son livre *Tunisian girl, blogueuse pour un printemps arabe*, elle relate son expérience de la révolution tunisienne[94]. Lina Ben Mhenni est issue d'une famille militante son père étant emprisonné pendant six ans de 1974 à 1980 pour s'être opposé au gouvernement Habib Bourguiba. Son frère est le fondateur d'*Amnesty International* pour la section tunisienne. Enseignante d'arabe, elle obtient une bourse *Fulbright* pour se rendre aux États-Unis de 2008 à 2009. Elle devient un an plus tard la voix de la révolte tunisienne entre 2010 et 2011. Selon le témoignage du *Time magazine*, « *je me suis rendu dans la ville de Regueb, à 26 km de Sidi Bouzid pour photographier un jeune révolté qui venait d'être tué et ai*

92. Kurt Andersen, « The Protester », Time Magazine, 14.12.2011, sur <http://www.time.com/time/specials/packages/article/0,28804,2101745_2102132_2102373,00.html>.

93. Pierre Haski, *100 Tweets qui ont fait le printemps, Rue 89*, n° 8, mars 2011, pp. 31-35 ; 37-40.

94. Lina Ben Mhenni, *Tunisian Girl, blogueuse pour un printemps arabe*, Montpellier, Indigène éditions, coll. « Ceux qui marchent contre le vent », 2011. Son blog : <http://atunisiangirl.blogspot.fr/>.

téléchargé l'image. Ce jour-là j'ai complètement perdu ma peur, j'étais prête à tout, même la mort ».

Combattant inlassablement les pratiques du gouvernement tunisien, elle se fait l'écho des évènements de Sidi Bouzid et de Regueb lors du soulèvement. Elle témoigne ainsi : « *bien que j'aie fait l'objet de harcèlements à l'époque, j'ai résisté aux difficultés et ai tenté de transmettre la véritable image des pratiques de l'ancien régime en Tunisie dans les différentes parties du monde par le biais de réseaux sociaux comme* Twitter *et* Facebook »[95]. Aujourd'hui, elle continue de bloguer sur les événements quotidiens de la Tunisie. Voici un extrait de son blog datant du 14 avril 2012 : « *hier Maître Leila Ben Debba avocate et militante des droits de l'Homme a eu l'horrible surprise de découvrir que son cabinet a été cambriolé. […] Certains de ses dossiers ont été volés. Il faut indiquer que le bureau de Leila se trouve dans un cabinet collectif et que seul son bureau a été cambriolé. Maître Leila Ben Debba est l'une des avocates qui a toujours lutté contre la dictature. Elle a toujours été et continue à être toujours présente aux côtés des opprimés. Leila a défendu les prisonniers du bassin minier en 2008. Ses plaidoyers durant les procès des étudiants et de tous les prisonniers politiques sont inoubliables. Durant les événements de décembre2010 et janvier 2011, Maître Leila a toujours été dans les premiers rangs des manifestations. Elle s'est même fait tabasser par les sbires de Ben Ali comme le montre la photo incluse dans ce billet datant du 31 décembre 2010 […] le cambriolage du cabinet de Leila est une attaque qui a visé une femme et un symbole aussi. Ce concours de circonstances pousse à réfléchir. Quels sont les messages qu'ils veulent nous faire passer ? Allons-nous vers une nouvelle dictature ?* »[96].

Son blog rédigé en trois langues (français, anglais, arabe) est récompensé en 2011 par la *Deutsche Welle.* Elle nie le fait que l'Occident pourrait tirer parti des blogueurs pour renverser les régimes arabes par les propos suivants : « *comment l'Occident pourrait-il soutenir les blogueurs quand c'est lui qui vendait les systèmes de blocage et supportait les régimes autoritaires et continue à ce jour d'apporter son soutien au gouvernement intérimaire ?* »[97].

---

95. Lina Ben Mhenni, « La blogueuse répond aux critiques », 11.10.2011, sur <http://www.magharebia.com/cocoon/awi/xhtml1/fr/features/awi/features/2011/10/11/feature-02>, (19.4.2012).

96. Lina Ben Mhenni, « Retour aux pratiques de ZABA ? », 14.4.2012, sur <http://atunisiangirl.blogspot.fr/>, (19.4.2012).

97. *Idem.*

En Égypte un autre blogueur est devenu célèbre : Wael Ghonim. Il est devenu l'icône du soulèvement égyptien contre M. Moubarak. Cet informaticien, responsable marketing pour le Moyen-Orient et l'Afrique du Nord chez Google, a créé la page *Facebook* « Nous sommes tous des Khaled Saïd », dédiée au blogueur arrêté et battu à mort par la police en juin 2010 alors qu'il sortait d'un cybercafé. Arrêté le 28 janvier, Wael Ghonim a été relâché douze jours plus tard. Son témoignage sur *DreamTV* a ému les Égyptiens dont certains ont créé un groupe *Facebook* afin qu'il soit le porte-parole de la révolution égyptienne[98].

Un blogueur n'existe que par ses lecteurs et ses correspondants chargés de relayer et diffuser l'information. Le rôle des correspondants étrangers est donc fondamental. Les blogueurs s'adressent certes aux autres citoyens de la planète, mais ils privilégient des cibles pour faire passer leur message. En Libye, la chercheuse Heba Morayef de *Human Rights Watch* a souvent été contactée, ce qui lui a valu une surveillance active des services de sécurité libyens. Par ailleurs, les hackers ont largement aidé les blogueurs à contourner la censure. Pour reprendre le titre du *Courrier international*, les hackers font partie de la « cinquième colonne des révolutions arabes »[99]. Le collectif Telecomix a largement contribué à la publication de pages de blogueurs pendant les manifestations contre le régime. Telecomix est né en 2009 en Suède et rassemble sur le plan international des « hacktivistes » défendant la liberté d'expression sur la Toile. Le terme *hacktivisme* regroupe ainsi l'idée de piratage (hacking) et d'activisme.

Selon *Reporters Sans Frontières*, « *Telecomix a ainsi mis en place une vaste opération #OpSyria dans la nuit du 4 au 5 septembre 2011. Ce groupe a réussi à détourner tout le trafic Internet du pays vers une page spéciale* »[100]. Plus concrètement, le collectif a envoyé à plus de 6 000 adresses sélectionnées un message électronique intitulé : « *Pour les partisans de la démocratie en Syrie : manuel de communication de*

98. Pierre Haski, « Wael Ghonim, le « héros » malgré lui qui a fait pleurer les égyptiens, 8.2.2011, sur <http://fr.wikipedia.org/wiki/Wael_Ghonim - cite_ref-2ihttp://www.rue89.com/2011/02/08/wael-ghonim-le-heros-malgre-lui-qui-a-fait-pleurer-les-egyptiens-189563>, (19.4.2012).

99. « La cinquième colonne des révolutions arabes », *Courrier international*, n° 1095, 27.10-2.11.2011, p. 17.

100. Cf. <http://fr.rsf.org/syrie-syrie-12-03-2012,42016.html>, (10.5.2012).

survie »[101]. Rédigé en anglais et en arabe, le message comprenait en pièces jointes des instructions sur la façon de contourner la censure. Telecomix mettait à disposition un lien vers sa messagerie instantanée et a proposé à partir de septembre un site Internet où les Syriens pouvaient télécharger des logiciels permettant de protéger leur sécurité. De même, les *Anonymous* se sont mobilisés pendant le printemps arabe selon les mêmes axes : mise à disposition de serveurs, information sur l'utilisation en toute sécurité des téléphones portables, etc. Dans le cas de la révolution tunisienne, les médias n'avaient pas de correspondants sur place. Ils ont dû s'appuyer sur les témoignages des citoyens et consulter les réseaux sociaux. *The Economist* parle de « *l'émergence d'un écosystème dans lequel les journalistes, les sources, les lecteurs et l'audience échangent* »[102].

Les moyens d'action déployés par les cyberactivistes sont de quatre ordres. Il s'agit de témoigner, d'organiser la protestation, de pirater des sites et de se moquer du gouvernement.

Le témoignage d'injustices commises par le gouvernement a sans doute été une des armes les plus puissantes. En Égypte, les citoyens ont eu leur propre « Mohamed Bouazizi ». Il s'agit de Khaled Said, un chômeur âgé de 28 ans appartenant à la classe moyenne. Un jour, après avoir piraté le téléphone cellulaire d'un officier de la police et téléchargé une vidéo montrant des policiers faisant étalage de la drogue et de l'argent, il fut arrêté et battu à mort. Le responsable de Google, Wael Ghonim, a alors créé une page sur *Facebook* intitulé « Nous sommes tous des Khaled Said » pour lui rendre hommage. Ce témoignage a conduit à des mouvements de protestation dans la rue. Le rôle des blogueurs a consisté à diffuser des conseils sur la façon d'organiser les manifestations. En effet, les Tunisiens, qui ont été à l'origine du printemps arabe, ont servi d'exemple aux Égyptiens qu'ils ont aidés. Ils ont par exemple diffusé un manuel intitulé *Comment se révolter avec intelligence*. Amer Maher, ingénieur civil du Caire et grand activiste cite, parmi les conseils, comment utiliser du vinaigre et des oignions pour protéger son visage des gaz, ou comment arrêter un char. « *Les Égyptiens ont également reçu des*

101. *Idem.*

102. « Quand les lecteurs démêlent l'actualité », *Courrier international*, n° 1091, 29.9-5.10.2011, p. 17.

consignes sur les vêtements à porter lors des manifestations, les gestes à adopter pour éviter le gaz lacrymogène, ou encore les outils à emporter sur soi pour perturber les forces de l'ordre et se protéger contre les balles en caoutchouc[103]. »

Les hackers ont été également très actifs dans le piratage des installations télécom, autre moyen d'action des cyberactivistes. L'un des piratages les plus connus en Lybie fut par exemple un message posté qui félicitait « la Libye [qui a su s'émanciper] de l'emprise du tyran ». Le message fut supprimé quelques heures plus tard par le gouvernement[104].

Enfin, une autre arme des blogueurs a consisté à se moquer du régime en place. La nomination en janvier 2010 du ministre des Communications et des Technologies, Mohamed Naceur Ammar, a attiré l'ironie des blogueurs tunisiens dissidents : « Ammar » fut le surnom, équivalent à *Big Brother*, utilisé depuis longtemps par les blogueurs pour se référer à la censure frénétique dirigée par le ministère des Communications et des Technologies. En février, la petite bande de cyberactivistes repérée par l'ambassade américaine, et dont le plus célèbre d'entre eux finira secrétaire d'État, organisait la première manifestation contre la censure de l'Internet. Elle en faisait la promotion avec le seul service de partage de vidéo non censuré alors, *Viméo*. À cette guerre, des blogueurs et cyberactivistes arabes se sont joints les instances internationales. L'opération Sirène menée conjointement par les rebelles et l'OTAN en Libye, visait à rétablir les accès vitaux et l'information. Cette action illustre l'attention des organisations internationales envers les cybercitoyens afin de les aider à instaurer la démocratie.

Le temps de la résilience

Avec la chute des régimes s'ouvre alors un nouveau chapitre qui constitue le temps de la résilience pour les cybercitoyens. Afin de maintenir le mouvement, des fondations européennes s'engagent. Par ailleurs, la mise en place d'une

---

103. Masri Feki, *Les révoltes arabes*, Paris, Studyrama, 2011, p. 33.
104. Nicolas Laffont, « La Lybie se reconnecte lentement à internet », 24.8.2011, sur <http://www.branchez-vous.com/techno/actualite/2011/08/libye_internet_kadhafi_connexion.html>, (19.4.2012).

journée mondiale contre la cybercensure et les rapports édités notamment par *Reporter Sans Frontières* servent de veille et de protection de la cybercitoyenneté.

Des fondations telles que la Fondation Heinrich Boell (HBS), ou la *Global Voice Online* (GV) soutiennent depuis 2008 les blogueurs arabes en les réunissant. Il s'agit alors de renforcer leurs liens pour faire pression sur les gouvernements et arrêter la censure en se soutenant mutuellement. Lors de la seconde réunion de 2009, HBS et GV partageaient la conviction qu'il est « *important de soutenir encore plus les initiatives de la blogosphère arabe et de munir les blogueurs arabes de l'espace pour renforcer leur impact sur la société, amplifier les voix réduites au silence et ajouter de la diversité dans le domaine de l'information et de l'activisme* ».

En octobre 2011, deux autres dimensions se sont ajoutées à ces objectifs : la démocratie transitionnelle et la mise en place de mécanismes permettant la transparence et les stratégies de gouvernance. Grâce à ces fondations, les blogueurs sont encadrés par des journalistes, des experts en sécurité informatique, des militants des droits de l'homme et des avocats[105].

Global Voice Online est un réseau de plus de 500 blogueurs et traducteurs du monde entier. Enregistrée en Hollande, cette fondation non lucrative est issue du *Berkman Center for Internet and Democracy* de la faculté de droit de Harvard depuis 2004.

Dans la sphère de création de *Global Voices* se retrouvent une journaliste, Rebecca MacKinnon (responsable pour CNN des bureaux de Pékin et Tokyo) et une experte en nouvelles technologies, Ethan Zuckerman, pour l'Afrique. Elles se sont rencontrées en décembre 2004 lors d'une conférence au centre *Berman for Internet and Society* à Harvard et ont décidé de créer *Global Voices* avec d'autres blogueurs rassemblés : « *À la fin du jour, la plupart des gens dans la pièce étaient d'accord sur le fait que nous étions un mouvement non seulement de blogueurs, mais aussi de faiseurs de wiki et d'utilisateurs d'autres sortes de médias sociaux ou* "peer" *qui voulons construire une meilleure conversation globale. Des gens qui croient en la liberté de parole, en l'accès libre à l'information et à un Internet sans peur pour les gens de la terre entière. Des gens qui pensent que les conversations et les*

---

105. Winston Smith, « Tunis, Troisième réunion des blogueurs arabes », 29.9.2011, sur <http://danactu-resistance.over-blog.com/article-tunis-troisieme-reunion-des-blogueurs-arabes-85485833.html>, (19.4.2012).

partages peer-to-peer *de travaux créatifs entre citoyens ordinaires sur le cyberespace n'est pas seulement "cool". Ce n'est pas une autre opportunité commerciale. C'est vital pour améliorer l'état du monde* »[106].

Lors de la création de *Global Voices* en 2004, la guerre en Iraq était la première guerre à être bloguée avec Salam Pax, le blogueur le plus célèbre de cette guerre. Depuis, le nombre de blogueurs a largement augmenté et *Global Voices* a étendu ses activités. L'association a créé un observatoire de la liberté d'expression (*Global Voices Advocacy*) afin d'aider les internautes dont les propos sont censurés. Une formation aux nouveaux médias (*Rising Voices*) leur est également proposée.

En Allemagne, la Fondation Heinrich Böll agit également en faveur de la protection des cyberactivistes. Née dans les années 1980, elle est proche du parti des *Grünen* (les Verts) et possède depuis 1997 des bureaux à Berlin. Enfin, l'*Oslo Freedom Forum*, utilisé notamment par la Tunisienne Lina Ben Mhenni, sert également de tremplin aux cybercitoyens du monde entier.

Le 12 mars 2012 a eu lieu une journée mondiale de la cybercensure. En 2011 plus de soixante pays ont été répertoriés comme pratiquant la censure du Net, arrêtant les net-citoyens et adoptant des outils de surveillance. Selon le rapport de *Reporters Sans Frontières* (RSF), 120 personnes étaient emprisonnées pour avoir posté des témoignages en ligne.

RSF a également remis son Prix du Net-citoyen 2012 aux Centres des médias des comités locaux de coordination en Syrie regroupant « *des journalistes citoyens ayant rassemblé et diffusé en temps réel, informations et images sur la révolte populaire syrienne* ». Jasmine, une jeune militante syrienne de 27 ans qui réside au Canada, a accepté. Selon elle, « *c'est l'avocate Razan Zaitouneh, l'une des fondatrices des LCC, qui devait recevoir ce prix, raconte Jasmine. Mais elle est en danger, recherchée par les forces de sécurité* »[107]. Dans un pays encore en guerre, l'action des LCC consiste également à prôner la désobéissance civile comme le remarque Jasmine : « *les LCC ne sont pas une organisation politique, mais, outre la transmission d'informations, ils sont devenus un outil de mobilisation. Il y a quelques mois, ils ont ainsi lancé une*

106. Sur <http://globalvoicesonline.org/>, (19.4.2012).

107. Arielle Thedrel, « Hommage aux cyberactivistes syriens », *Le Figaro*, 14.3.2012.

campagne de désobéissance civile en appelant les Syriens à ne plus payer d'impôts et à organiser des autodafés de leurs factures d'électricité ou de téléphone »[108].

Mais qui sont ces cyberactivistes ? Quel est leur profil ? Combien sont-ils et quels sont leurs centres d'intérêt ?

Figure n° 1 : La blogosphère arabe[109]

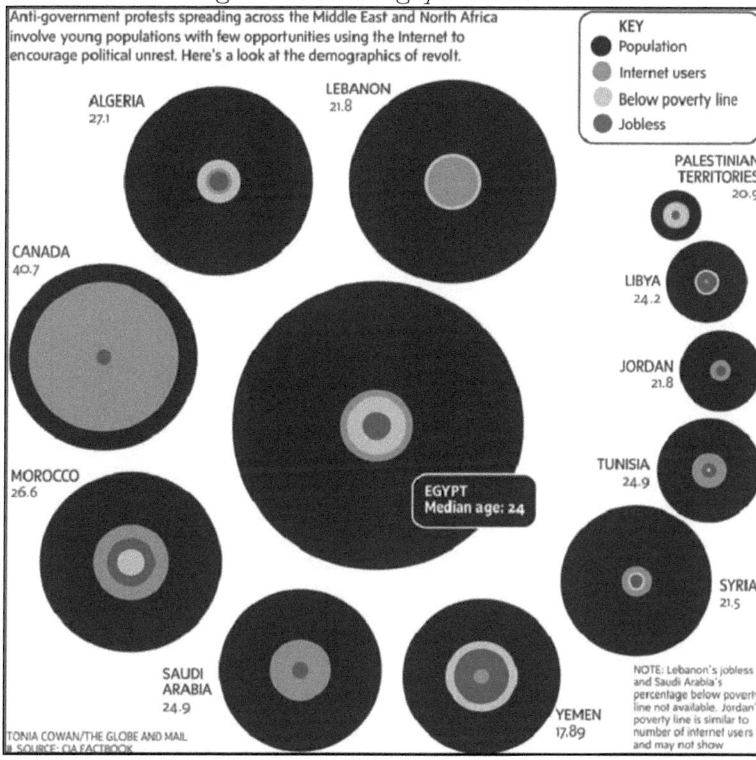

L'université d'Harvard a publié en 2009 une étude sur la blogosphère arabe. Les chercheurs Bruce Etling, John Kelly, Robert Faris et John Palfrey ont identifié un réseau de 35 000 blogs actifs. Ils ont décidé de cartographier les 6 000 blogs les plus connectés afin d'identifier l'activité de la sphère publique dans le monde arabe. Ces activistes débattent des questions

108. *Idem.*
109. *Idem.*

politiques, des médias, de la religion, de la culture et des affaires internationales.

Figure n° 2 : La blogosphère arabe[110]

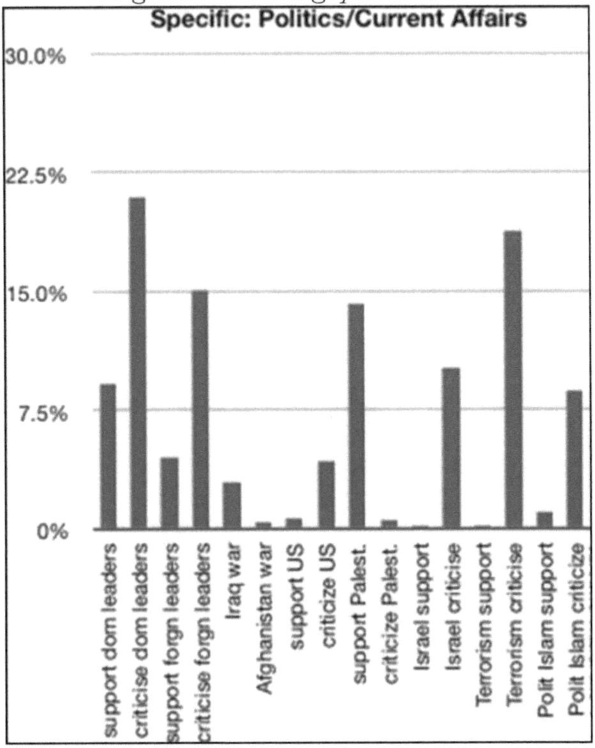

Les chercheurs ont identifié et cartographié des zones : l'Égypte (la plus importante avec les Frères musulmans), l'Arabie Saoudite, le Koweït (en langues française ou arabe), la Syrie, les pays du Levant (Liban, Palestine, Jordanie et Syrie) et le Maghreb. Les chercheurs ont ajouté une zone intitulée « focalisée sur l'Islam » qui rassemble les blogueurs des pays arabes se concentrant sur la religion, la théologie et ses liens avec la politique.

Qui sont les blogueurs arabes ? Il existe une véritable fracture numérique dans les pays arabes. Le profil sociologique

110. Bruce Etling, John Kelly, Robert Faris & John Palfrey, *op. cit.*

des usagers du Net dans le monde arabe correspond à des personnes jeunes, plutôt aisées et cultivées. Le schéma ci-dessus affine le profil des internautes en fonction de leur pays, de leur âge et de leur situation économique. L'enquête montre qu'en Syrie la moyenne d'âge des internautes est de 21,5 ans contre 24,5 en Tunisie. Par contre, le nombre d'internautes est supérieur en Tunisie.

Les principaux liens des blogs se font avec *Youtube* (notamment pour ses vidéos politiques) et *Wikipedia* en versions anglaise et arabe. Pour les médias, les trois sources majeures sont *Al Jazieera*, la *BBC* et *Al-Arabiya*. Les chercheurs américains ont également cartographié les thèmes les plus souvent évoqués par les blogueurs. Les deux thèmes les plus courants sont la critique du régime politique et le terrorisme que 19 % des blogueurs désapprouvent contre 1 % qui le soutiennent.

Les blogueurs ont ainsi acquis une réelle légitimité dans le monde qui leur a valu des aides logistiques, financières et une reconnaissance morale à travers la remise de prix. La blogosphère arabe est donc bien réelle et vivante. Son développement ne cesse de croître et les succès obtenus dans la chute de régimes (en Tunisie par exemple) conduisent à s'interroger sur le poids de l'ère numérique dans l'ordre international.

Vers un nouvel ordre international ?

Un nouvel ordre international se met-il en place ? Le monde change avec la mise en procès de firmes américaines pour leur vente d'outils de surveillance à des États totalitaires. *Wikileaks* révèle les câbles de l'ambassade américaine et des blogueurs figurent parmi la liste des candidats au prix Nobel. Parallèlement, le monde politique assiste à une redéfinition de la citoyenneté avec la naissance d'un citoyen aux identités multiples dont l'action se déploie du local à l'universel.

La lutte contre la censure a conquis le monde judiciaire. Aux États-Unis, plusieurs firmes sont en cours de procès ou risquent de se retrouver devant un tribunal pour avoir participé à la mise en place d'outils de surveillance : CISCO pour la Chine, Bull pour la Lybie, Bluecoat pour la Syrie, etc. Les réseaux sociaux sont très vigilants à ce que la vérité soit faite et jouent un rôle de lobby, regroupant sur la toile des membres du monde entier.

La firme américaine Microsoft est aujourd'hui accusée par *Wikileaks* d'avoir aidé le régime à surveiller sa population avec pour preuve la publication d'un câble diplomatique du 22 septembre 2006 de l'ambassadeur américain : « *en théorie, accroître les capacités d'interceptions informatiques légales du gouvernement est une bonne chose, mais étant donné l'interférence notoire du gouvernement tunisien avec l'Internet, cela pose des questions sur le renforcement de sa capacité à surveiller ses citoyens. Au total, pour Microsoft, les bénéfices l'emportent sur les coûts* »[111].

Aujourd'hui plusieurs sociétés sont dans une situation délicate pour leur collaboration avec des dictatures : « *les sociétés du secteur IT complices des dictatures sont cependant dans une situation bien plus délicate aujourd'hui qu'au lendemain de la révolution Tunisienne : CISCO est sous le coup d'un procès aux États-Unis pour avoir aidé la Chine à traquer ses dissidents, Bull est en très mauvaise posture sur le dossier Libyen et grâce à une collaboration entre Reflets.info, Telecomix, Fhimt.com et l'Electronic Frontier Foundation, Bluecoat devrait subir lui aussi les foudres de la justice aux États-Unis pour sa participation à la répression en Syrie. Le prochain sur la liste sera-t-il Nokia pour ses agissements au Bahreïn ou Microsoft en Tunisie ?* »[112].

Parallèlement à la mise en accusation des firmes multinationales, les blogueurs se voient récompensés par la communauté pour leur action. Trois candidats au prix Nobel 2011 se trouvent être des militants du Printemps arabe : le blogueur égyptien Wael Ghonim, Israa Abdul Fattah, et la Tunisienne Lina ben Mhenni. Le cybercitoyen acquiert aujourd'hui un nouveau statut et contribue à la redéfinition de la citoyenneté.

En définitive, la naissance d'un citoyen aux identités multiples conduit aujourd'hui à redéfinir la notion de pouvoir et de contrat social entre l'État nation et son peuple. L'existence d'un sixième continent virtuel conduit à prendre en compte un nouvel ordre international où les citoyens du « village global » s'engagent au sein de leur État, mais aussi auprès des autres gouvernements.

---

111. Extrait du câble 06TUNIS2424 de septembre 2006.
112. Fabrice Epelboin, 4.9.2011, <http://www.rezocitoyen.fr/microsoft-espionne-en-tunisie.html>, (19.4.2011).

Inversement ils peuvent s'inspirer de l'action des réseaux sociaux d'un pays pour faire évoluer la situation politique de leur nation, comme le démontre l'exemple des cyberactivistes chinois qui s'inspirent largement de l'exemple libyen pour tenter d'instaurer un changement. Dès 2004, Jared Cohen avait pressenti cette métamorphose du citoyen alors qu'il se trouvait en Iran. Les révolutions arabes, souvent qualifiées de « révolutions *Facebook* », ont conduit à un nouvel équilibre mondial. S'agit-il d'un mouvement durable ? Il démontre toutefois le passage du local à l'universel dans la conception qu'a le citoyen de son rôle.

Lorsque le chargé du Département d'État américain, Jared Cohen, se trouve en Iran en 2004, il remarque que la foule utilise les connexions Bluetooth pour communiquer avec les étrangers, créant un Web *peer-to-peer* humain. Si le réseau est alors destiné à des échanges sociaux pour la vente de biens personnels, Jared Cohen pressent qu'il servira bientôt à l'activisme. Son présage, auquel ses homologues américains refusent de croire, se réalise en 2009 lors des élections en Iran. La contestation se traduit par un activisme High-Tech via portables et Internet. Une vidéo tournée par Neda Agha-Soltan est diffusée par le réseau Bluetooth et finalement téléchargée sur *Youtube* où elle deviendra célèbre. La même année *Facebook* et *Twitter* sont les supports les plus utilisés lors des manifestations en Égypte.

Les soulèvements arabes sont souvent qualifiés de Révolution *Facebook*, *Youtube* et *Twitter*. Selon le journaliste du *Time* : « *au Moyen-Orient, en Afrique du Nord, en Espagne, et en Grèce, à New York, les médias sociaux et les mobiles n'ont pas remplacé les liens sociaux et les confrontations, mais ont aidé à les faciliter et à les amplifier, permettant aux manifestants de se mobiliser plus agilement et de communiquer les uns avec les autres et avec le monde plus large de façon plus efficace qu'avant. Et dans les États policiers avec une haute infiltration d'Internet (la Tunisie de Ben Ali et dans l'Égypte de Moubarak, dans la Syrie de Bashar Assad), une masse critique de téléphones portables enregistreurs de vidéos plus* Youtube *plus* Facebook *plus* Twitter *sont vraiment devenus les instruments d'une presse libre et indigène* ».

Assiste-t-on à un nouvel équilibre mondial ? L'Internet n'est pas connu pour générer des choix cohérents et des mouvements politiques permanents, ce qui peut causer des problèmes à la fois aux gouvernements et aux citoyens. Les organisations lutteront pour juger si tel mouvement en ligne est assez significatif pour mériter une réponse, qui en réaction pourrait déclencher un activisme sérieux. Selon Cohen, « *les gouvernements sont habitués à avoir un nombre fixe de citoyens* », dit-il, « *mais maintenant les gens ont des identités multiples en ligne. Pour chaque citoyen physique, il y a un entourage virtuel qui se concentre autour de lui, et dépasse la notion même de nation. […] Nous sommes au milieu d'une transition bruyante* », explique-t-il, « *à l'avenir, nous aurons un compromis, nous allons voir l'émergence d'un contrat social mondial entre les citoyens et leur système ainsi que les États et leur système* »[113].

Peut-on parler d'un mouvement durable ? Pour Roger Cohen, dans son article du *New York Times* intitulé « *Facebook* and Arab dignity » et publié le 24 janvier 2011 : « *pour les citoyens, les révolutions seront plus faciles à commencer, mais tout aussi dures à terminer […]. La technologie ne crée pas les dirigeants et les institutions démocratiques, cela signifie que vous pouvez mobiliser sans plan* »[114].

Les avis sont partagés sur la permanence et le poids des réseaux sociaux. Voici un témoignage plutôt négatif publié par *Webdo* à Tunis dans lequel Sami Bouraoui dénonce les effets pervers des réseaux sociaux : « *différentes forces politiques et économiques du pays ont profité de l'extraordinaire audience des pages* Facebook *pour pouvoir, moyennant finances, y corrompre l'information en leur faveur* »[115]. L'auteur insiste sur la dislocation du mouvement : « *L'élan social se divise maintenant en plusieurs microgroupes d'intérêts communs* ». Enfin Sami Bouraoui note une absence de perspectives : « *l'information tourne dans un cercle vicieux, les mêmes liens sont partagés par tout le monde. Un tweet de SlimAmamou [blogueur et cybermilitant nommé secrétaire d'État à la Jeunesse et aux Sports…] par exemple se retrouve automatiquement sur tous les fils de tous les utilisateurs et cela ne l'empêche pas d'être à nouveau partagé dans une boucle infinie* ».

Cependant l'exemple du Maroc laisse à penser que les citoyens peuvent être des vigiles de la démocratie. L'organisation marocaine des droits de l'Homme en partenariat avec un collectif d'ONG a lancé le site « Marsad.ma » dédié aux élections du 25 novembre afin que chaque citoyen puisse les alerter sur les

113. Sébastien B., « Comment les cybercitoyens décideront du sort des nations », 17.11.2011, <http://blog.civilisation2.org/2011/11/comment-les-cyber-citoyens-decideront.html>, (19.4.2011).

114. *Idem.*

115. Sami Bouraoui, « Les réseaux sociaux info ou intox ? », extraits de *Webdo*, *Courrier international*, n° 1094, 20-26.10.2011, p. 21.

irrégularités[116]. Cette expérience s'inspire de l'exemple du Kenya qui, suite aux élections présidentielles de 2008 qui s'étaient terminées dans un bain de sang, a mis en place un site web de surveillance civique.

À en croire le témoignage d'Yves Gonzales Quijano, l'Internet constituerait l'un des outils permettant plus de progrès : « *plutôt qu'un passe-partout capable d'ouvrir toutes les portes des bouleversements en cours, l'essor d'Internet et de ses différentes applications ne serait qu'une clé dans un trousseau qui en comporte bien d'autres telles que les progrès de l'éducation, l'urbanisation galopante de populations majoritairement très jeunes ou encore l'accélération de la diffusion de références culturelles exogènes* »[117].

Dans cette citation, l'accent est mis sur la référence à l'extérieur, illustrant ce mouvement du local à l'universel qu'effectue le cybercitoyen. Dans son article sur « L'éthique hacker, un nouveau modèle pour la citoyenneté », le chercheur Patrick Plante remonte le cours de l'histoire pour rappeler les premières mobilisations cybercitoyennes : « *l'organisation de la marche mondiale contre la guerre en Iraq à l'hiver 2003, les pétitions qui ont permis de sauver la vie d'Amina Awal, accusée d'adultère au Nigeria et condamnée à mort par lapidation* »[118].

Ces exemples montrent selon lui la promotion d'une citoyenneté qui dépasse le cadre de l'État-nation. Il cite notamment le professeur de philosophie Kingwell et son livre *The world we want: virtue, vice, and the good citizen*[119] : « *ce dont nous avons besoin est un nouveau modèle de citoyenneté basé sur le fait même de participer* ».

Partant du constat avec Pierre Levy de l'existence d'une conscience politique globale, fruit des médias, il note cependant : « *ce qu'il y a de nouveau, ici, c'est le développement et l'utilisation de la force*

116. Rachid Jankari, « La société civile marocaine observe les élections sur internet », 4.10.2011 sur <http://www.magharebia.com/cocoon/awi/xhtml1/fr/features/awi/features/2011/10/04/feature-02>, (19.4.2011).

117. Yves Gonzales-Quijano, « Les origines culturelles numériques de la révolution arabe », *Culture et politique arabes*, 15.2.2011, sur <http://cpa.hypotheses.org/2484#identifier_1_2484>, (19.4.2011).

118. Patrick Plante, « L'éthique hacker, un nouveau modèle pour la cybercitoyenneté ? », communication lors de la conférence sur l'Imagination et l'Éducation, Vancouver, 15.7.2004.

119. Mark Kingwell, *The world we want: virtue, vice, and the good citizen*, Toronto, Penguin Book, 2000.

du réseau et de l'intelligence collective pour un réinvestissement dans le monde présentiel ».

Selon lui, l'éthique hacker serait proche du concept de cybercitoyenneté avec son approche du logiciel libre dont Linux développé par Linus Torvalds est l'icône.

Aujourd'hui, ce qui rassemble les cyberactivistes est leur indignation face à un système qui ne répond plus à leurs attentes : chômage, pouvoir corrompu… Les « indignés », ainsi qu'ils se désignent depuis la marche du 15 mai 2011 à Madrid, sont dans la contestation. Les outils du Web 2.0 qui leur ont servi à se rassembler, leur permettent actuellement de poursuivre leur mobilisation à l'échelle planétaire.

Selon le philosophe Fred Poché, nous entrons dans l'ère du « post-politique »[120] : « *l'espace se sépare du lieu et le sentiment communautaire de la territorialité. Les blogs, les forums électroniques, les diverses vidéos proposées sur la toile, jouent un rôle prépondérant dans le champ social et politique* ».

Peut-on cependant parler d'un nouvel espace public dans le monde arabe ? L'article de Julien Saada intitulé « révoltes arabes, révolution Facebook ? » apporte un éclairage très intéressant sur la capacité de déstabilisation des mouvements sociaux. Il fait le constat suivant : « *d'un espace public visible, mais encore trop faible pour aboutir à des changements politiques, l'utilisation plus efficace des médias sociaux dans les révoltes tunisiennes et égyptiennes questionne la possibilité d'un espace public arabe aujourd'hui plus susceptible de faire pression sur les gouvernants* »[121].

Selon lui, cet espace a besoin d'institutions démocratiques pour pouvoir relayer les messages et mettre en place une politique. « *c'est en cela que cet espace public est* « *faible* » *même si cette faiblesse ne veut pas dire une signification politique minimale,* « *il lui manque juste les mécanismes pouvant agir sur la politique* ».

Il mentionne également le rôle des diasporas tunisiennes notamment qui ont pu grâce à *Facebook* et *Twitter*, transmettre aux médias classiques des vidéos sur les manifestations. Une osmose s'est créée entre *Al-Jazeera* et la blogosphère qui commente les

---

120. Fred Poché, « Le vivre ensemble, le globalisme et notre rapport aux savoirs », 14.12.2009, *théolarge.fr*, sur <http://www.theolarge.fr/spip.php?article 131>.

121. Julien Saada, « Révoltes dans le monde arabe, une révolution *Facebook* ? », *Chroniques sur le Moyen Orient et l'Afrique du nord*, 1.2.2011.

informations, permettant aux citoyens de se faire une opinion personnelle. La conclusion de Julien Saada sur la possibilité de la sphère publique arabe à monter en puissance est plutôt optimiste : « *la capacité de ces mouvements à s'organiser, à communiquer de manière à la fois collective et décentralisée ; la pluralité d'opinions qui s'exprime via la Blogosphère et Internet ; la possibilité d'obtenir de l'information à travers* Al-Jazieera *et le Web participatif témoignent d'un espace public dans le monde arabe qui évolue depuis la pénétration d'Internet et des premières chaînes satellitaires et qui dispose peut être aujourd'hui des mécanismes lui permettant d'obtenir un réel changement politique* ».

Dans son livre consacré à *La démocratie à l'ère numérique*, le professeur Henri Oberdorff prend acte du rôle des cybercitoyens dans leur capacité à contester, mais note par exemple que l'outil internet est moins adapté en terme de propositions. Les blogueurs, à l'image de la tunisienne Lina Ben Mehni, continuent de veiller sur la transition démocratique de leur pays. La formation des cybercitoyens est désormais devenue une priorité des fondations qui soutiennent les tentatives de démocratisation des régimes. Elles doivent cependant être vigilantes face à la tentation d'un *Big Brother* de tout contrôler. Le créateur de *Facebook*, Mark Zuckerberg, est actuellement mis à l'index dans sa tentative de créer un monde parallèle virtuel, où tout serait contrôlé. Toutefois, l'expérience des blogueurs arabes montre que l'individu n'est plus condamné à subir et à vivre dans la peur des régimes totalitaires. Le passage à l'action et le dépassement de la peur ont été, grâce à l'Internet, un moment de résilience qui doit se poursuivre aujourd'hui et sert d'exemple aux démocraties occidentales. Dans un monde en crise, les indignés suivent le chemin des cybercitoyens arabes. Si la résistance s'effectue grâce à l'ère numérique, elle n'en rappelle pas moins d'autres résistances mises en place durant la Seconde Guerre mondiale ou même durant la guerre froide. La puissance de l'Internet réside dans le fait de faire naître un village global et d'étendre les liens aux quatre coins de la planète de façon instantanée, liant ainsi le temps et l'espace.

Dans l'ère du post-politique, le philosophe Fred Poché se pose la question suivante : « *comment articuler la politique traditionnelle attachée à la communauté de destin avec une culture de cyber-citoyenneté plus sensible à la communauté d'élection ? Que faire de la territorialité, de la corporéité, du lieu, ou même de l'État-nation ?* »[122].

Afin de répondre à cette interrogation, il cite deux philosophes : « *Jürgen Habermas ou Jean-Marc Ferry défendent une "citoyenneté post-nationale". Il s'agit alors de ne plus se référer à une provenance commune, ou à une même identité narrative, mais à des procédures et à des principes abstraits pour permettre l'intégration des citoyens* »[123]. Selon Jean-Marc Ferry, l'identité post-nationale se construirait sur des principes : « *l'identité politique, désormais dissociée de l'appartenance nationale, est à construire sur les principes d'universalité, d'autonomie et de responsabilité qui sous-tendent les conceptions de la démocratie et de l'État de droit* »[124].

Les acteurs du Printemps arabe et les Indignés veillent aujourd'hui à la diffusion de ses valeurs et méritent ainsi qu'on leur rende hommage. Nous sommes au tournant d'une nouvelle ère politique construite avec les cybercitoyens.

Muriel Bourdon

Bibliographie complémentaire

Benslama, Fethi, *Soudain la révolution ! De la Tunisie au monde arabe : la signification d'un soulèvement*, Paris, Denoël, 2011.

Jauréguiberry, Francis, & Serge Proulx, *Internet, nouvel espace citoyen ?*, Paris, L'Harmattan, Coll. Logiques sociales, 2003.

Lecomte, Romain, « Internet et la reconfiguration de l'espace public tunisien: le rôle de la diaspora », *TIC & Société*, vol. 3, n° 1-2, 2009.

Lejeune, Christophe, *Démocratie 2.0. Une histoire politique d'internet*, Bruxelles, Espaces de Liberté, 2009.

Shirky, Clay, « The Political Power of Social Media: Technology, the Public Sphere, and Political Change », *Foreign Affairs*, New York, janvier-février 2011, vol. 90, n° 1.

122. Fred Poché, *op. cit.*

123. Cf. Jürgen Habermas, *L'intégration républicaine. Essais de théorie politique*, Paris, Fayard, Traduit de l'allemand par Rainer Rochlitz, Paris, Fayard, 1998. Également du même auteur : *Après l'État-nation Une nouvelle constellation politique*, traduit de l'allemand par Rainer Rochlitz, Paris, Fayard, 2000 & Jean-Marc Ferry, *La question de l'État européen*, Paris, Gallimard, 2000.

124. *Idem.*

Chapitre 4

(e)Citoyenneté – (r)Évolution

Le développement des technologies de l'information et de la communication (TIC) incite les spécialistes de différents domaines scientifiques à se poser nombre de questions quant à leur rôle et à leur influence sur la vie sociopolitique des hommes[125]. L'historien de la culture Ivaylo Ditchev formule de manière concise cette recherche à travers une question aux accents presque existentiels : « *Si le journal a fait naître l'État national, la radio et les actualités cinématographiques, les régimes totalitaires, et la télévision, les sociétés de consommation, qu'est-ce que feront naître les technologies numériques ?* »[126].

La palette des réponses possibles est très vaste. Il y a, d'abord, l'enthousiasme du grand nombre qui prend l'Internet pour un instrument clé de démocratisation des régimes autoritaires dans le monde, d'une meilleure démocratie et de remède contre l'apathie et la déception dans les sociétés occidentales. Puis il y a les sceptiques, ceux pour qui l'Internet ne permet pas potentiellement de mettre en place une sphère publique efficace d'un type nouveau. Au contraire, selon ces derniers, les nouvelles formes de communication minent les acquis des démocraties développées et peuvent à la rigueur servir

---

125. Ce chapitre a été réalisé dans le cadre du projet « e-Citoyenneté », concours « Idées » du ministère bulgare de l'Éducation, de la Recherche et de la Jeunesse.
126. Ivaylo Dichev & Orlin Spassov, « Новите форми на гражданско действие », in Ivaylo Dichev & Orlin Spassov (dir.), *New Media and New Mobilizations*, Sofia, Open Society Institute, 2011, p. 11.

d'instruments efficaces de répression et de manipulation des citoyens.

Ce chapitre se propose de traiter surtout de l'influence des nouvelles technologies sur la nature et sur les caractéristiques de la citoyenneté. Une attention spéciale sera portée à l'utilisation de l'espace *en ligne* en vue de la communication entre les citoyens et de leur mobilisation pendant le « Printemps arabe ».

Citoyenneté et sphère publique à l'époque de l'Internet

L'influence de l'Internet et des nouvelles technologies sur l'ensemble de la sphère publique est devenue un thème prioritaire sur lequel se penchent analystes et observateurs. Beaucoup avancent des arguments convaincants pour affirmer que certaines caractéristiques de l'Internet, notamment son interactivité, son bas prix, sa rapidité, sa facilité, sa capacité à véhiculer les informations, exercent une influence sur les sphères superposées de la vie politique, médiatique et civile. Cela a évidemment un impact sur certains aspects de la citoyenneté, par exemple, sur l'engagement civil, sur la participation politique, sur la connaissance politique ou encore sur la mobilisation.

Certains chercheurs envisagent d'étudier cette influence dans quatre directions principales : les débats civils au sein de la sphère publique ; la participation des citoyens à la vie sociopolitique ; l'information et le niveau de connaissance des citoyens ; la mobilisation des citoyens[127]. C'est dans cette logique que s'inscrit l'hypothèse qui considère l'Internet comme un nouveau stimulant qui éveille l'intérêt pour le politique, comme un instrument permettant d'accroître la connaissance et d'intensifier les débats. Selon cette conception, le fait d'utiliser l'information en ligne permet aux citoyens d'atteindre des niveaux plus élevés de connaissance politique, de s'intéresser davantage à la politique, de

127. Russell Neuman, Bruce Bimber & Matthew Hindman, « The Internet and Four Dimensions of Citizenship », in Robert Y. Shapiro & Lawrence R. Jacobs (dir.), *The Oxford Handbook of American Public Opinion and Media*, Oxford, Oxford University Press, 2011, p. 23.

débattre plus souvent sur des questions politiques et de participer plus activement au processus de prise de décisions[128].

Cette hypothèse alimente l'enthousiasme de certains chercheurs qui considèrent les technologies de l'Internet comme un moyen possible pour sortir de la supposée « déception de la démocratie » et du désintérêt des citoyens pour la politique. En effet, si l'on admet[129] que l'information en ligne suscite de l'intérêt, accroît la connaissance et provoque le débat, l'Internet peut bel et bien être considéré comme un stimulant pour de nouvelles formes de citoyenneté, comme un instrument pour améliorer la participation des citoyens au processus politique.

Cependant, il est habituel que les questions sociales n'aient que rarement des réponses à sens unique. Il existe donc un point de vue opposé quant au lien entre l'Internet et la participation des citoyens. Les sceptiques disent que l'utilisation de l'Internet pour se procurer de l'information politique a peu d'effet sur l'engagement des citoyens. Ils estiment même que sur certains points, l'Internet renforce la tendance au désintérêt des citoyens pour la politique. L'influence de l'Internet est perçue à travers le paradoxe que ce moyen permet un accès immédiat et presque gratuit à un volume considérable d'information, mais qu'à l'heure actuelle, le Net profite surtout à ceux qui manifestent un intérêt actif et durable pour les questions publiques. Michael Margolis et David Resnick décrivent ce phénomène de la façon suivante : « *Paradoxically, one of the hardest things to predict is whether the Internet will improve the quality of democracy by creating a more informed citizenry. We say paradoxically, because it seems obvious that because the Internet provides instant and almost cost-free information, it should enable the ordinary citizen to be fully informed about all relevant policy areas... We remain skeptical... To be sure, the Net is now and will continue to be a boon to those*

128. Jason McDonald, « The Benefits of Society online : Civic Engagement », in Karen Mossberger, Caroline J. Tolbert & Ramona S. McNeal (dir.), *Digitalcitizenship The Internet, Society and Participation*, The MIT Press, Massachusetts Institute of Technology, 2008, p. 48.

129. Il s'agit bien d'une hypothèse, car le dynamisme du développement des technologies ne permet pas de réunir et de traiter un nombre suffisant de données empiriques à partir desquelles il serait possible d'établir des statistiques concluantes.

who already have an active and sustained interest in public affairs, but there is little evidence that the Internet by itself will increase the attentive public »[130].

Le célèbre théoricien de la politique Jürgen Habermas se montre également sceptique quant au profit de l'Internet. Il estime que l'« *Internet fragmente le débat politique en contribuant à la création d'un grand nombre de publics isolés et focalisés sur une seule cause. Les nouvelles technologies ne sont utiles au débat public que dans la mesure où elles assument le rôle secondaire de critiquer et de corriger les médias traditionnels qui sont importants pour la santé de la démocratie* »[131]. En dépit du scepticisme de Habermas, il y a chez lui une perspective populaire dans laquelle il analyse le rôle et la contribution de l'Internet à la vie publique, à savoir sa conception de la sphère publique et de la situation idéale pour le débat. Plusieurs problèmes se posent alors.

Modérateurs, gatekeepers

La question de la présence ou de l'absence de modérateurs compétents est fondamentale : ces derniers structurent les débats et la présence de ces *gatekeepers* est susceptible de filtrer l'information. On retrouve ici le débat de l'effet supposé de la chambre d'écho (*echo chamber*) : les citoyens qui jouissent de la liberté de contrôler au maximum le flux d'information dirigé vers eux-mêmes ont tendance à s'isoler au sein de groupes clos et idéologiquement homogènes. Il s'agit de mécanismes des cascades d'information où l'authenticité d'une position est fonction de sa popularité dans le groupe, plus elle est populaire, plus elle est authentique. Ces processus conduisent progressivement à une polarisation et à un extrémisme croissant des groupes idéologiques isolés les uns des autres. À long terme, les analystes prévoient, à la suite de la situation décrite, une aggravation de la fragmentation idéologique et sociale de la société[132].

130. Michael Margolis & David Resnick (dir.), *Politics as Usual: The Cyberspace "Revolution"*, Thousand Oaks, CA, Sage, 2000, p. 212.
131. Ruzha Smilova, in Ivaylo Dichev & Orlin Spassov, *op. cit.*, 2011, p. 263.
132. *Ibidem*, p. 265.

Le caractère ouvert du système en ligne.

Il existe plusieurs effets positifs potentiels de l'Internet quant à l'accès des citoyens à l'information politique. La réduction de la division numérique entre les riches et les pauvres, entre les diplômés et les non-diplômés, entre la ville et la campagne, est un des premiers effets potentiels. L'Internet peut contribuer à ce que tous les citoyens aient un accès égal et à bas prix à une information d'importance publique, d'autant plus que l'environnement en ligne est beaucoup plus hétérogène du point de vue des caractéristiques physiques telles que la race, le sexe, l'âge, etc. En dépit de ces caractéristiques positives, certains analystes considèrent que l'espace en ligne est très inégal selon ces mêmes indices. Il existe de grands débats autour des groupes économiques et culturels qui n'utilisent pas l'Internet, ou bien au sujet des différences de niveau de compétence des internautes, etc.[133] Dans son livre *The Myth of Digital Democracy*, Matthew Hindman apporte un autre élément à la question de l'inégalité : il décrit la figure du blogueur actif comme étant « *overwhelmingly white, disproportionately male, and replete with the alumni of Ivy-League-caliber institutions* »[134].

Susciter un débat et influencer l'ordre du jour politique

Voici une autre question essentielle relative à l'utilité des technologies de l'Internet et à leur influence sur la sphère publique. La possibilité qu'ont les citoyens de poser une question ou bien de rappeler sur le Net une question importante pour eux (forums, blogs, réseaux sociaux, etc.) a fait l'objet de nombreuses analyses. À l'heure actuelle, les études montrent que les questions politiques sont le plus souvent posées d'abord par les médias traditionnels avant d'être reprises par le Net[135]. Ce fait ne diminue cependant pas l'enthousiasme de certains analystes comme Clay Shirky qui estime que l'Internet nous transforme de consommateurs passifs en producteurs d'information. Le

---

133. Eszter Hargittai, « Second-Level Digital Divide: Differences in People's Online Skills », *First Monday*, n° 7, avril 2002.
134. Matthew Hindman, *The Myth of Digital Democracy*, Princeton University Press, 2009.
135. Russell Neuman, Bruce Bimber & Matthew Hindman, *op. cit.*, p. 28.

changement essentiel provient des possibilités qu'offrent les nouvelles technologies pour produire activement des contenus (réseaux sociaux, Wiki-applications, documents placés sur *YouTube* et *Tweeter*, blogs, etc.). Tout cela représente un potentiel révolutionnaire considérable pour promouvoir la citoyenneté, la créativité et la capacité de résoudre de manière collective un grand nombre de problèmes sociaux[136].

Contrôler sur Internet, contrôler Internet

Ce qui se produit sur le Net est considéré, dans la plupart des cas, à travers l'espace physique public : les mesures pour lutter contre le plagiat, le terrorisme, la pornographie. Dans le même temps, nous voyons comment les citoyens ont réagi à l'Accord commercial anti-contrefaçon (ACTA). Les internautes estiment que l'Internet est un espace de liberté qui n'appartient pas à l'État. Aussi les tentatives de contrôle ont-elles suscité une riposte très vive. Pareille attitude s'explique également par le fait que la délimitation entre le public et le privé est devenue floue. Solidement fixée et contrôlée avec vigilance avant l'entrée des nouvelles technologies d'information, cette frontière perd désormais de plus en plus ses contours et peut être franchie sans problème.

L'analyse de l'influence des nouvelles technologies de l'Internet sur la sphère publique révèle la véritable nature des changements : ceux-ci se produisent plus au niveau du type qu'au niveau du moyen de communication[137]. La nouvelle vague néolibérale qui a envahi le monde est liée à la privatisation de l'espace public. Il en résulte une désinstitutionalisation du monde social, un élan vers la participation individuelle et un désir de participer, mais pas sous la tutelle de telle ou telle politique ou institution. Il est alors possible de mettre en évidence le changement à travers la citoyenneté de l'homme d'aujourd'hui : ce qui apparaît au premier plan, c'est le rôle individuel, le pouvoir dont dispose la personne qui est reconnue comme une partie essentielle du tout. Les rapports entre les citoyens, les hommes politiques et l'État changent radicalement. Les citoyens

136. Ruzha Smilova, in Ivaylo Dichev & Orlin Spassov (dir.), *op. cit.*, 2011, p. 270.
137. Cf. les études de Madeleine Pastinelli de l'Université Laval, Québec, Canada.

n'appréhendent plus leurs devoirs comme s'il s'agissait d'obéir, de maintenir l'ordre public, de voter (modèle de citoyenneté comme *devoir*). Ils s'orientent plutôt vers une attitude active : participer à des initiatives politiques non électorales, comme des mouvements de protestation, des campagnes sociales, la défense de causes, etc. (modèle de citoyenneté comme *engagement*)[138].

Comme le dit Kenichi Ohmae, nous sommes en train de devenir des « citoyens globaux », qui s'intéressent, qui connaissent et qui s'impliquent dans ce qui arrive aux quatre coins de la planète[139].

De l'agora virtuelle à l'agora réelle, le Printemps arabe

En général, la matrice théorique qui vient d'être présentée et qui traite des effets de l'Internet sur la sphère publique est associée aux démocraties libérales modernes. Il en est ainsi, car ces dernières offrent de bons exemples à analyser et à étudier, à commencer par les *meetups* organisés lors des élections présidentielles aux États-Unis en 2004, en poursuivant avec la campagne du président Obama, ou avec l'Estonie, considérée comme un pays en pointe dans le domaine du gouvernement électronique pour en arriver au Mouvement des « Indignés » et à maintes autres causes qui cherchent des adeptes à travers les réseaux sociaux.

La suite de ce chapitre s'intéresse à un autre exemple. Pour illustrer les possibilités et l'application des technologies de l'information et de la communication, nous allons présenter leur utilisation au moment du Printemps arabe. Nous essayerons de montrer comment dans certaines sociétés, qui ne pratiquent pas de formes de participation des citoyens à la vie sociopolitique – bien connues ailleurs en raison de la spécificité du contexte politique et économique – les personnes recourent à l'Internet comme à une alternative, à une agora virtuelle où ils se réunissent pour débattre, pour se mobiliser, etc.

---

138. Ruzha Smilova, in Ivaylo Dichev & Orlin Spassov (dir.), *op. cit.*, 2011, p. 271.
139. Kenichi Ohmae, *The borderless world: power and strategy in the interlinked economy*, Londres, Fontana, Harper Collins, 1991, pp. 18-22.

Si nous avons choisi cet exemple, c'est parce que les nouvelles technologies y sont appliquées d'une manière très nette et parce qu'elles se prêtent aux objectifs de la citoyenneté. Il apparaît que les événements de 2011 viennent confirmer que les technologies de l'information et de la communication peuvent servir d'accélérateur aux transformations sociales. Les révolutions arabes vont à l'appui de ceux qui espèrent que l'activité en ligne ne se limitera pas à l'écran de l'ordinateur, mais qu'elle sera suivie d'actions dans la vie réelle qui modifieront d'une manière ou d'une autre l'environnement. Il convient de procéder ici à quelques mises au point. Les effets observés pendant le Printemps arabe n'ont pas de caractère universel. Le rôle des technologies de l'information et de la communication en tant que catalyseur de protestations sociopolitiques dépend essentiellement du contexte économique et politique dans les pays de la région. Il s'agit de la liberté de l'expression, de la situation économique de la population, de la division entre les riches et les pauvres, entre la ville et la campagne, etc. Par ailleurs, on ne peut pas s'attendre à ce que l'Internet joue le même rôle dans des pays comme l'Irak et l'Afghanistan, où les internautes sont respectivement à peine 1,1 % et 3,4 % de la population, et dans des pays comme l'Égypte, où le pourcentage des internautes est de 21 %, ou bien comme la Tunisie dont le pourcentage d'internautes est encore plus élevé : 34 %[140].

Il n'est cependant pas possible de toujours associer la diffusion de l'Internet à des attentes concrètes d'activités sociales à travers les nouvelles technologies. Le Bahreïn, par exemple, connaît 60 % d'utilisateurs de l'Internet. Or, les protestations dans ce pays ont été bien plus faibles que celles au Yémen (10,8 %) et en Libye (5,9 %) que l'on peut considérer comme des pays ayant une faible consommation de l'Internet, mais qui ont connu beaucoup de protestations et de manifestations[141]. Il apparaît que les nouvelles technologies de l'information et de la communication ont plus d'influence et plus d'effet dans des pays où le régime au pouvoir a une petite base sociale et peu de soutien. Cette constatation générale est peut-être vraie pour la

140. Ekaterina Stepanova, « The role of ICTs in the Arab spring. Implications beyond the region », *PONARS Euroasia Policy Memo*, n° 159, mai 2011, p. 3.
141. *Idem.*

Tunisie et l'Égypte, mais elle ne correspond pas tout à fait au cas du Bahreïn[142] (certains analystes observent que le renouveau dans ce pays et la mise en place d'institutions plus démocratiques a commencé en 2002 avec l'adoption d'une nouvelle Constitution).

De notre avis, la réaction des régimes en place a joué un rôle important pour l'utilisation massive des technologies de l'Internet pendant les protestations. Le fait de considérer l'Internet comme une menace pour les régimes au pouvoir, les tentatives de bloquer l'accès à certains sites et réseaux sociaux, comme ce fut le cas en Tunisie, les tentatives de bloquer entièrement l'accès à Internet, comme en Égypte, ont chargé encore davantage les nouvelles technologies du symbolisme de la protestation. En fait, les stratégies des gouvernements pour limiter ou bloquer l'accès à Internet ont eu finalement un effet contraire : elles ont terni encore davantage la réputation du régime (tant aux yeux des citoyens dans le pays même que dans la communauté internationale) ; elles ont consolidé l'influence des protestataires et elles ont contribué au développement des nouvelles technologies et de leurs applications[143].

Il ne faut pas oublier que le Printemps arabe a des causes profondes qu'il convient de chercher avant tout dans la nature de l'organisation sociale et politique de ces États, dans les régimes répressifs qui y gouvernent depuis plusieurs années, ainsi que dans la situation économique. De plus, il est important de noter que les technologies de l'information et de la communication dans ces pays ont une histoire qui précède d'une décennie les événements de 2011. Les forums, les blogs, les réseaux sociaux sont depuis longtemps un espace alternatif où s'expriment des thèmes tabou dans des sociétés où les journalistes sont persécutés pour avoir traité ces mêmes thèmes. Les nouveaux espaces en ligne deviennent une source de nouvelles non publiées et de débats politiques, elles s'imposent comme un espace relativement sécurisé[144].

142. *Ibidem*, p. 4.

143. De nouvelles applications apparaissent : *router/path diversity methods, IP proxy servers, Google's voce to twitter.*

144. Jillian York, « The Arab Digital Vanguard: How a Decade of Blogging Contributed to a Year of Revolution », *Georgetown Journal of International Affairs*, vol. 13, n° 1 (Winter/Spring 2012), *Language, Identity and Politics*, pp. 33-34.

Avec la diffusion de l'Internet et la popularité grandissante des réseaux sociaux, on observe un essor de la blogosphère dans le monde arabe. En 2009, les analystes ont noté l'existence de quelque 35 000 blogueurs actifs[145]. La blogosphère arabe se caractérise par son bilinguisme (beaucoup de blogueurs écrivent en français) et par sa communauté supranationale. Une grande parte des blogueurs actifs et des militants dans le monde arabe appartiennent à *Global Voices Online* créé en 2005. Très souvent les blogueurs s'unissent autour d'un thème commun, par exemple, les dictatures, la censure, etc., qui va au-delà des frontières de tel ou tel État[146].

Parallèlement à ce phénomène, *Facebook, Twitter, YouTube* gagnent également en popularité. Les possibilités de *Facebook*, les applications de « Groupes » et de « Pages » deviennent également des plateformes pour gagner des sympathisants et pour populariser des causes. Le *Hashtags* de *Twitter* devient un symbole des protestations. Quand les protestations *twittent* en ligne, cela prend des proportions massives. La force et l'effet des clips vidéo ont vite propulsé *YouTube* comme une alternative aux médias traditionnels censurés pour en faire une source d'information dans le monde entier. Le terrain est préparé par les e-dissidents supposés. En voici quelques exemples :

- en 2000, Zouhair Yahyaoui, un des créateurs de *Tune-e-Zine*, a été arrêté après avoir lancé son enquête sur son blog avec la question : « La Tunisie est : une république, un royaume, un zoo ou une prison ? ». Son arrestation a été suivie par celle de plusieurs autres blogueurs et par un durcissement très net de la censure. La Tunisie est devenue ainsi un des pays où la censure en ligne est la plus forte[147] ;

- en 2006, le blogueur égyptien Alaa Abd El Fattah a été arrêté pour avoir incité à des protestations dans la blogosphère. Cette arrestation a soulevé une vague d'actions dans le pays réclamant sa libération. Elle a aussi servi d'exemple pour des actions similaires de soutien d'autres blogueurs au Maroc et en Syrie[148] ;

---

145. *Idem.*
146. *Ibidem,* p. 35.
147. *Ibidem,* p. 37.
148. *Ibidem,* p. 35.

- en 2007, au Maroc, l'activisme en ligne devient également très populaire avec la « *video sniper* » où les citoyens filment et installent sur *YouTube* des cas de corruption chez les policiers[149].

Les cas d'e-dissidence augmentent, tout comme le nombre de blogueurs arrêtés dans tous les pays de la région. La censure se renforce (surtout en Tunisie) en même temps que le processus de consolidation des activistes en ligne.

Lorsque commencent les protestations contre le régime de Ben Ali en Tunisie, les blogueurs postent des photos, des vidéos et des analyses des événements pour devenir en pratique la source principale d'information pour les pays voisins et pour toute la communauté internationale. Peu de temps après le début des protestations en Égypte, plusieurs personnes ont utilisé le *hashtag* *#Jan 25* pour lancer les manifestations prévues pour le 25 janvier. Par la suite, plusieurs manifestants ont *twitté* pendant les protestations[150].

Après le commencement des protestations au Bahreïn, au Maroc et, plus tard, en Libye et en Syrie, alors que les *hashtags* deviennent le symbole de ces protestations[151], plus personne ne doute du rôle de plateformes comme *Twitter* et *Facebook* qui sont des instruments pour organiser et mobiliser les hommes autour des questions d'importance sociopolitique.

Le choix du Printemps arabe comme exemple pour décrire les possibilités qu'offrent les technologies de l'information et de la communication n'est pas dû au hasard. Il est justifié non seulement par l'actualité des événements de 2011 : organisées et coordonnées en ligne, les manifestations ont été un des instruments les plus efficaces de toute une série de révolutions dans le monde arabe. Le rôle de l'Internet au moment des révolutions arabes a confirmé, à notre avis, l'hypothèse de son fort potentiel révolutionnaire pour promouvoir la citoyenneté, la créativité et la capacité d'une solution collective à certains problèmes sociaux. Cela induit que ce genre d'instruments peut s'appliquer avec succès lors des actions antigouvernementales sous

149. *Ibidem*, p. 36.
150. *Ibidem*, pp. 37-38.
151. Voici quelques-uns des *hashtags* les plus populaires : #Bahrain ; #Feb14 ; #lulu ; Libia - #feb17 ; Syria #Syria ; #daraa ; #mar15 ; Tunisia #sibibeuzid ; Marocco #feb20.

les régimes autoritaires ou bien en cas de confrontation vive entre les intérêts de l'État et ceux des citoyens. On peut donc, à partir de ce qui vient d'être dit, ajouter la capacité des technologies de l'information et de la communication à la palette des réponses aux questions liées à la vie sociopolitique des hommes.

Evelina Staikova

Chapitre 5

Les nouveaux médias, agents stimulateurs de la participation politique, mythe ou réalité ?

La question du rôle joué par les médias sur les processus démocratiques peut paraître ancienne au sens où il s'agit d'une piste de recherche très répandue. Or, la question revient aujourd'hui avec intensité notamment pour deux raisons : la première tient au fait qu'apparaît un nouveau pôle d'information qui gagne surtout le public des jeunes, pourtant le public le moins actif dans les modes traditionnels de participation politique. La deuxième raison est associée au déclin de certaines variables politiques (confiance en politique, intérêt pour la politique, participation politique, affiliation partisane), pourtant des piliers de la démocratie. La question est donc de savoir si l'usage politique des médias peut conduire au renforcement de l'intérêt politique des citoyens et motiver par conséquent les citoyens à s'engager politiquement. En ce qui concerne plus spécifiquement les nouvelles technologies, il s'agit de savoir si l'Internet peut devenir un outil d'engagement politique pour ceux qui sont déjà intéressés par la politique ou s'il peut conduire à motiver des jeunes publics pour s'engager en politique.

Ce chapitre propose d'explorer la potentialité, dans le cas grec, des nouveaux médias à faire émerger une jeune citoyenneté sceptique et politisée même si éloignée des formes traditionnelles de participation politique. Nous essaierons d'y répondre avec une juxtaposition des nouveaux médias aux médias traditionnels et de proposer trois axes de réflexion. Le premier axe tente une cartographie des usages de l'Internet comme de la télévision et de la presse écrite pendant la dernière décennie (2002-2011). Il est ainsi possible d'envisager le paysage médiatique dans sa globalité et de distinguer parmi les tendances comme parmi les différents usages (de divertissement ou d'information) des différents médias. Le deuxième axe s'intéresse aux profils sociodémographiques des usagers des médias et le troisième axe tente une cartographie de leur conception du politique. Plus spécialement les groupes de consommateurs d'informations politiques par l'Internet ou par la télévision et la presse écrite sont interrogés par rapport à leur profil socioéconomique (âge, niveau d'éducation, genre) et à leur profil politique (participation aux actions collectives, intérêt politique).

Le rôle joué par l'Internet dans les processus démocratiques devrait être appréhendé par la compréhension du rôle joué par les autres médias traditionnels. La compréhension du champ médiatique dans sa totalité ainsi que l'analyse de certaines variables révèlent certains aspects du rôle spécifique de l'Internet.

Usages des médias et participation politique

L'intérêt théorique de cette contribution se fonde sur la question de l'engagement politique au sens le plus large du terme.

La question des bienfaits politiques de l'Internet, et surtout, en ce qui nous concerne dans ce texte, sur la participation politique, a connu des turbulences intenses dès les premières références théoriques et de plus a divisé le monde des experts entre e-optimistes ou « cyber-utopiens » et e-pessimistes ou « cyber-réalistes ». D'après Kees Brants, « *pour les premiers ce nouveau médium de communication offre de nouveaux modes d'acquisition d'information par la transposition des limitations du temps, de l'espace et de l'accès et par l'imposition d'une citoyenneté interactive et délibérative caractérisée par l'augmentation de l'engagement civique dans la communication politique* »[152]. Rachel Gibson, Andrea Rommele et Stephen Ward

152. Kees Brants, « Guest Editor's Introduction: The Internet and the Public Sphere», *Political Communication*, vol. 22, n° 20, 2005, pp. 143-146.

avancent un regroupement de la littérature portant sur les usages potentiels des nouvelles technologies par les institutions politiques en quatre scénarios fondamentaux : l'érosion, l'érosion limitée, la modernisation et la réforme et la régénération radicale[153]. Une des premières versions théoriques, celle de l'e-démocratie ou de la cyberdémocratie, s'est focalisée sur les possibilités de l'Internet à renforcer la démocratie directe et sur l'intervention des individus aux processus de la prise de décisions par rapport aux questions politiques. L'élargissement du champ cognitif par l'élargissement de la conception du politique en serait une des conséquences. La question de l'usage de l'Internet par rapport à la mobilisation politique a donné d'autres versions plus restreintes sur les effets généraux de l'usage de l'Internet. Une deuxième version, celle de l'« érosion limitée » de l'Internet a mis en avant la possibilité d'une communication directe entre le pouvoir exécutif et les citoyens. Les analyses théoriques ont aussi proposé une autre version de la « modernisation » qui développe l'impact positif des nouvelles technologies sur les structures représentatives, surtout en ce qui concerne la facilité de l'accès pour les nouvelles générations. Finalement, la version de la « régénération » ne se réfère pas seulement au renforcement cognitif des citoyens sur le plan des connaissances relatives aux controverses publiques. L'enrichissement des connaissances ne serait pas seulement sur le plan cognitif, mais aussi sur le plan du comportement politique.

Deux schémas herméneutiques sont développés à partir de cette dernière version, questionnant la possibilité des nouveaux médias d'élargir le champ de la participation politique : d'une part, ceux qui soutiennent que l'Internet a un effet soit négatif soit neutre sur les variables de l'efficacité politique, de la connaissance et de la participation politique et ceux qui soutiennent que l'usage de l'Internet augmente les indicateurs de ces trois variables[154].

---

153. Rachel K. Gibson, Andrea Rommele & Stephen J. Ward, *Electronic Democracy. Mobilisation, organisation and participation via new ICTs*, Londres, Routledge, 2004, pp. 6-7.

154. Pour une présentation de ces deux volets théoriques cf. entre autres Kate Kenski & Natalie Jomini Stroud, « Connections between Internet use and Political Efficacy, Knowledge and Participation », *Journal of Broadcasting and Electronic Media*, vol. 50, n° 2, juin 2006, pp. 173-192 ; Shelley Boulianne, « Stimulating or Reinforcing Political Interest: Using Panel data to examine

Le premier schéma se développe sur un volet théorique connu, comme la théorie du « malaise médiatique »[155], qui traite la question de l'impact des médias conventionnels sur l'engagement politique. D'après cette théorie, l'impact des médias sur l'engagement politique est négatif au sens où le contenu médiatique finit par introduire le cynisme, l'apathie politique, l'aliénation et la perte de capital social[156]. L'extension de la théorie de « malaise médiatique » aux nouveaux médias et plus spécialement au rôle joué par l'Internet sur l'engagement politique reprend le même concept. Robert Putnam souligne que le fait que l'Internet soit utilisé tout d'abord pour des raisons de divertissement conduit à un éloignement parallèle de l'individu des actions sociales et politiques et à une conséquente réduction du capital social, à une altération et à une isolation de l'individu. De plus Dietram Scheufele et Matthew Nisbet soutiennent que « *le rôle de l'Internet pour la promotion des citoyens actifs et bien informés est minimal. Ceux qui répondent en tant qu'utilisateurs de l'Internet sur une base quotidienne pour des raisons de divertissement sont moins enclins à se sentir efficaces dans leurs rôles potentiels dans les processus démocratiques* »[157]. D'autres auteurs soutiennent que l'Internet pourrait conduire les citoyens à abandonner leur environnement social[158].

---

reciprocal effects between news media and political interest », *Political Communication*, vol. 28, 2011, pp. 147-162.

155. Comme le soutient Kate Newton dans son texte résumant les théories du « malaise médiatique » et de la « mobilisation » : « *L'expression "malaise médiatique" est utilisée dans un sens large afin de couvrir les pathologies démocratiques supposées être provoquées par les médias de masse modernes, tels que l'apathie politique, l'aliénation, le cynisme, la confusion, la désillusion et encore la peur* », Kate Newton, « Mass Media effects: Mobilization or Media Malaise ? », *British Journal of Political Science*, vol. 29, n°.4, octobre 1999, p. 579.

156. Pour Robert Putman, qui soutient la théorie du « malaise médiatique », la télévision est le premier coupable du déclin du capital social aux États-Unis. La télévision tire chacun en dehors des communautés et associations et est responsable du désengagement civique, de la perte de la communauté et de la privatisation de la vie moderne, cf. Robert D. Putnam, « Bowling Alone: America's Declining Social Capital », *Journal of Democracy*, 6, 1995, pp. 65-78.

157. Dietram A. Schuefele & Matthew C. Nisbet, « Being a Citizen Online: New Opportunities and Dead Ends », *The Harvard Journal of Press/Politics 7*, n° 3, 2002, p. 69.

158. Nous nous référons à Norman Nie et Lutz Erbring, cités par Kate Kenski & Natalie Jomini Stroud, « Connections between Internet use and Political Efficacy, Knowledge and Participation », *Journal of Broadcasting and Electronic Media*, juin 2006, vol. 50, n° 2, pp. 173-192.

Un autre volet du même courant pessimiste soutient que l'interaction entre les gouvernants et les gouvernés se déroule dans des limites déjà posées par les premiers. Ainsi, pour ces derniers, l'agenda politique n'est pas établi par les citoyens, mais par les gouvernants qui reçoivent d'une façon ou d'une autre les réactions des citoyens. Sur le même registre Barry Hague et Brian Loader pointent le fait que « *la majorité des initiatives gouvernementales ne sont pas adressées aux citoyens et ceux qui tendent d'agréger les points de vue des citoyens (via par exemple des enquêtes d'opinions électroniques, referendum, etc.) sur des questions prédéterminées alors qu'il faudrait encourager la délibération entre les citoyens et permettre un input par les citoyens sur le processus d'élaboration de l'agenda* »[159].

D'un autre côté, les théoriciens de la « théorie de la motivation » concernant les médias conventionnels soutiennent que la combinaison de la hausse du niveau d'éducation et la facilité de l'accès à l'information politique a aidé à la mobilisation des citoyens, tant sur le plan cognitif que sur le plan du comportement politique (intérêt politique, participation politique)[160]. Sur ce registre, les médias soit jouent le rôle de la formation des attitudes politiques et du comportement politique (la lecture d'un journal peut sensibiliser le lecteur sur un sujet, orienter le lecteur sur un parti politique traitant ce sujet afin de le mobiliser à voter pour ce parti), soit jouent le rôle d'un instrument de renforcement des intérêts politiques préexistants[161].

---

159. Barry N. Hague & Brian D. Loader, *Discourse and decision making in the information age*, New York, Routledge, 1999, p. 13.

160. Pippa Norris conteste la théorie du « vidéomalaise » et infirme l'analyse qui rend coupable la télévision de la crise de la démocratie américaine. D'après elle, en Grande-Bretagne, l'usage de la télévision est associé à de hauts niveaux de connaissance politique, de participation et d'efficacité personnelle. Cf. Pippa Norris, « Does television erode social capital? A reply to Putnam », *PS*, vol. 29, 1996, pp. 474-80.

161. Pour Pippa Norris, il s'agit d'un renforcement qui discrimine le processus de motivation : les médias stimulent et ne renforcent pas l'intérêt politique et l'engagement. Cf. Pippa Norris, *Digital Divide: civic engagement, information poverty and the internet worldwide*, Cambridge, GB, Cambridge University Press, 2001 ; Pour une présentation récente des deux courants, cf. Karen Mossberg, Caroline J. Tolbert & Ramona S. Mc Neal, *Digital citizenship: The internet society and participation*, Cambridge, Massachusetts Institute of Technology ; Clarissa C. David, « Learning political information from the news: A closer look at the role of motivation », *Journal of Communication*, vol. 59, 2009, pp. 243-261.

L'extension de cette théorie aux nouveaux médias associe l'usage de l'Internet et l'accès facile à l'information politique au renforcement de la participation politique. D'une part, certains auteurs associent l'usage de l'Internet à l'activation des citoyens déjà intéressés sur les questions politiques ou qui approuvent des sentiments positifs face à la politique[162]. Pourtant cette activation ne s'étend pas aux citoyens qui se déclarent non intéressés par la politique[163]. D'autre part, le deuxième volet des « cyber-optimistes » trouve dans l'usage de l'Internet de fortes possibilités de mobilisation des populations inactives comme les jeunes citoyens[164]. D'après certains auteurs, l'accès assuré à l'information politique pourrait réduire le *gap* entre ceux qui jouissent d'un haut statut socioéconomique et ceux qui jouissent d'un bas statut : hommes *vs* femmes et jeunes *vs* d'autres groupes d'âge[165]. Par ailleurs, la création de l'Internet a fait émerger de nouvelles formes de participation politique qui sont très importantes dans les sociétés industrielles[166].

La variable de la participation politique doit être expliquée pour qu'on puisse en comprendre ses dimensions. Une définition typique de la participation politique est celle de Sidney Verba et Norman Nie d'après laquelle « *la participation politique se réfère à ces activités entreprises par des citoyens qui visent plus ou moins directement à*

---

162. Cf. entre autres Heinz Bonfadelli, « The Internet and Knowledge Gaps. A Theoretical and Empirical Investigation », *European Journal of Communication*, vol. 17, n° 1, pp. 65–84 ; Lory M. Weber, Alysha Loumakis & James Bergman, « Who participates and why? An analysis of citizens on the Internet and the mass public », *Social Science Computer Review*, 21, 2003, pp. 26-42 ; Brian S. Krueger, « Assessing the potential of Internet political participation in the United States: A resource approach », *American Politics Research*, 30, 2002, pp. 476-498 & Bruce Bimber, « The Internet and political mobilization: Research note on the 1996 election season », *Social Science Computer Review*, 16, 1999, pp. 391-401.

163. Pour Doris Graber et Pippa Norris, ceux qui ont accès à l'information politique sur l'Internet sont déjà intéressés par la politique et donc l'Internet n'augmente pas l'engagement politique. Doris A. Graber, « Mediated Politics and Citizenship in the Twenty-First Century », *Annual Review of Psychology*, vol. 55, 2004, pp. 545-571 & Pippa Norris, *op. cit.*

164. Voir entre autres, Brian S. Krueger, *op. cit.*

165. Michael X. Delli Carpini & Scott Keeter, *What Americans Know about Politics and Why it Matters*, New Haven, Yale University Press, 1996.

166. Eva Anduiza, Aina Gallego & Marta Cantijoch, « Online Political Participation in Spain: The impact of traditional and Internet resources », *Journal of Information Technology and Politics*, 7, 2010, p. 358.

influencer les décisions du gouvernement»[167]. Selon Henry Brady[168], presque toutes les définitions de la participation politique comprennent quatre concepts de base : des activités ou des actions, des citoyens ordinaires, de la politique et de l'influence. En prenant en compte ces quatre concepts de base, nous sommes conduits à une utilisation restrictive de la participation. Le concept des actions ou des activités signifie que la participation politique renvoie littéralement à l'activité politique et pas à des attitudes (sur l'action politique). Le concept de citoyens ordinaires exclut les activités des élites politiques. Le concept du politique exclut toutes les activités qui ne tentent pas d'influencer les actions gouvernementales, même si ces actions peuvent indirectement façonner la politique en raison des problèmes de politique publique qu'ils créent. La participation politique, alors, doit être dirigée vers une politique gouvernementale ou une activité politique. L'influence exclut les actions telles que l'obtention d'informations sur la politique par la lecture d'un journal ou le suivi d'un programme télévisé[169]. Après cette restriction de l'utilisation de la notion de participation politique, la question est de savoir quelles dimensions de la participation politique il faut distinguer. Après l'ébauche théorique esquissée ci-dessus, la distinction majeure à faire se situe entre le comportement politique, dans le contexte des institutions politiques traditionnelles, essentiellement comportement électoral, et, dans le non institutionnel, le comportement non-électoral. Cette distinction entre les participations politiques conventionnelle et non conventionnelle est utile, mais sa pertinence est relative, car la limite entre le conventionnel et le non conventionnel varie dans le temps et selon les pays. Pourtant nous allons en faire usage pour des raisons que souligne Jacques Gerstlé, « *quand les canaux*

---

167. Sidney Verba & Norman Nie, *Participation in America: Political democracy and social inequality*, New York, Harper and Row, 1972, pp. 2-3.
168. Henry E. Brady, « Political Participation », in John P. Robinson, Phillip R. Shaver & Lawrence S. Wrightsman, *Measures of Political Attitudes*, San Diego, Academic Press, 1999, cité dans le rapport sur le développement du questionnaire de la Recherche Européenne Sociale, sur <http://www.europeansocialsurvey.org/index.php?option =com_content&view=article&id=62&Itemid=404>, Jacques Thomassen, *Opinions about Political Issues*, chapitre 5, p. 194.
169. *Ibidem*, p. 195.

institutionnels et partisans dédiés à l'expression politique n'accomplissent plus correctement leur travail ou sont perçus comme défaillants, les citoyens se tournent vers des moyens non conventionnels pour faire entendre leurs voix [...] Quand le loyalisme n'est plus possible, il reste, en effet, aux citoyens la défection c'est-à-dire une mise en retrait apathique et, au contraire, des comportements très variés : participation à une manifestation, organisations et signature de pétition, assistance à une réunion de protestation ou de soutien, blocage de la circulation, grève et boycott politiques, grève des loyers et des impôts, usage de la force physique, atteinte aux biens, occupation de locaux, écriture morale »[170].

Quelles typologies d'usages et d'usagers ?

Quelles sont les caractéristiques des médias nouveaux et traditionnels qui pourraient contribuer au renforcement des modes conventionnels ou non conventionnels de la participation politique ? Une recherche sur ce sujet peut s'articuler en deux étapes : en premier lieu, l'étude de l'impact sur le niveau d'engagement politique individuel, de l'émergence d'un nouveau public, les « *netizens* » qui, par opposition aux publics des médias traditionnels s'inscrivent dans une nouvelle citoyenneté plus critique et plus engagée avec de nouveaux modes de participation politique. La deuxième étape est l'étude de l'impact des nouvelles technologies sur le niveau de mobilisation des populations spécifiques. La question est de savoir si l'Internet peut être un instrument de mobilisation et d'élargissement des publics politiques. Une partie de l'étude porte sur la population entière tandis qu'une deuxième porte sur des populations spécifiques comme les cybers-activistes ou certains groupes politiques organisés sur l'Internet.

Ce chapitre se focalise sur la première question relative à l'usage de l'Internet, opposition ou juxtaposition aux usages des médias traditionnels et lié ou non à l'émergence d'une citoyenneté plus politisée et plus sceptique. Trois axes-filtres permettent de traiter cette question, à partir de la relation entre les nouveaux médias et les médias conventionnels, c'est-à-dire la télévision et la presse écrite. La juxtaposition des nouveaux médias aux médias

170. Jacques Gerstlé, *La communication politique*, Paris, Armand Colin, 2008, p. 201.

traditionnels passe par la recherche du degré d'usage des différents médias, des différents profils sociodémographiques des usagers, mais aussi de leurs différents profils politiques. Il s'agit de savoir de quels usages parle-t-on, usages d'information ou usages de divertissement ? De plus, peut-on parler d'un nouveau public consommateur de l'Internet, un public qui se différencie des autres publics consommateurs des médias traditionnels ? La troisième question est relative au profil politique des usagers des médias de communication. Peut-on parler d'un public plus politisé et plus actif par rapport à certains modes de participation ? C'est à partir de ce schéma d'analyse qu'il sera possible de conclure par rapport à trois typologies : des usages, des usagers des médias et des usages politiques des usagers des médias.

Cette recherche s'appuie sur une analyse de données empiriques provenant des deux enquêtes à l'échelle nationale. Les données sur la typologie des usages et sur le profil politique des usagers ont été construites par l'*European Social Survey* (ESS)[171]. Pour la question des usages des médias, ont été utilisées les quatre vagues d'enquête réalisés en Grèce (2002, 2004, 2008, 2010) alors que pour la question du profil politique des usagers a été utilisée une cinquième vague réalisée en Grèce en mai 2011, en pleine crise économique et sociale. L'ESS constitue une des recherches les plus importantes à l'échelle européenne, avec la participation d'une trentaine de pays européens et le dépouillement de 2 700 questionnaires (interviews face à face) de personnes de 15 ans et plus (échantillon national).

La deuxième recherche utilisée, en particulier pour les usages spécifiques de l'Internet et les questions relatives au profil sociodémographique des usagers de l'Internet, est celle réalisée par le Centre National du Livre sur les habitudes de lecture des Grecs, réalisé en 2010. Il s'agit d'une recherche qui s'appuie sur

171. Il s'agit de l'enquête la plus documentée et la plus étendue sur les attitudes et les perceptions des citoyens européens. L'enquête se fonde sur des entretiens individuels avec un large échantillon de citoyens âgés de 15 ans et plus, soit, dans le cas de la Grèce, 2 566 personnes en 2002, 2 406 en 2004, 2 072 en 2008, 2 715 en 2011. L'enquête a porté sur 22 pays en 2002, 26 en 2004, 25 en 2006, 30 en 2008, 26 en 2011. En Grèce, la supervision de la recherche a été menée par le CNSC et l'Institut de sociologie politique. Cf. <http://www.europeansocialsurvey.org>.

1 502 questionnaires (enquêtés de 15 ans et plus, échantillon national).

Les hypothèses testées sont :

1) La télévision joue en Grèce un rôle hégémonique dans le champ médiatique même si un nouveau pôle dynamique d'information émerge.

2) Les différents publics des médias sont positivement associés aux différents modes de participation politique.

3) L'accès à l'Internet est positivement associé à certaines formes de participation politique non conventionnelles.

4) L'usage politique de la télévision ne donne pas de relations significatives avec certaines variables de la participation politique.

5) L'usage de la presse écrite est positivement associé à la participation politique.

L'analyse montre que l'accès sur l'Internet, mais surtout la lecture de la presse écrite, même limitée à un public restreint, sont positivement liés à la participation politique. Des relations positives sont détectables surtout en prenant en compte des variables sociodémographiques (comme l'âge dans le cas de l'usage de l'Internet). Pourtant ces associations détectables restent limitées, ce qui suggère que la potentialité des médias au renforcement de ces indicateurs de démocratie nécessite des recherches qualitatives sur des groupes restreints qui utilisent les nouvelles technologies pour des buts concrets.

La juxtaposition des nouveaux médias d'information aux médias conventionnels, surtout la presse écrite et la télévision, se fonde premièrement sur une différentiation qualitative entre ces deux types de média. En effet, une série de caractéristiques les oppose en matière de fonctionnement. En commençant par les caractéristiques qualitatives de la presse écrite et de la télévision, il est possible de mettre en évidence l'élitisme des médias conventionnels, à savoir la formation d'un agenda par un groupe de journalistes qui, en collaboration avec leurs sources, les hommes politiques, transmettent cet agenda aux consommateurs de nouvelles. Toute la procédure de la fabrication de nouvelles s'inscrit dans les limites et les contraintes du travail journalistique. Ainsi, les délimitations journalistiques quant au temps et à l'espace, à l'uniformisation du contenu des nouvelles, à la hiérarchisation de la visibilité des enjeux et des acteurs, aux efforts du contrôle politique et à la non-accessibilité aux groupes sociaux et politiques faibles sont des caractéristiques constituantes du rôle informationnel des médias conventionnels. D'un autre côté, les caractéristiques de l'Internet relativement à son fonctionnement informatif sont d'une autre nature. La nature égalitaire, l'interactivité, l'absence de limitations de temps et d'espace, l'ouverture à des enjeux et à des groupes divers, le journalisme alternatif, le non-contrôle politique, la baisse du coût de la communication sont autant de caractéristiques constitutives d'un autre type de média. Comme le note Kees Brants : « *l'Internet à cause de sa nature ouverte, horizontale et à usage facile permet un accès facile et donc une participation plus grande sur la sphère publique. De plus, les barrières psychologiques pour parler en public et les hésitations privées pour exprimer des idées spécifiques, des revendications sont moins pressantes tandis qu'on peut rester dans l'anonymat derrière l'ordinateur* »[172].

Les différences ainsi décrites sont renforcées par le fait que l'Internet se relève en tant que pôle informatif jouissant d'une grande fiabilité et d'une dynamique grandissante. Ainsi, d'après l'eurobaromètre du deuxième semestre 2011 (automne)[173], la fiabilité des médias conventionnels est en baisse considérable tandis que la fiabilité de l'Internet est en hausse. Ainsi, le pourcentage de non-fiabilité de la télévision en Grèce atteint 77 % tandis que la moyenne européenne est à 42 % ! Il s'agit du pourcentage le plus important au sein des pays européens alors que le deuxième pays ayant un grand pourcentage de non-fiabilité est l'Espagne avec 55 % et la France avec 53 %. La presse écrite jouit d'un score de 43 % de fiabilité contre 51 % de non-fiabilité en moyenne européenne. Dans ce cas, la Grèce obtient le deuxième pourcentage le plus grand (70 %) après la Grande-Bretagne qui arrive première avec un pourcentage de 79 %. D'autre part, l'Internet obtient un taux de 38 % de non-confiance en Grèce (*vs* 42 %) tandis que la moyenne européenne est de 37 % de confiance *vs* 39 % de non confiance. En Grèce, l'Internet est crédité d'un taux plus bas par rapport aux autres médias, à savoir la télévision et la presse écrite, avec des taux de non-fiabilité parmi

---

172. Kees Brants, *op. cit.*, p. 144.
173. Cf. le site officiel d'eurobaromètre et les rapports nationaux pour la Grèce, <http://ec.europa.eu/public_opinion/archives/eb/eb76/eb76_en.htm>.

les plus importants, voire les plus élevés dans toute l'Europe. De plus, une autre caractéristique qualitative est intéressante : les Grecs semblent avoir confiance plutôt dans les sites internet non institutionnels (blogs, média social). Le taux de confiance des Grecs par rapport aux médias sociaux est de 37 % (moyenne européenne, 19 %) : pour les blogs, 36 % de confiance en Grèce (moyenne européenne, 9 %). La situation est contrastée si on considère la confiance pour les sites institutionnels (sites informatiques des services officiels ou sites des journaux) qui obtiennent en Grèce 26 % de confiance tandis que la moyenne européenne atteint 34 %.

Les usages médiatiques entre 2002 et 2011

Il est important d'associer les pourcentages de confiance aux pourcentages des usages des médias, ce qui est possible grâce aux données de l'*European Social Survey.*

Tableau n° 1 : En dehors des week-ends, combien de temps passez-vous par jour, en moyenne, à regarder la télévision[174] *?*

		Pas du tout	*- de 0,5h*	*0,5h à 1h*	*1h à 1,5h*	*1,5 à 2h*	*2h à 2,5h*	*2,5h à 3h*	*Plus de 3h*
2002	Grèce	2,8	4	11,5	7,6	16,5	6,7	14,1	36,8
Moyenne européenne		*2,8*	*4,7*	*13,7*	*13,9*	*16,8*	*13,6*	*12,9*	*21,6*
2004	Grèce	1,8	2,8	10,7	6,4	16,3	7,5	12,4	42,1
Moyenne européenne		*3,3*	*4,7*	*12,6*	*12,6*	*16,4*	*12,8*	*12,5*	*25,2*
2008	Grèce	3,4	3,5	12,2	9	19	9,3	14,5	29,1
Moyenne européenne		*3,6*	*4,6*	*12,3*	*12,8*	*16,9*	*12,6*	*12,6*	*24,7*
2011	Grèce	3	4,1	10,2	7	18,6	9	15,3	32,7
Moyenne européenne		*3,9*	*5,3*	*12,9*	*13,3*	*16,9*	*12,3*	*12,7*	*22,7*

Les données utilisées concernent la décennie de 2000 et permettent à la fois d'avoir une image complète des usages médiatiques et de situer la dynamique de chaque média séparément[175].

174. Source de ce tableau et des suivants : ESS (ess.nsd.uib.no). Élaboration des données par l'auteure.
175. Les données traitées proviennent des cinq vagues de la recherche étant donné que la Grèce n'a pas participé à la quatrième vague de 2006 : 2002, 2004, 2008 et 2011 (en Grèce en 2011, en Europe en 2010).

Globalement, en matière d'usages médiatiques, on l'a signalé plus haut, la télévision est en position hégémonique pendant toute la décennie de 2000, ce que confirme le tableau n° 1. En 2011, en Grèce, 32,7 % des usagers utilisent la télévision plus de 3 heures chaque jour (moyenne européenne 22,7 %).

En ce qui concerne les usages de l'information politique, en 2011, 17,3 % des sondés déclarent ne pas suivre les informations politiques tandis que 70 % suivent les informations politiques sur la télévision de 0,5 à 1,5 heure (moyennes européennes respectivement de 8,9 % et de 82,5 %). De plus, il faut souligner, d'une part que 25,1 % des sondés déclarent ne pas suivre les informations politiques sur la télévision en 2008, d'autre part que le temps consacré à l'information politique à la télévision est en légère hausse en 2011, probablement à cause de la crise économique.

L'analyse des usages de la presse écrite donne une autre image de la situation de la télévision, celle d'une position marginale de la presse écrite dans le système médiatique grec. En 2011, les Grecs déclarent ne pas lire du tout la presse écrite quotidiennement. Les pourcentages sont presque doubles par rapport à la moyenne européenne (Grèce : 66,5 % ; moyenne européenne : 38,3 %). De plus, sur les 34 % de consommateurs de journaux, 20 % ne suivent pas du tout les informations politiques, ce qui est indicatif de la position marginale de la presse politique en Grèce.

La baisse des ventes des journaux est manifeste dans les années 1990. En 1980, une série de paramètres influence de façon positive l'augmentation des taux de tirage quotidiens des journaux nationaux. Les nouvelles technologies, les évolutions politiques de la période ont des incidences sur l'intérêt pour la politique et de nouveaux titres font augmenter la moyenne des tirages, autant de facteurs qui contribuent significativement à cet accroissement important. Certes, il faut prendre en considération l'augmentation du tirage de la presse régionale qui constitue un facteur important de l'augmentation du tirage dans son ensemble[176]. Cependant,

176. La moyenne des ventes des journaux à Athènes et au Pirée a augmenté de 497 240 en 1980 à 585 239 en 1989. Pendant la même période, l'augmentation des ventes a été plus grande en province (262 442 en 1980 et 543 347 en 1989), cf. Nicos Leandros, *L'économie politique des médias de masse* (en grec), Athènes, Kastaniotis, 2000, p. 226.

malgré l'élargissement du marché des journaux entre 1980 et 1989, les ventes des journaux nationaux se sont stabilisées à des taux bas en comparaison avec le niveau des ventes dans les pays d'Europe occidentale.

En 1998[177], la baisse considérable du tirage quotidien de la presse nationale a atteint un record négatif pour les 35 dernières années ; 500 893 exemplaires pour l'ensemble des journaux du matin et du soir[178]. Entre 1989 et 1998, la baisse de la moyenne du tirage quotidien des journaux nationaux est de l'ordre de 56 %[179]. En d'autres termes, en 2000, les taux de tirage de la presse ont diminué de moitié en comparaison avec les années 1980. À cette époque, la diffusion des journaux atteignait quotidiennement une moyenne d'un million d'exemplaires. Cette crise de la presse écrite a pris en Grèce une dimension que l'on ne rencontre nulle part ailleurs dans les autres pays européens[180].

Pourtant, il est paradoxal que malgré la baisse du tirage, le nombre de journaux augmente. En 1989, le marché des quotidiens concerne 20 titres tandis qu'en 2000 on en compte 25. Le premier effet de l'augmentation du nombre de titres de journaux est que, premièrement, aucun journal de tirage national ne dépasse les 100 000 exemplaires par jour et que, deuxièmement, 11 titres parmi les 25 tirent à moins de 10 000 exemplaires sur la base d'un taux de tirage moyen par jour[181]. Notons que, selon l'Association mondiale des journaux, la Grèce est, en 1998, classée en dernière place parmi les pays de l'Europe, pour le rang mondial de taux de pénétration de la presse quotidienne.

---

177. En fait, la tendance à la diminution du tirage se situe vers la fin des années 1980 et a été renforcée dans les années 1990. Les journaux qui ont survécu ont perdu, approximativement, 15 % de leur diffusion entre 1986 et 1990. Cf. Manny E. Paraschos & Thimios Zaharopoulos, *Mass Media in Greece : Power, Politics and Privatization*. Londres, Praeger, 1993, p. 68.

178. Nicos Leandros, *op. cit.*, p. 227.

179. *Ibid.*, p. 228.

180. Jacques Gerstlé note qu'en France « *la diffusion annuelle de la presse d'information générale a régressé de 869 millions d'exemplaires en 1985 à 738 millions en 1998* ». La régression est donc beaucoup plus légère en France qu'en Grèce. Jacques Gerstlé, « Presse écrite et comportements politiques : Analyse empirique de l'influence », in Jean-Baptiste Legavre (dir.), *La presse écrite : objets délaissés*, Paris, L'Harmattan, 2004.

181. Angela Darzanou, « Journalisme et médias d'information : une lecture alternative des enquêtes », in Christoforos Vernardakis (dir.), *op. cit.*, p. 257.

Pour ce qui est des usages de l'Internet, nous pouvons constater sur le tableau suivant que l'usage général et quotidien de l'Internet présente une hausse intéressante de 4,2 % en 2002 à 26,1 % en 2011 en Grèce tandis que 55,4 % des sondés en 2011 déclarent ne pas avoir d'accès ou ne pas faire usage de l'Internet (37,2 %, moyenne européenne). Voici un indice d'une tendance intéressante de l'usage de l'Internet dans le territoire grec.

Tableau n° 2 : Utilisation de l'Internet ou du courrier électronique pour votre usage personnel, que ce soit à la maison ou au travail ?

		Pas du tout	*- de 0,5h*	*0,5h à 1h*	*1h à 1,5h*	*1,5 à 2h*	*2h à 2,5h*	*2,5h à 3h*	*Plus de 3h*
2002	Grèce	73,9	12,7	0,8	0,4	2,3	1,6	4,1	4,2
Moyenne européenne		*46,2*	*16,6*	*2,5*	*2,1*	*4,3*	*4,6*	*10,2*	*13,6*
2004	Grèce	66,3	14	1,6	1,1	3,2	2,7	5,6	5,5
Moyenne européenne		*40,6*	*20,3*	*2,2*	*1,9*	*4,1*	*4,5*	*10,5*	*15,9*
2008	Grèce	44,7	16,5	1,5	1,3	3,6	3	11,2	18,2
Moyenne européenne		*37,2*	*13,7*	*1,8*	*1,2*	*3,4*	*3,3*	*11,4*	*28*
2011	Grèce	26,8	28,6	1,2	1	3,2	2,5	10,6	26,1
Moyenne européenne		*26,7*	*10,6*	*1,4*	*1,1*	*3,3*	*3,6*	*12,8*	*40,5*

L'*European Social Survey* n'a pas encore inclus dans son questionnaire des questions qui pourraient spécialiser les usages de l'Internet, d'où l'utilisation de l'enquête du Centre National du Livre sur les habitudes de lecture en Grèce.

Cette recherche relève le fait que l'usage de l'Internet est tout d'abord motivé par la recherche d'informations et non pas pour le divertissement. Voilà pourquoi la réponse « Information générale/information politique et sociale » atteint les taux les plus élevés tandis qu'en deuxième rang vient l'utilisation des e-mails et les médias sociaux. L'usage de l'Internet, en premier lieu pour la recherche d'informations, ne correspond donc pas aux arguments de certains cybers-pessimistes qui relèvent que l'usage des nouvelles technologies pour des raisons de divertissement pourrait avoir un impact négatif sur l'engagement civique et politique, car l'individu sera détourné de ses activités collectives, sociales et politiques[182].

182. Robert Putnam est un des auteurs qui soutiennent la thèse du déclin du capital social provoqué par l'usage de l'Internet, dès 2000. Pourtant comme le cite Shelley Boulianne, il existe déjà une réponse à Robert Putnam chez certains auteurs comme Jennifer C. Day, Alex Janus, Jessica Davis, Norman Nie & Lutz

Tableau n° 3 : Usages de l'Internet

Centre National du Livre, Grèce, réponses multiples[183]

Raison de l'usage	%	*Raison de l'usage*	%
Information générale/information politique et sociale	77,30	Raisons professionnelles	29,60
Achat de produits	16,00	Recherche d'informations touristiques	21,40
Lecture d'articles, de journaux	20,40	Recherche d'informations médicales	11,80
E-mail	48,60	Recherche d'informations économiques	4,50
Média Social (*Facebook,Twitter,* etc.)	43,80	Sujets d'administration locale	2,30
Jeux	24,90	Discussions on-line	9,40
Télécharger de la musique	32,90	*Skype*	6,20
Télécharger des films	20,20	Autre	0,60
Pour des raisons d'éducation	19,10		

Variables sociodémographiques des usages des médias : écarts dans l'information politique

Cette partie tente de présenter le profil des usagers des médias tant conventionnels que non conventionnels. La question est de savoir, d'une part si les usages des médias présupposent différents genres de public, et d'autre part, si cette différenciation pourrait apporter un cadre de compréhension des populations impliquées dans la mobilisation politique. Le profil sociodémographique et surtout les variables de genre, d'âge et de

Erbring mais aussi la *National Telecommunications and Information Administration* (NTIA) pour laquelle les usages les plus communs de l'Internet sont ceux qui font la promotion de l'interaction sociale (les e-mails) et de la recherche d'informations (deuxième choix en Amérique). Or ces usages sont très éloignés, du point de vue des parts de pourcentages, des autres usages de divertissement. Cf. Robert D. Putnam, *op.cit.* ; *National Telecommunications and Information Administration* (NTIA), *A nation online: How Americans are expanding their use of the internet*, Washington DC, US Department of Commerce, 2002 ; Norman H. Nie & Lutz Erbring. *Internet and society: A preliminary report.* Stanford CA, Stanford Institute for the Quantitative Study of Society, 2000 & Jennifer C. Day, Alex Janus & Jesica Davis, *Computer and Internet use in the United States: 2003*, Washington, DC, US Census Bureau, 2005.

183. Source de ce tableau et des suivants : *Les habitudes de lecture des Grecs*, EKEVI. Centre National du Livre, 2010.

niveau d'éducation associées aux usages médiatiques sont indicatifs des écarts entre les différents genres du public dans les processus d'information politique.

Il est possible de distinguer deux profils : d'une part, le profil des usagers généraux de la télévision, de la presse écrite et de l'Internet et d'autre part, le profil des usagers de l'information politique provenant soit de la télévision, de la presse écrite ou de l'Internet. Le public de la télévision se répartit de façon plus homogène par rapport aux autres médias selon les trois variables sociodémographiques. La télévision est suivie par des hommes et des femmes de tous les âges et de tous les niveaux. Il s'agit d'un public pluriel et élargi qui constitue d'ailleurs la base de la position hégémonique de la télévision, une position qui provient principalement du fait qu'elle reste le média fondamental et, pour la plus grande partie des téléspectateurs, la seule source quotidienne d'information politique. Forte de cette position, la télévision a coutume de parler au nom de la société et des citoyens, elle revendique une représentation de « l'opinion publique », ce qui lui donne finalement un pouvoir symbolique et matériel. La télévision a ainsi un fort capital spécial non seulement dans le champ médiatique, mais aussi dans les autres champs, et notamment le champ politique. La foi politique croissante dans le pouvoir de la télévision l'a transformée en un interlocuteur privilégié du pouvoir politique pour la négociation des enjeux sociaux et politiques, c'est-à-dire pour l'élaboration de l'agenda politique, tandis qu'à travers la production des nouvelles quotidiennes, la télévision est devenue un régulateur d'accès des personnes et des questions au sein de l'espace public.

D'un autre côté, le poids spécifique de la presse écrite, et donc son influence politique, ne sont pas les résultats des taux de lisibilité, déjà en baisse importante, ou de la détention d'un capital économique dans le champ médiatique. La baisse considérable des ventes de la presse et la participation limitée dans le marché de la publicité montrent un déficit important de la presse écrite par rapport à la télévision. L'influence politique de la presse se déduit aussi des caractéristiques socio-économiques des lecteurs de la presse et de la crédibilité dont jouit son agenda politique. Ainsi, le public de la presse écrite est plus délimité que celui de la télévision et se compose d'hommes plus âgés, d'un plus haut niveau d'éducation. Il apparaît donc que la lecture des journaux a acquis un certain caractère « de classe » : quand les revenus et le niveau d'éducation augmentent, la lecture des journaux augmente également. Le niveau éducatif est donc fortement lié à la lecture de la presse. Les caractéristiques démographiques des lecteurs de la presse restent stables pour toute la décennie 2000, ce qui peut être détecté par l'enquête nationale de V-PRC de novembre 2000 portant sur 1 200 individus, à partir d'un échantillon représentatif national.

Pour Angela Darzanou, « *le lecteur moyen des journaux est de genre masculin*[184]*, âgé entre 25 et 34 ans, d'éducation élevée, employé du service public ou privé, se positionnant dans les classes moyennes et aisées et son revenu mensuel est de plus de 1 550 euros par mois* »[185]. Ce constat est conforme à celui de Jacques Gerstlé qui souligne que « *l'influence de la presse s'amenuise parce que, en France, la diffusion annuelle de la presse de l'information générale a régressé de 869 millions d'exemplaires en 1985 à 738 millions en 1998 est une chose. Cela en est une autre d'observer que la concentration sociale du lectorat sur certaines catégories renforce l'hypothèse de l'écart culturel croissant dans une population et donc celle d'une discrimination dans l'acquisition de la compétence politique. Dans ce second cas, il y a bien une influence politique croissante dans une conjoncture globale d'érosion* »[186].

Finalement, pour ce qui est de l'Internet, son public se compose de jeunes hommes, principalement entre 15 et 35 ans et de haut niveau d'éducation. Il est frappant que l'usage de l'Internet se caractérise par des écarts entre les femmes et les hommes, par les groupes d'âge, mais aussi par les niveaux d'éducation. Il s'agit bien de l'émergence d'un public de *netizens* qui se différencie significativement d'autres publics des médias, et surtout du public

184. D'après l'enquête de l'Institut sur la fréquence de lecture des journaux, 42,6 % des femmes répondent « jamais » (24,4 % pour les hommes), 17,7 % « rarement » (13,5 % pour les hommes), 16,4 % « 1-2 fois par semaine » (16,3 % pour les hommes), et 23,1 % « quotidiennement » et « plusieurs fois par semaine » (45,8 % pour les hommes).

185. Angela Darzanou, *op. cit.*

186. Il s'agit là d'une idée que Jacques Gerstlé a développée pour le cas de la France et de la Grande-Bretagne, voir Jacques Gerstlé, *op. cit.* L'auteur souligne qu'« *il convient donc de bien distinguer entre, d'une part, le phénomène général qui serait étiqueté "déclin de la presse" (sous-entendu par rapport à d'autres modalités d'information médiatique ou non) et, d'autre part, les effets politiques de ces variations. Il ne faut pas confondre le problème de l'influence mesurée à l'aune de l'audience et le problème de l'influence politique, variable ou non selon le niveau de l'audience* ».

de la presse écrite, essentiellement en ce qui concerne les jeunes qui se déclarent usagers de l'Internet.

Le tableau n° 4 résume les répartitions des variables sociodémographiques des usagers de l'information politique dans les différents médias. Pour la télévision, il faut tenir compte de ceux qui déclarent suivre les journaux télévisés (les réponses multiples sont possibles). 75 % déclarent suivre la télévision sur une base quotidienne. Pour la presse écrite, 70 % des sondés qui lisent les journaux déclarent lire des articles politiques. Finalement, pour l'Internet, ont été pris en compte les sondés qui déclarent rechercher l'information par l'Internet (première réponse au sein des *netizens*).

Tableau n° 4 : Les usagers de l'information politique de la télévision, de la presse écrite et de l'Internet par genre, niveau d'éducation & âge

	Genre		
	Total	*Homme*	*Femme*
1) Télévision/Journaux télévisés	75 %	78 %	71 %
2) Presse écrite/sujets politiques/articles politiques	70 %	75 %	63 %
3) Internet/information générale/information politique et sociale	77,30 %	79,70 %	74,20 %

	Niveau d'éducation			
	Total	*Bas*	*Moyen*	*Haut*
1) Télévision	75 %	77 %	72 %	75 %
2) Presse écrite	70 %	70 %	63 %	79 %
3) Internet	77,30 %	63,60 %	78,30 %	81,6 %

	Âge						
	Total	*15-24*	*25-34*	*35-44*	*45-54*	*55-64*	*65 +*
1)	75 %	40 %	65 %	76 %	84 %	83 %	90 %
2)	70 %	40 %	59 %	70 %	75 %	83 %	83 %
3)	77,3 %	67 %	83,9 %	79,5 %	78,2 %	84,1 %	74,4 %

La première constatation est donc que la recherche d'informations politiques est la première activité parmi tous les usagers des différents médias. Il existe encore un rapport fort entre l'usage d'un média et les motivations d'information, hypothèse évoquée plus haut et qui permet de postuler que les possibilités de l'information renforcent l'engagement politique.

Pour autant, des écarts significatifs existent entre les différents publics/usagers de l'information politique. Tout d'abord, les femmes sont moins tournées vers la presse politique, les personnes de haut niveau d'éducation recherchent plus l'information politique à travers l'Internet ; les jeunes de 15 à 24 ans et de 25 à 34 ans s'éloignent des médias traditionnels pour suivre l'information politique avec l'Internet. Il s'agit là d'une nouvelle cartographie des usages d'information politique qui montre le déclin de la participation féminine pour la recherche de l'information politique, l'écart entre les usagers de l'Internet et de la télévision par rapport au niveau d'éducation et l'écart entre les groupes d'âge et les usages médiatiques. Le fait que chaque média s'adresse à des populations divergentes donne des indications sur sa potentialité à renforcer l'engagement politique.

Le profil politique des usagers

Cette partie s'appuie sur quelques questions de l'enquête de l'*European Social Survey* de la cinquième vague, réalisée en Grèce en pleine crise économique en mai 2011 et relative aux usages des médias et aux formes de participation politique. Pour ce qui est de cette dernière thématique, il faut souligner la distinction de l'ESS entre les formes conventionnelles (participation électorale) et non conventionnelles de participation politique. Les modes de participation politique peuvent donc être testés en discriminant les usagers des différents médias[187].

La recherche permet d'établir des comparaisons entre les usagers des différents médias par rapport à la population générale, mais aussi de considérer les résultats des différents groupes d'âge

187. Les questions utilisées sont : A) « *Vous intéressez-vous beaucoup, assez, peu ou pas du tout à la politique ? Réponses : 1 oui, 2 non, 3 ne sait pas, 4 refus* » ; B) « *Il existe différents moyens pour essayer d'améliorer les choses en Grèce ou pour empêcher que les choses n'aillent mal. Au cours des 12 derniers mois, avez-vous fait l'une des choses suivantes ? Avez-vous… 1 milité dans un parti politique ou un groupe engagé politiquement, 2 milité au sein d'une autre organisation ou association, 3 porté un badge ou affiché un autocollant pour faire campagne pour une cause, 4 signé une pétition, 5 pris part à une manifestation autorisée, 6 boycotté, c'est-à-dire refusé d'acheter certains produits* » et C) « *Pour une raison ou une autre, il arrive aujourd'hui que des gens ne votent pas. Avez-vous voté lors les élections législatives dernières ? 1 oui, 2 non, 3 non inscrit sur les listes électorales, 4 ne sait pas, 5 refus* ».

qui font usage de l'Internet. Avant tout, il faut souligner les bas scores pour les questions sur la participation politique en Grèce sur toutes les formes de participation politique à l'exception de la participation électorale à cause surtout de son caractère obligatoire.

La conclusion sur le profil politique des usagers des médias s'articule en quatre points : l'usage des médias est positivement associé à l'intérêt politique ; les usagers de la presse politique s'associent à toutes les formes de participation politique soit conventionnelles soit non conventionnelles ; les formes de participation politique non conventionnelles sont positivement associées aux usages des nouvelles technologies et les jeunes, usagers de l'Internet, sont associés positivement aux formes non conventionnelles de participation politique.

Tableau n° 5 : Les usagers des médias par intérêt à la politique (%)[188]

Vous intéressez-vous beaucoup, assez, peu ou pas du tout à la politique	*Beaucoup*	*Assez*	*Peu*	*Pas du tout*
Total	6,9	22	31,5	39,5
Usagers de l'Internet	8,2	24,8	32,3	34,7
Pas du tout usagers de l'Internet	6	19.9	31	43
Usagers généraux de la télévision	7	22,4	31,8	38,8
Usagers de l'information politique sur la télévision	7,8	25,1	34,6	32,5
Pas du tout usagers de la télévision	5,4	11,4	21,6	61,6
Usagers généraux de la presse écrite	11	29,5	32,9	26,6
Usagers de l'information politique sur la presse écrite	12,6	33,5	32,4	21,5
Pas du tout usagers de la presse écrite	4,8	18,4	30,8	46

Le clivage est manifeste entre les usagers de l'information politique et les non usagers en ce qui concerne l'intérêt pour le politique. Tous les usagers des médias s'intéressent plus à la politique que les non usagers de l'information politique dans les médias. Une association positive de la recherche de l'information politique par les individus les plus intéressés sur les questions politiques est donc significative. Il est cependant difficile d'estimer l'impact de l'information politique sur le renforcement de l'intérêt

188. Source de ce tableau et des suivants : ESS (ess.nsd.uib.no). Élaboration des données par l'auteure.

politique. Il convient également de citer les hauts pourcentages de réponses négatives en soulignant, parallèlement, le profil fortement mobilisé des usagers de la presse politique. Or, à l'exception des usagers de la presse écrite se déclarant intéressés beaucoup ou peu par la politique (46,1 %), les usagers de l'Internet et les usagers de la télévision déclarent être beaucoup ou peu intéressés par la politique avec des pourcentages respectifs de 33 % et de 32,9 %. On peut donc souligner l'existence d'un public moins engagé, au moins au niveau de l'expression de son intérêt pour la politique.

Le militantisme au sein des groupes politiques et sociaux n'est pas, semble-t-il, une pratique politique exercée par une part importante de citoyens grecs. Or, une faible association positive entre cette pratique politique et les usages médiatiques semble bien exister. Ce qui est intéressant et qui émerge dans l'analyse des données est, en ce qui concerne les jeunes âgés de 15 à 35 ans, que les participants aux diverses formes de mobilisation politique sont des usagers de l'Internet ; ce qui prouve une association positive entre les jeunes usagers de l'Internet et les diverses formes de participation politique. Il existe une forte association entre les formes non conventionnelles de participation politique telles que la participation à une manifestation, un boycottage des produits, mais aussi la signature de pétitions. Ces pratiques sont bien associées aux usagers de la presse écrite et de l'Internet.

Finalement, il existe une distinction entre les modes conventionnels et non conventionnels (participation électorale) et les usagers des différents médias. Il paraît donc probable que la question du vote fasse émerger une différence entre générations d'usagers des différents médias. Dans un pays au vote obligatoire pour les élections législatives, les usagers de l'Internet, surtout les jeunes, évitent ce processus démocratique. D'un autre côté, le lecteur de la presse politique se différencie, avec un profil plus politisé tant pour les formes de participation traditionnelles que pour celles qui ne le sont pas.

Le profil politique des utilisateurs de la télévision est proche de la moyenne. Le public de la télévision est le plus important et le moins différencié par rapport au public de la presse écrite et de l'Internet. Il semble être le plus indifférencié par rapport à la participation politique. De plus, le profil politique des consommateurs de télévision ne se différencie globalement pas des consommateurs de l'information politique à la télévision. Le profil politique des utilisateurs de la presse écrite est le plus politisé. Plus limité, mais aussi plus politisé, il apparaît que le public de la presse écrite est le plus mobilisé politiquement et celui qui prend part à tous les modes de participation politique. Le lecteur de journaux est le plus politisé, mais aussi le plus traditionnel politiquement au sens où il est celui qui participe le plus aux votes. Le profil politique des usagers de l'Internet ressemble à celui de la presse écrite, car ils ont un taux de mobilisation élevé surtout en ce qui concerne les nouveaux modes de mobilisation.

Trois points de conclusion. En premier lieu, la question des usages politiques de l'Internet. Il apparaît que les usages principaux de l'Internet sont des usages d'information et non pas de divertissement. Il est donc logique d'attendre des effets de ces usages sur le plan de la participation politique, d'autant plus avec la dynamique croissante par rapport aux usages quotidiens de l'Internet. Globalement, le champ médiatique est dominé par la télévision qui concentre les taux les plus importants quant aux usages quotidiens et politiques. Cet usage renforcé de la télévision ne correspond pas aux taux de fiabilité de la TV face à l'Internet. De plus, le public a tendance à se tourner vers des sites internet non officiels, comme les blogs et les médias sociaux (*Facebook*, *Twitter*) contre les sources officielles (comme les sites gouvernementaux).

Sur la question de la typologie des usagers, trois publics différents existent. Un public pluriel de la télévision, un public qui se répartit de façon homogène entre les âges, les niveaux d'éducation et les sexes. Le public restreint de la presse écrite est surreprésenté plutôt par des hommes âgés de haut niveau d'éducation. Finalement, le public qui utilise l'Internet est un public jeune de haut niveau d'éducation. Quant au profil politique de ces trois publics, il faut souligner que les profils politiques les plus intéressés aux formes de participation politique sont ceux de la presse écrite et de l'Internet. Un point très intéressant : les usagers de l'Internet qui répondent d'une façon affirmative aux différentes formes de participation politique sont les jeunes de 15 à 36 ans. Il existe donc une liaison significative entre l'usage de l'Internet et les formes de participation politique, mais cela ne signifie pas qu'il existe une relation causale entre les deux. Il semble ainsi que la citoyenneté cultivée par la télévision a été réduite à une individualisation, prompte à réagir aux accusations sur des questions politiques et aux revendications individualisées sur des causes sociales. La citoyenneté de la presse écrite reste toujours une citoyenneté très mobilisée par les questions politiques, prête à s'engager dans les diverses formes de revendications sociales. Finalement, il apparaît que la citoyenneté cultivée par l'Internet est plus collective et plus apte à rendre publiques ses revendications. Moins hiérarchique, l'Internet cultive l'émergence des collectivités plurielles sans pour autant considérer qu'il dépasse le rôle joué par les médias traditionnels. Enfin, la dynamique de l'Internet vis-à-vis des jeunes publics est indicative de sa potentialité à l'activation de publics moins actifs et plus absents dans les formes conventionnelles d'expression politique.

Fani Kountouri

Chapitre 6

Internet et la citoyenneté ordinaire

Il n'y a de citoyenneté qu'active, […] la citoyenneté n'est pas seulement un statut, mais une pratique ou un ensemble de pratiques, associant les deux pôles du rapport à soi […] et du rapport aux autres (coopération, reconnaissance, solidarité).
Étienne Balibar[189]

Que veut dire « citoyenneté ordinaire » dans un monde où « le politique […] est en mutation de plus en plus profonde »[190] sous la double pression de l'inefficacité de la politique instituée et des débordements des actions citoyennes tous azimuts ? Quel est le rapport entre l'engagement citoyen en dehors et aux marges des voies balisées de la mobilisation institutionnalisée et les nouvelles technologies informatiques ? Comment la citoyenneté dite ordinaire se déploie-t-elle dans la société bulgare contemporaine et quel est le rôle de l'Internet dans l'émergence et le développement de pratiques de citoyenneté active au quotidien ?

Au cœur de notre interrogation, ces questions seront abordées à travers l'interprétation d'une partie des résultats du volet bulgare du projet « Pratiques de citoyenneté ordinaire et

189. Etienne Balibar, *Nous, citoyens d'Europe ? Les frontières, l'État, le peuple*, Paris, La Découverte, 2001, p. 209.
190. Cf. Ivaylo Ditchev & Orlin Spasov, « Novi tehnologii na grajdanskoto deistvie ? (Nouvelles technologies de l'action citoyenne ?) », in *Novi medii, novi mobilizacii* (*Nouvelles médias, nouvelles mobilisations*), Sofia, Institut « Société ouverte » - Sofia, 2011, p. 12 (en bulgare).

dynamique participative régionale » effectué sous la direction de Bernard Eme[191]. L'objectif de la recherche était de « *comprendre l'émergence ou non d'une conscience et de pratiques de citoyenneté ordinaire dans un pays rétif, du fait de son histoire récente du XXe siècle, aux formes de mise en commun ou collectives de savoirs, de pratiques, d'interpellation politique. Dans un tout autre contexte sociétal que celui de la France, qu'en est-il d'une possible émergence de cette citoyenneté ordinaire qui met l'accent sur le faire ensemble au nom de principes supérieurs communs, dans une cocitoyenneté, au regard des questions et des pratiques de l'idée du commun d'interpellation dans la cité publique et dans les espaces publics ? Y a-t-il production d'un commun dans ces pratiques citoyennes, d'espaces publics de négociation, d'interpellation du politique ou de la société civile ? Comment se comprend le contexte sociétal, culturel et historique au regard de ces questions au regard de notre situation [française], en décentrant notre possible regard ethnocentrique ?* »[192].

Le cas bulgare n'est donc pas un supplément d'enquête qui diversifierait l'éventail des modalités de citoyenneté possibles ou nuancerait le regard sociologique parfois trop rigidifié par le prisme de l'État-nation.

Dans cette recherche, les deux sociétés nationales, française et bulgare, se constituent comme un « miroir de l'altérité »[193] qui éclaire en profondeur les facettes contextuelles de la citoyenneté tout en obligeant les chercheurs à fournir des explications aux phénomènes observés en cohérence avec leur particularité sans se réfugier dans des schémas d'interprétation préétablis. Ici l'accent est mis sur un des cinq cas d'étude bulgares, notamment la création d'un site internet bulgare, afin d'apporter quelques éclaircissements au sens et aux modalités de la participation citoyenne à l'ère numérique.

---

191. Élaboré en réponse à la consultation internationale de recherche du Plan urbanisme construction architecture (PUCA) du ministère de l'Écologie, de l'Énergie, du Développement durable et de l'Aménagement du territoire français, ce projet s'inscrit en même temps dans le thème 6 : Mutations urbaines, dynamiques territoriales et développement durable de l'Axe 2 « Dynamiques et gouvernance des sociétés » du programme de recherche de la Maison européenne des Sciences de l'Homme et de la Société, Lille (cf. <www.meshs.fr>). Le travail du terrain en Bulgarie a été effectué au cours des mois de septembre et de novembre 2009.

192. Cf. « Contrat de prestation de service », juin 2009, p. 7.

193. Nous empruntons cette expression à Marie Vrinat-Nikolov, *Miroir de l'altérité : la traduction*, Paris, Ellug, 2006.

La citoyenneté ordinaire : du vivre-ensemble au faire-ensemble au quotidien

Ces dix dernières années, la pratique sociale met en avant des formes d'action citoyenne qui ne s'inscrivent pas dans la perception juridique et institutionnelle du rapport, direct ou indirect, de l'individu au pouvoir moyennant les mécanismes de la démocratie directe ou représentative. C'est exactement ces formes d'engagement des citoyens eux-mêmes qui se développent en dehors et à côté des canaux institués du pouvoir public qu'on désigne comme citoyenneté ordinaire ou pratique ou sociale[194]. Dans ce sens, la citoyenneté ne se réduit ni à la nationalité comme construction sociopolitique stabilisée depuis la fin du XIXe siècle[195] ni aux rapports formels de l'individu aux institutions de l'État-nation. Elle renvoie à la capacité d'agir au regard d'un vivre-ensemble où la parole engagée a autant d'importance que différentes formes de réalisation de soi, le souci de l'autre compte autant que la responsabilité à l'égard de soi-même, la défense d'un groupe démuni et la reconnaissance de l'apport de chacun vont de pair. Il s'agit des pratiques quotidiennes de mobilisation et

---

194. Le terme de citoyenneté ordinaire couvre différentes pratiques en fonction de son usage en science politique, travail social, psychologie clinique ou sociologie. Cependant, le dénominateur commun demeure l'action de l'individu en tant que citoyen ordinaire agissant de son propre chef indépendamment de ses attaches institutionnelles, familiales, sociales, territoriales, etc. Cf. Sophie Duchesne, *Citoyenneté à la française*, Paris, Presses de Sciences Po, 1997 ; Sophie Duchesne, « Une esquisse d'analyse comparée de la citoyenneté ordinaire », *Revue internationale de politique comparée*, vol. 1, n° 3, 2009 ; Mathieu Berger, « Répondre en citoyen ordinaire. Pour une étude ethnopragmatique des engagements profanes », *Tracés. Revue de Sciences humaines*, vol. 15, n° 2, 2008, pp. 191-208 ;, « À l'usage de la citoyenneté ordinaire : quelles pratiques professionnelles », *Le Sociographe : recherches en travail social*, n° 8, mai 2002 ; Séminaire « Anthropologie des processus de citoyenneté » sous la direction de Catherine Neveu, 2011-2012, EHESS ; Groupe de Recherche Action (GRAC), « Repenser la citoyenneté aux bords du politique. Expériences marginales et expériences instituées de participation politique à l'épreuve des projets de rénovation urbaine dans trois pays : Catalogne, France, Québec », Rapport final, octobre 2009, sur <http://coop rechercheaction.org/etudes/1/repenser-la-citoyennete-aux-bords-du-politique>.

195. Cf. Marion Carrel, *La citoyenneté urbaine du point de vue des gouvernés. Synthèse bibliographique*, Paris, Éditions du PUCA, 2007 ; Dominique Colas, *Citoyenneté et nationalité*, Paris, Gallimard, 2004 & Pierre Weil, *La France et ses étrangers*, Paris, Gallimard, 1991.

d'investissement d'énergies individuelles face à une situation difficile quelconque.

La citoyenneté est donc entendue dans un sens large, presque illimité, « en tant que pratique plurielle ordinaire des individus dans leurs relations à eux-mêmes et à autrui » ou des agirs pratiques « au regard d'un être-ensemble et de l'édification d'institutions désirables »[196]. Cette définition liminaire de la citoyenneté aux frontières floues et ouvertes n'est pas fortuite. N'en éliminant que les formes classiques d'institutionnalisation de l'action politique (partis, syndicats, mouvements sociaux, etc.), elle se veut un outil conceptuel susceptible de repérer une multitude infinie d'expériences humaines qui émergent, se construisent et se développent autour d'un bien commun inégalement et injustement réparti ou exproprié, ou d'un problème vital refoulé ou non reconnu par les autorités publiques, bref – autour de ce qui fait que le vivre-ensemble devient un faire-ensemble pour le meilleur de tout un chacun et de tous ensemble.

Cette définition ouverte de la citoyenneté s'accorde très bien avec l'acception du politique comme capacité d'agir collectivement pour exister socialement[197]. Une telle vision du politique et de ses modalités d'existence place l'interrogation sur le terrain beaucoup plus complexe et multidimensionnel des relations au quotidien qui se déroulent et se font dans un rapport face à face sans l'intermédiaire des acteurs sociaux porteurs de pouvoir, des médias ou d'autres types de communications interposées. Ici ce sont les questions de la reconnaissance, de l'engagement, des légitimités, de l'articulation entre solidarités collectives et trajectoires individuelles, du vécu et de la présence publique, de l'initiative et des contrariétés qui deviennent le centre de l'investigation sociologique.

Une telle problématisation de la citoyenneté permet :

- premièrement, le déplacement de l'attention du niveau macro- et méso-social du politique, tels de l'État national, des partis politiques, des pouvoirs locaux vers le niveau micro-social où les citoyens en provenance sociale, ethnique, professionnelle,

196. Cf. « Pratiques de citoyenneté ordinaire et dynamique participative régionale », document n° 2 : descriptif de la proposition, 2007, p. 1.

197. Cf. Joseph Yvon Thériault, « Petits pays et gouvernance », *Télescope*, hiver 2006-2007, pp. 89-93.

confessionnelle, politique, culturelle différente entrent en interaction quotidienne pour résoudre un problème qui leur est commun ;

- deuxièmement, de sortir du carcan des formes instituées du politique pour aller chercher des points de rencontre et d'articulation dans l'agir pratique ordinaire qui se déploie comme un va-et-vient constant entre ce qui nous est donné et ce que nous voulons et/ou pouvons faire ;

- troisièmement, de développer une approche plus adéquate à la genèse et aux vicissitudes de la construction politique de chaque société nationale sans négliger pour pourtant le poids des héritages historiques et culturels et des cadres législatifs et étatiques particuliers.

L'information comme axe organisateur de l'activité citoyenne

En 2002, un jeune couple bulgare qui vient d'avoir un bébé crée un site internet destiné aux problèmes de la grossesse et de la maternité ; celui-ci devient le premier site bulgare en la matière. Étant en communication active avec un club de 30-40 jeunes mères, actuelles et futures, les heureux parents répondent en fait aux besoins de ces mères en quête d'information pour les soins de leurs bébés dans un système de santé publique en pleine mutation. À l'instar des autres agents dans le réseau des réseaux qu'est l'Internet, le site est accessible 24 h/24 de partout dans le monde interconnecté, ce qui le rend à la fois un moyen universel de mise en contact des individus singuliers et un espace aux frontières ouvertes au-delà des présences locales.

Les questions essentielles, pour ce qui nous concerne, sont : qu'est-ce que les individus font et expriment dans cet espace commun ? L'acte d'entrer, de paraître et d'exister dans le cyberespace conduit-il à un acte politique, c'est-à-dire à l'association aux autres afin d'agir, de délibérer, d'apparaître aux autres[198] ? Autrement dit, à quoi sert et à quoi aboutit cette

---

198. Cette perception du politique renvoie à la conception de Hannah Arendt qui rétablit la valeur ontologique du politique comme l'existence authentique de l'homme qui se réalise par sa participation au monde moyennant ses capacités

interconnexion réellement et potentiellement globale où la présence anonyme et la prise de parole réelle sont les deux faces de la relation aux autres et à soi-même ?

Tableau n° 1 : Indicateurs relatifs au forum[199]

Nombre des sous-forums thématiques	70
Nombre d'usagers enregistrés (il s'agit du nombre réel des usagers vers fin septembre 2009, car un nettoyage se fait périodiquement afin d'éliminer les enregistrements doubles ou non actifs ; selon les propriétaires du site il y a probablement 10 % de comptes d'usagers invalides au moment de l'entretien, le 26 septembre 2009)	102 610
Hommes/Femmes (les chiffres ne concernent que les usagers ayant mentionné leur sexe)	1/25,2
Nombre de publications dans le forum actif	5 020 408
Nombre de thèmes dans le forum actif	79 730
Nombre de publications dans les archives du forum	6 646 857
Nombre de thèmes dans les archives du forum	164 22
Nombre moyen d'enregistrements par jour	133,13
Nombre moyen d'opinions échangées par jour	7 488,63
Nombre moyen de thèmes par jour	173,75
Nombre moyen d'usagers en ligne simultanément par jour	1 675,91
Nombre moyen de pages consultées par jour	482 356,52

La valeur moyenne des indicateurs est sur la base de l'information statistique dont la collecte a débuté le 5 mai 2005.

Le début est marqué par tout l'enthousiasme, le dévouement et le sacrifice des néophytes : « *toutes les mères avec qui on a commencé ont donné corps et âme à la mise en marche du site : ramasser de l'information, répertorier, cataloguer, traduire ; au bout de cinq-six mois nous avions 500-700 matériaux* » (propriétaire du site, femme). Les problèmes techniques que le portail d'information qui abrite le site commence à rencontrer au cours de l'année 2002 sont à l'origine de la création d'un forum dans le cadre du site en tant que lieu alternatif d'échange et non pas en concurrence avec le portail d'information au cas où l'accès à ce dernier est défaillant. Débutant le forum avec un seul thème « Mères – futures et

d'agir et de parler toujours en relation avec les autres. Cf. Hannah Arendt, *La condition de l'homme moderne*, Paris, Calmann-Lévy, 1961.

199. Source de ce tableau et des suivants : informations généreusement offertes par les initiateurs et créateurs du site qui sont en même temps ses propriétaires.

actuelles », vers la fin septembre 2009, le site se présente dans les données présentées dans le tableau n° 1.

Pour avoir une idée de l'intensité et de la densité de la mise en commun des acteurs individuels que le support technique permet, il suffit de consulter le Centre statistique du site (tableau n° 2)[200].

Tableau n° 2 : Statistiques du site

Statistiques par mois	*Thèmes nouveaux*	*Opinions nouvelles*	*Usagers nouveaux*	*Usagers simultanément en ligne*
Avril-Juin 2012	6 669	799 168	14 104	16 091
Janvier-Mars 2012	7 452	868 835	18 158	19 422
Octobre-Décembre 2011	7 081	812 345	14 634	15 070
Juillet-Septembre 2011	7 540	734 974	11 472	14 227
Avril-Juin 2011	7 754	834 232	13 654	15 099
Janvier-Mars 2011	8 414	916 831	14 992	16 124
Octobre-Décembre 2010	9 310	902 422	10 466	11 874
Juillet-Septembre 2010	9 666	855 866	9 675	10 911
Avril-Juin 2010	10 067	911 336	12 448	12 075
Janvier-Mars 2010	12 735	1 074 749	17 198	12 963

Les forums sont gérés par plus de 40 modérateurs bénévoles, et alimentés par les consultations gratuites d'un corps important de professionnels, médecins, avocats, pédagogues, psychiatres, etc.

En bref, on a affaire à un espace privé qui grâce à son support technique, devient un lieu d'expression commun et public où un nombre illimité d'individus s'expriment, se consultent, s'aident, s'ignorent, se méconnaissent ou se reconnaissent tout en restant vigilants aux attaques et offensives verbales, aux faux appels au secours, aux messages publicitaires déguisés, aux revendications en cours, aux promesses non tenues. À l'heure actuelle, le site est tant une réplique virtuelle à tous les problèmes possibles qui tourmentent la société bulgare qu'un véritable espace d'initiatives et d'apparitions qui vit par et à travers ceux qui le peuplent et l'animent.

200. Cette information est tirée du site lui-même.

Dans quel sens ce qui se passe sur le site peut-il être considéré comme porteur et même générateur de pratiques citoyennes aux marges de l'action politique proprement dite ? La réponse peut être cherchée dans plusieurs directions.

Le choix des thèmes à débattre

Ce ne sont pas autant les thèmes débattus (des milliers par mois et une centaine par jour) que leur genèse et leur développement qui peuvent apporter des éclaircissements à la question. Cela ne veut pas dire que les problèmes commentés ne sont pas intéressants en soi, mais comme ils peuvent toucher à l'infini, ce qui est beaucoup plus parlant de la dynamique des interlocutions et des actions réside dans les voies par lesquelles les thèmes sont introduits et consacrés dans l'espace de discussion ainsi que dans les façons dont les interlocuteurs s'en saisissent, se contrôlent, se sanctionnent et s'organisent pour réagir. Regardons de près ces points-là.

Au fur et à mesure que le site se développe, le choix de thèmes pouvant constituer un sous-forum devient plus difficile et les créateurs du site mettent en place des outils à l'aide desquels les propositions différentes se confrontent ouvertement et les problèmes émergent dans leur importance relative les uns par rapport aux autres. Ainsi, « *nous observons les gens, nous ne prenons pas de décisions autoritaires, nous ne nous sentons pas comme des maîtres-possesseurs d'un oui ou d'un non. Nous avons plus de 40 modérateurs bénévoles qui sont avec nous dans les forums sur un pied d'égalité [...], et nous décidons avec l'aide des modérateurs et des usagers. Nous avions un sous-forum "Mise en grossesse problématique et grossesse risquée" et ce sont les usagers qui ont décidé que les deux problèmes devaient être séparés bien qu'ils aient écrit durant cinq ans dans le même espace. Une enquête a été menée et ils ont effectivement pris cette décision. Nous essayons d'être utiles aux usagers. [...] Plusieurs fois nous avons mis de côté nos propres points de vue, désirs, émotions* » (propriétaire du site, femme).

Partant de l'idée d'entraide, les créateurs du site mettent *l'information*[201] au centre de leur projet dans l'objectif de la faire circuler, communiquer, partager. Face à la diversité de problèmes

201. Ici l'information est utilisée comme un nom générique désignant toute sorte de connaissance, de savoir, de compétence.

rencontrés et de situations vécues, ils adoptent l'attitude d'écoute, d'observation, de mise en lien des gens pour assurer une place à chaque thème autour duquel un groupe d'intéressés pourrait se former tout en surveillant le risque d'éparpillement et de dispersement. « *Quand l'accumulation des mêmes choses arrive à une masse critique, si on ne les divise pas, elles commencent à obstruer, à étouffer les autres* », mais « *il est très important de trouver la place exacte, la formulation, l'organisation d'une question qui pointe, car les gens qui la posent et la partagent veulent se distinguer du reste, ils ont leur propre opinion* » (propriétaire du site, homme). Cette mise en échange de l'information *via* l'Internet génère une communauté qui, quoique virtuelle, est de l'ordre citoyen, car la prise de position à l'égard d'une information et son jugement transforment le sujet individuel en sujet politique, voire citoyen, dans la mesure où l'individu entre, de son propre chef, en relation avec l'autre.

Le rôle des modérateurs

Dans cet espace d'échange d'information et de prise de parole à la fois public et anonyme[202], le rôle des modérateurs est d'une grande importance. Ce sont eux qui veillent au respect des règles et des lois et bloquent des manifestations de xénophobie, de racisme, d'antisémitisme.

Le modérateur « *n'est pas un censeur, c'est quelqu'un qui aide les usagers quand ils ont des problèmes liés à l'utilisation du forum, qui étouffe les scandales, donc il doit posséder la qualité d'être impartial* » (propriétaire du site, femme). « *Il est toujours sous la loupe, privé de son propre avis dans la plupart des cas, il s'autorégule car son point de vue n'est pas comme le point de vue de l'usager ordinaire. Tout usager peut se permettre des libertés ou des confrontations avec un autre usager, tandis que le modérateur doit se retenir et être patient* » (propriétaire du site, homme). Il s'agit d'une grande responsabilité, c'est « *du travail, du sacrifice du temps personnel et du travail ingrat, car en général le modérateur est coupable de tout* » (propriétaire du site, femme). Étant un groupe de contrôle, les modérateurs se contrôlent eux-mêmes.

202. Le cyberespace de communication permet à l'individu de se dissocier de ses propres caractéristiques sociales (tels le sexe, l'âge, la nationalité, la profession, etc.) et, plus encore, de les contrôler. La disparition du corps de la situation de communication rend la participation à la fois anonyme et possible sous une multitude d'identités.

Dès le début, un forum spécial dont l'accès est réservé uniquement aux modérateurs est mis en place pour les aider à servir d'arbitres objectifs, à rester impartiaux et en même temps justes. C'est là où « *nous discutons les uns avec les autres non seulement des scandales, mais aussi des règles et du mode d'agir, de la structure du forum, etc.* » (propriétaire du site, femme).

Le choix du modérateur devient donc la condition préalable du débat libre, correct, ouvert et pluriel que le site veut assurer sur tous les thèmes. Au début, durant les deux premières années d'existence du site, quand la communauté du site était relativement restreinte, ce sont les usagers qui choisissaient le modérateur d'un forum. Progressivement le « modérateur » « *commence à sonner prestigieux ; avec le développement des forums apparaissent des gens qui veulent faire la pluie et le beau temps ; pour la fonction de modérateur se présentent des gens qui transgressent les règles, qui ont un comportement sinon vulgaire, au moins arrogant. Et au moment du choix du modérateur, ils organisent des groupes de soutien* » (propriétaire du site, femme).

Pour éviter les confrontations entre les usagers, la pratique en la matière a changé. Présentement, les modérateurs sont nommés par les administrateurs selon les règles annoncées dans « Règles et politique des forums ». La responsabilité et l'engagement d'être une instance morale et compétente octroient aux modérateurs de l'autorité et du prestige, et cela explique, dans une certaine mesure, la compétitivité et les stratégies de mobilisation parmi les usagers pour désigner le modérateur d'un forum ancien ou nouvellement créé. Ici, de nouveau une dimension citoyenne apparaît. Reconnaître quelqu'un comme capable de gérer l'échange d'opinions diverses se déploie inévitablement comme une activité à caractère citoyen, car cela engage les capacités de justification et de délibération de chacun face à celles des autres. La nomination de la personne qui incarnerait les principes et les normes d'une communication publique, respectueuse et libre passe par l'interaction avec les autres. C'est exactement cette interaction qui garantit la pluralité comme la condition fondamentale du politique, selon Hannah Arendt[203]. Car l'interaction est inclusive, elle exclut l'exclusion, l'élimination de l'autre, la privation d'un espace d'apparition, bref

203. *Op. cit.*

elle élimine la possibilité d'éliminer l'autre et de le priver d'un espace d'apparaître.

Les rapports entre les usagers

Les interactions entre les usagers du site au sujet d'un problème et de l'information nécessaire pour le résoudre sont clairement régulées. Entrer au débat ne signifie en aucun cas une participation sans condition. Ce sont les *Règles et politiques des forums* qui définissent clairement le type d'information et la forme de sa présentation ; les interdictions concernant l'utilisation des propos xénophobes et racistes, la propagande politique, la diffusion de la publicité dissimulée ; le mode d'enregistrement des usagers et leurs droits, l'exigence d'écrire en cyrillique, les fonctions des modérateurs, les sanctions en cas de violation des règles. On a affaire à une véritable « constitution citoyenne » qui prescrit les droits et les devoirs de chaque catégorie d'acteurs présents sur le site. « *Nous avons agi de façon à ce que, pour chaque cas problématique, on puisse s'appuyer sur quelque chose d'écrit, on puisse citer, montrer, argumenter* » (propriétaire du site, homme), et « *les usagers savent déjà ce qui est permis et ce qui ne l'est pas, ils se sont auto-éduqués [...] il y a donc un processus très intéressant d'autorégulation des usagers* » (propriétaire du site, femme). Prise en soi, cette constitution peut être considérée comme une des manifestations de la citoyenneté ordinaire dans la mesure où elle s'appuie sur les interactions des usagers, synthétise l'expérience de la communication virtuelle et instaure des règles et normes valides pour tout le monde.

L'émergence d'actions collectives

Créé pour pallier les défaillances de communication et d'information dans le système de santé publique, le site constitue un des moyens les plus efficaces de réponse à un problème particulier et de mise en contact des personnes confrontées à des problèmes identiques. L'accès gratuit à toutes les informations sur le site et la présence des spécialistes dans différents domaines professionnels font du site un espace de communication où les demandeurs et les fournisseurs d'information apparaissent les uns aux autres dans un rapport d'égalité.

Bien plus, grâce à l'information qui circule à travers le réseau du site, un grave problème de santé, un état de détresse ou une situation de crise peuvent devenir des détonateurs d'actions collectives. C'est là où se reflète tout le potentiel citoyen que le site renferme. Peuvent être distingués deux types de mobilisation collective dont la source provient de l'échange d'information et des discussions menées entre les usagers. Il s'agit des manifestations publiques et de la mise en place des ONG.

Les manifestations publiques organisées à l'aide des forums dans le site portent une double empreinte, humanitaire et contestataire. Soit on répond à un appel à l'aide pour un enfant malade, une famille en grosses difficultés ou un orphelinat, soit on s'oppose à une décision du pouvoir exécutif en défaveur de certains groupes sociaux ou à un projet de loi à caractère discriminatoire.

Parmi les actions les plus importantes des usagers du site, on note :

- la collecte d'argent et l'achat de tout le nécessaire pour l'opération de greffe de foie qu'une petite fille devait subir[204]. À partir d'une annonce à la télé, la propriétaire du site s'adresse aux mères du réseau et grâce à l'organisation très rapide et spontanée l'enfant est sauvée ;

- l'aide aux orphelinats par la collecte de manuels et d'articles scolaires lors de la rentrée ou au cours de l'année ;

- plusieurs protestations en 2007 devant le Parlement et une pétition pour les amendements des lois concernant la maternité grâce à laquelle les mères en Bulgarie touchent actuellement 90 % de leurs salaires au cours de la première année de l'enfant ;

- une protestation de 200-300 personnes devant le ministère des Affaires sociales contre les conditions de vie et le traitement des enfants de l'orphelinat dans le village Mogilino trois mois avant la campagne lancée par la télévision privée nationale *bTV*[205]

---

204. Il est à noter que la pénurie du système de santé publique en Bulgarie fait qu'aujourd'hui encore on demande aux patients d'apporter des produits sanitaires dans certains cas. Cela était encore plus fréquent dans les années 1990 et au début des années 2000.

205. Le grand scandale autour de cet orphelinat éclate après la diffusion d'un documentaire fait par une journaliste de la *BBC* dans certains pays de l'Union européenne. Les médias bulgares ouvrent le débat une fois que le fait devient public.

qui « a transformé le problème en farce médiatique », tandis que « *notre démonstration n'a été couverte que par deux-trois médias Internet* » (propriétaire du site, femme) ;

- une protestation devant la cathédrale Alexandre Nevski contre les amendements dans la *Loi sur la langue bulgare* proposant la suppression de l'étude obligatoire du bulgare lors de l'année scolaire précédant les examens de baccalauréat.

C'est dans le cadre de ces initiatives que les participants se rendent compte qu'il y a des cas où la défense effective d'une cause doit prendre des formes institutionnelles. Ils doivent se constituer comme des acteurs reconnus par la législation bulgare pour légitimer leur action et intervenir légalement. L'intermédiaire d'une organisation légale et légitime s'avère nécessaire lors de chaque collecte d'argent pour des enfants malades ou abandonnés, des interventions auprès des instances législatives et gouvernementales. « *Au bout d'un moment il se trouvait que pour que quelque chose ait du poids, il lui fallait une base juridique* » (propriétaire du site, femme). C'est ainsi que plusieurs organisations non-gouvernementales ont été créées par les usagers du site et grâce au réseau du site, comme le Mouvement des mères bulgares, *Multimama* (association des mères qui ont des jumeaux ou plus de deux enfants), l'association des mères actuelles et futures, l'association des parents ayant des enfants handicapés, etc. « *Notre site est le milieu dans lequel se retrouvent des gens, les idées cristallisent, en fait c'est un lieu très favorable [...] où parmi un nombre si important d'usagers, on peut toujours trouver une communauté de vues* » (propriétaire du site, femme).

Est-ce que le recours aux formes institutionnelles des mouvements sociaux signifie un retour à la tradition de l'action politique classique et/ou un essoufflement de l'initiative citoyenne spontanée ? Ni l'une ni l'autre supposition n'est vraie. De même que le site se distingue nettement de tous les acteurs politiques classiques (partis, gouvernement, parlement, syndicats, etc.) et interdit toute sorte de propagande et de publication politiques dans les forums, de même les actions des usagers organisées sous forme de manifestations, de pétitions, d'organismes non-gouvernementaux suivent une ligne de conduite indépendante et s'opposent à chaque tentative de récupération politique.

En quoi consiste alors la différence entre l'action politique classique et l'activisme des gens ordinaires à l'écart des voies politiques tracées et fréquentées ? Dans l'interprétation de nos interlocuteurs, ce qu'ils font n'a rien à voir avec les revendications politiques, « *nous voulons certains amendements législatifs [...], des modifications législatives concrètes indépendamment des partis, couleurs, appartenances* », « *nous mettons en cause l'attitude de l'État à l'égard d'un problème* » (propriétaire du site, homme). La ligne de démarcation passe entre 'revendiquer politiquement' et 'réagir civilement' où le politique est fortement associé aux actes des acteurs politiques institués, tandis que le civique renvoie aux prises de position en tant qu'individus libres, moralement et socialement responsables. Cette perception du politique est sans doute à la base de la décision initiale de préserver l'espace du site des jeux politiques des partis et de le défendre du moindre signe d'action politique quelconque. Cette philosophie d'indépendance tant politique qu'économique inspire également la lutte intransigeante contre toute tentative de récupération politique d'une action citoyenne organisée grâce au site. « *Il y avait un nombre très important de tentatives de nous utiliser, de récupérer la vague d'indignation et de mécontentement, mais peu importe le prix, on luttera autant qu'on peut. [...] Jusqu'à ce qu'ils [usagers d'appartenance politique différente] n'entrent pas en collision avec nos règles, ils sont des clients, mais [...] à partir du moment où la campagne politique commence, il faut les arrêter* » (propriétaire du site, homme)[206].

D'un simple espace d'échange d'information, le site devient un lieu commun de prises de parole où les expériences individuelles et les conseils personnels sont mis au profit de l'autre. Une situation individuelle problématique enclenche une mobilisation collective des énergies individuelles et le site se transforme en vivier d'initiatives citoyennes ayant des effets réels sur différents aspects de la vie en société. L'agir individuel prend sa source dans le rapport aux autres et devient ainsi un

206. L'exemple le plus éloquent dans l'histoire du site est ce qui s'est passé lors de la préparation d'une manifestation des mères contre la politique municipale au sujet des places insuffisantes dans les garderies d'enfant à Sofia. Un des partis politiques bulgares, leurs représentants étant déguisés en usagers, a essayé d'utiliser les forums sur le site pour réorienter la manifestation citoyenne vers une contestation politique. N'ayant pas réussi, leurs représentants toujours sous la casquette de clients ont commencé à inonder les forums de messages offensifs et d'accusation de discrimination. En réponse à leur plainte, la Commission de la défense contre la discrimination a effectué une inspection du site et a donné raison aux administrateurs du site qui avaient strictement appliqué les règles du site.

engagement personnel pour la défense d'une cause que l'association des agirs individuels rend commune.

Une citoyenneté ordinaire allergique à toute forme d'action politique instituée

L'espace de discussion, d'échange, de partage, d'organisation des mobilisations citoyennes que le site crée et abrite est un espace ouvert à tous et muré contre tous les acteurs politiques institués. Depuis ses *Règles et politique des forums* jusqu'aux actions organisées en passant par la vigilance des modérateurs et leur réaction intransigeante à l'égard de la moindre tentative d'intrusion politique, le site se veut indépendant des acteurs institués aussi bien politiques qu'économiques et défend sa vocation initiale d'être le lieu « d'entraide, d'échange, de solidarité, de compassion ». C'est l'espace où les gens peuvent « se rencontrer », parler de leur propre voix, s'auto-organiser pour résoudre un problème *en opposition* avec toutes les formes d'action politique institutionnalisée où on parle en leur nom. À la lumière des idées d'Arendt, on est dans l'espace de l'authentique activité du politique qui se construit par la propre volonté des gens. La dimension virtuelle de l'espace n'enlève rien à son contenu citoyen. L'échange d'idées, de compétences, d'information se transforme en mobilisations en acte quand un problème reste irrésolu ou aggrave la situation de quelqu'un ou d'un groupe de gens. De véritables communautés de citoyens se constituent dans l'interrelation des paroles et des actions des gens différents qui y participent de leur propre chef.

Il y a donc une nette distinction entre les actions des usagers du site et celles portées par les professionnels de la politique qui en plus est consciemment entretenue. On se situe non seulement au pôle opposé à la politique institutionnalisée, mais également dans une posture éthique qui met en avant l'autre, inconnu, mais souffrant, éloigné, mais devenu proche par ses problèmes, et qui défend une valeur de portée générale dans laquelle l'individu se reconnaît non pas comme agent égoïste, mais comme faisant partie d'une communauté. Dans une bonne partie des initiatives nées au sein du site, un problème enclenche une activité en devenant d'intérêt général sans que l'individu soit personnellement concerné ou y trouve une voie d'accomplissement des intérêts particuliers (de groupe). Les usagers du site pensent leurs comportements en termes d'aide, de solidarité, d'indignation devant une injustice, d'attitude *humaine* à l'égard de l'autre C'est leur sens des valeurs morales partagées qui est engagé, bien au-delà de leur perception des intérêts généraux, particuliers ou personnels, ce qui explique également l'acharnement avec lequel ils veillent à toute instrumentalisation de l'action au nom des intérêts particuliers des acteurs politiques et économiques. En ce sens, ce type de pratiques citoyennes se construit comme une action rationnelle par rapport à une valeur plutôt que par rapport à un but (Weber). Leur moteur principal réside dans ce que George Orwell appelle la *common decency*, c'est-à-dire ces valeurs morales des gens ordinaires telles l'honnêteté, la générosité, la bienveillance qui sont à la base du vivre-ensemble[207].

Svetla Koleva, Tanya Nedeltcheva, Diana Nenkova & Dimitrina Popilieva

207. Cf. George Orwell, *Essais, articles, lettres*, Paris, Éditions Ivrea/Éditions de l'Encyclopédie de Nuisances, vol. I (1920-1940), 1995.

2e Partie

E-DÉMOCRATIES

Chapitre 7

L'Internet contre la démocratie ?

Le titre de ce texte n'est pas original du tout, un dossier de la revue électronique *Books* est également intitulé l'« Internet contre la démocratie ? »[208]. Le rédacteur en chef de la revue Olivier Postel-Vinay explique la prépondérance évidente, voire logique, de l'idée que l'Internet est un élément clé de la démocratie contemporaine : « *Aujourd'hui que le Web est devenu d'un usage aussi naturel que la brosse à dents, ces idées optimistes forment une sorte de vulgate, qu'il est mal vu de contester. On ne compte plus les manifestes et les ouvrages chantant le "triomphe démocratique du Web" (selon l'historien américain Roy Rosenzweig) ou la "cyberdémocratie" (selon le philosophe québécois Pierre Lévy)... Une puissante idéologie s'est constituée, faisant du "raz-de-marée numérique" un vecteur de progrès politique* ».

Mon propos dans cet article n'est pas de dénoncer un optimisme technologique lié aux usages démocratiques plus qu'évidents de l'Internet, mais de réfléchir sur les effets contradictoires des technologies de l'information et de la communication (TIC) sur le fonctionnement de la politique et de la démocratie dans les sociétés contemporaines[209]. Disons que les

---

208. *Books*, n° 12, mars-avril 2010, sur <http://www.books.fr/archives/numero-12/>.

209. Ce chapitre a été réalisé dans le cadre du projet « e-Citoyenneté », concours « Idées » du ministère bulgare de l'Éducation, de la Recherche et de la Jeunesse. Tout en étant conscient du nombre extraordinaire d'études sur ce sujet, je n'en mentionnerai ici que quelques-unes : Lincoln Dahlberg (dir.), *Radical Democracy*

technologies ne sont jamais neutres, mais que leur sens se construit dans des environnements sociaux concrets. D'un côté l'Internet a un fort potentiel démocratique, car il peut fournir aux mouvements démocratiques des moyens très forts pour leurs mobilisations et leur notoriété ; d'un autre côté, le réseau mondial offre des éléments contraires à la démocratisation, qui peuvent renforcer les dictatures, non seulement les plus visibles – tels les régimes politiques dictatoriaux –, mais aussi les dictatures invisibles comme celles de la majorité ou celles des minorités fortement organisées.

L'Internet : moyen de la démocratie

L'Internet est une nouvelle technologie qui affecte en effet la société tout entière. Les recherches sur ces effets deviennent maintenant une des directions les plus performantes des sciences sociales. « *Les réseaux et les technologies centrées sur les ordinateurs remodèlent les relations sociales et constituent de nouveaux domaines sociaux à l'échelle mondiale, à partir des marchés électroniques pratiquement sans frontière et les conversations à grande échelle sur l'Internet, à travers les communautés mondiales du développement des logiciels* open source, *les systèmes transnationaux corporatifs de production et les arènes du savoir global associées aux réseaux des ONG* », écrit l'éditeur d'un ouvrage collectif de référence[210].

Une telle technologie fait penser aux diverses inventions dans l'histoire humaine, qui eurent des conséquences à long terme

and the Internet: Interrogating Theory and Practice, Basingstoke, Palgrave Macmillan, 2007 ; Peter Ferdinand, *The Internet, Democracy and Democratization*, New York, Routledge, 2000 ; Evgeny Morozov, *The Net Delusion: How Not to Liberate the World*, New York, PublicAffairs, 2012 ; Joseph S. Nye & Elaine Ciulla Kamarck (dir.), *Governance.com: Democracy in the Information Age*, Washington, D.C, Brookings Institution Press, 2002 ; Clay Shirky, *Here Comes Everybody: The Power of Organizing Without Organizations,* Londres, Penguin Books, 2009 ; Cass R. Sunstein, *Republic.com 2.0,* Princeton, Princeton University Press, 2007 ; Joe Trippi, *The Revolution Will Not Be Televised: Democracy, the Internet, and the Overthrow of Everything,* New York, Harper Collins, 2008 ; Donald R. Wolfensberger *et al.*, *Democracy and the Internet: Allies or Adversaries?*, Washigton D. C., Woodrow Wilson Center Press, 2002, etc.

210. Robert Latham & Saskia Sassen (dir.), *Digital Formations: IT and New Architectures in the Global Realm*, Princeton University Press, 2005.

sur le développement des sociétés, étant un élément majeur pour leur modernisation et en même temps offrant des possibilités nouvelles pour leur démocratisation : la typographie au XVe siècle ; la presse mécanique au XVIIIe siècle ; la radio et la télévision au XXe siècle. Ces inventions changèrent la vie et les sociétés, en contribuant à leur démocratisation grâce à leurs capacités d'atteindre un large public, de vite transmettre de l'information, de sensibiliser des parties entières de la société sur des questions politiques, etc.

L'Internet (avec le Web, le courrier électronique, la messagerie instantanée) crée aussi un environnement technologique de grande envergure et affecte fortement la communication dans la société humaine en amplifiant d'une manière sans précédent ses capacités et sa rapidité. Ce développement hallucinant s'est fait en quelque vingt années, surtout depuis la naissance du Web au début des années 1990. Ces innovations technologiques se commercialisent très rapidement et coïncident avec certains événements politiques importants : la chute du Mur de Berlin et la démocratisation de l'Europe centrale et orientale, suite à l'effondrement du bloc soviétique ; la démocratisation des pays d'Amérique du Sud, qui fut longtemps un mauvais exemple de modernisation capitaliste, de coups d'États permanents et de violence politique. L'événement le plus récent, mais qui, semble-t-il, s'inscrit dans la même séquence, est le Printemps arabe. Tout cela fut la base d'une vision optimiste des effets sociopolitiques de l'Internet, et ce à juste titre.

Le site gouvernemental français « Vie publique » décrit les capacités de l'Internet pour favoriser la démocratie[211] :

- né du souci de communiquer plus facilement, plus rapidement et à moindre coût, il constitue un lieu de débats et permet de confronter les points de vue et d'échanger des informations ;

- il contribue à une meilleure information des citoyens et à une plus grande transparence de l'action publique ;

- il favorise une interaction plus grande entre les gouvernants et les gouvernés ;

211. « Vie publique », sur <http://www.vie-publique.fr/decouverte-institutions/citoyen/enjeux/media-democratie/internet-bienfait-ou-danger-pour-democratie.html>.

- il encourage par certains aspects les actions collectives permettant à des individus isolés – mais partageant les mêmes idées – d'entrer en contact et de se mobiliser.

Le même site atteste que l'Internet « *pourrait répondre à la crise de la représentation qui se manifeste notamment par une abstention électorale croissante* », car il favorise la mobilisation des citoyens sur toutes sortes de questions importantes, sans médiation des institutions et des organisations politiques : pétitions, forums de discussion en ligne, appel à manifestation (comme les *flashmob*). L'Internet pourrait aussi « compléter la démocratie représentative en corrigeant ses insuffisances par une dimension plus participative », sans en altérer les fondements. Le site a donc aussi un avis au sujet des risques de mauvaises utilisations du réseau capable de dénaturer complètement son potentiel démocratique.

Tableau n° 1 : Population et utilisateurs de l'Internet, 2011[212]

Régions du monde	*Population (2011)*	*Utilisateurs de l'Internet (2011)*	*Pénétration (% population)*
Amérique du Nord	347 394 870	273 067 546	78,6 %
Océanie / Australie	35 426 995	23 927 457	67,5 %
Europe	816 426 346	500 723 686	61,3 %
Amérique latine	597 283 165	235 819 740	39,5 %
Moyen-Orient	216 258 843	77 020 995	35,6 %
Asie	3 879 740 877	1 016 799 076	26,2 %
Afrique	1 037 524 058	139 875 242	13,5 %
Total Monde	6 930 055 154	2 267 233 742	32,7 %

De plus, certaines recherches statistiques montrent bien un lien très fort entre les niveaux d'usage de l'Internet et le niveau de la démocratie dans les pays : plus on est démocratique, plus nombreux sont les utilisateurs de l'Internet[213]. Ainsi, on peut conclure que l'Internet contribue à la démocratisation. Le tableau n° 1 semble argumenter une telle thèse.

Joanne Jacobs donne des arguments supplémentaires pour cette thèse : « *à une époque où la démocratie participative est en déclin, l'émergence de l'Internet comme un outil de communication semble au contraire être un outil pour faire face à cette rupture de la démocratie, mais aussi un*

212. Source : <http://www.internetworldstats.com/stats.htm>.
213. IDEA (International Debate Education Association). Débats sur <http://idebate.org/debatabase/debates/science-technology/house-believes-internet-encourages -democracy>.

véhicule pour la communication de masse et la participation politique sur une échelle qui dépasse ce que nos gouvernements sont en mesure de réaliser. L'internet est un médiateur qui nécessite un investissement financier et intellectuel important, mais il est aussi en dehors d'un contrôle centralisé »[214]. Une étude menée par Bruce Bimber du Département des sciences politiques de l'Université de Californie en mai 1997, au tout début de l'utilisation massive de l'Internet, montre que ceux qui utilisent en effet l'Internet comme moyen de participation citoyenne, « représentent une forme d'avant-garde de participants politiques en ligne ». Ce groupe visite des sites internet gouvernementaux et politiques, et traditionnellement il est très engagé dans les affaires publiques[215]. Mais en même temps l'Internet n'est qu'un moyen supplémentaire pour ce groupe déjà assez politisé et il n'est pas pour lui, selon la même étude, un intermédiaire important pour sa mobilisation. Il est vrai que l'Internet contribue d'avantage pour la mobilisation de groupes qui, apparemment, ne sont pas politisés.

En ce qui concerne l'échelle de l'impact de l'Internet sur les sociétés contemporaines et ses effets sur la démocratie, l'étude récente de Dominique Cardon est parmi les plus explicites et détaillée[216]. Tout d'abord, il établit une typologie de l'espace public : de l'espace public habermassien du XIXe siècle, dominé par un nombre restreint de professionnels et de personnalités publiques, à travers les médias de masse, à l'ère industrielle jusqu'à l'Internet. L'Internet offre pour la première fois des espaces de débats publics ouverts à tous, et toute une sphère d'échanges visibles, mais privée, et qui ne se destinent pas à une audience large et ne sont pas pensés comme une participation clairement assumée au débat public. « *La demande de participation se conçoit plus souvent comme une expérimentation qui s'organise autour d'un dispositif permettant d'agir et de coopérer. Beaucoup plus souple et autonome, cette forme de participation ne cherche pas à entrer dans les débats chapeautés par les*

214. Joanne Jacobs, « Internet and Democracy » sur <http://www.abc.net.au/ola/citizen/interdemoc/democ.htm>.
215. Bruce Bimber, « The Internet and Political Communication in the 1996 Election Season » sur <http://www.sscf.ucsb.edu/~survey1/index.html>.
216. Dominique Cardon, *La Démocratie internet. Promesses et limites*, Paris, Seuil, 2010.

institutions, mais à organiser des zones d'expertise ou de discussion à côté des institutions, voire contre elles[217]. »

L'Internet est pour Dominique Cardon un « *instrument de lutte contre l'infantilisation des citoyens dans un régime qui est censé leur confier le pouvoir* », donc il est « l'avenir de la démocratie »[218], un moyen de sortir de l'impasse actuelle du cynisme et de la passivité citoyenne qualifiés par beaucoup de chercheurs comme une « crise de la démocratie représentative »

Saskia Sassen, de son côté, souligne le rôle de l'Internet dans la construction de ce qu'elle appelle « une société civile mondiale » : « *Des acteurs, des organisations et des causes tout à fait locaux constituent des maillons tout à fait essentiels de la société civile mondiale, telle qu'elle prend forme actuellement, et ce bien que son existence repose sur les réseaux électroniques globaux et les imaginaires qui leur sont associés* »[219].

Ces « réseaux globaux de militants locaux » sont des agencements spécialisés porteurs de nouveaux types de territorialité dans la société mondialisée. L'Internet joue un rôle primordial pour leur formation, on peut dire aussi que le réseau est la condition de leur existence.

Mais Saskia Sassen ne partage pas un optimisme naïf au sujet des TIC. Au contraire, son approche est sociologique et elle s'intéresse à l'encastrement et aux effets variés de ces technologies dans des ordres sociaux divers. Elle définit ainsi son programme analytique : « *Je vais examiner la question de l'encastrement en me concentrant sur trois questions analytiques pour la sociologie : les interactions complexes entre le numérique et le monde matériel ; les cultures intermédiaires qui organisent la relation entre ces technologies et les utilisateurs ; et la déstabilisation des hiérarchies d'échelle existantes* »[220].

Ma démarche coïncide avec la sienne en ce qui concerne la philosophie du rapport entre nouvelle technologie et société. Je me demande si l'Internet amplifie les phénomènes démocratiques, ou, au contraire, si c'est l'environnement démocratique établi qui amplifie l'usage de l'Internet à des fins démocratiques. Il existe un

217. *Ibidem*, p.84.
218. *Ibidem*, p. 100.
219. Saskia Sassen, « L'émergence d'une multiplication d'assemblages de territoire, d'autorités et de droits », sur <http://www.columbia.edu/~sjs2/PDFs/Copy%20of%20wievorka%20ch-1.pdf>.
220. Saskia Sassen, « Towards a Sociology of Information Technology », *Current Sociology,* mai 2002, vol. 50(3), pp. 365–388, SAGE Publications.

lien indéniable entre l'Internet et la démocratie. Reste à savoir laquelle des deux parties est la source active et laquelle est plutôt la variable dépendante.

L'Internet, danger pour la démocratie

Dans le texte du site gouvernemental français, les effets antidémocratiques de l'Internet sont ainsi décrits[221] :

- la « fracture numérique », car l'utilisation de l'Internet est encore réservée à une minorité de la population, au niveau des revenus et de la formation élevés ;

- l'Internet porte aussi atteinte à la protection de la vie privé. Ainsi les fameux cookies (véritables « mouchards ») livrent un certain nombre de renseignements, dans un but commercial, concernant l'internaute et ses habitudes ;

- l'Internet peut aussi être le support de diffusion de fausses informations ou diffamantes à l'égard d'un individu ;

- l'Internet peut être le support d'actions ou d'idées en contradiction avec les fondements de la démocratie (des sites racistes, xénophobes, homophobes y sont accessibles) ;

- du côté des entrepreneurs privés ou des autorités, il y a le risque d'une société de surveillance : dans certains pays, comme la Chine ou Singapour, les autorités bloquent l'accès à des sites jugés nuisibles.

La coïncidence entre le nombre relatif des usagers de l'Internet et le niveau global de développement économique n'est pas du tout étonnante. L'Internet repose sur une infrastructure matérielle coûteuse et sur un capital culturel important (certaines connaissances sont obligatoires pour s'en servir, notamment linguistiques). Mais plus pertinent semble être le lien entre les nombres relatifs des utilisateurs du réseau et le niveau de la démocratie. La carte n° 1 n'apporte pas de réponse évidente à cette question.

Les niveaux d'utilisation de l'Internet sont comparables en Russie, aux États-Unis, en Chine, en Europe centrale et orientale, comme au Canada. Le type de régime politique n'est pas nécessairement en lien direct avec le nombre relatif d'usagers de

221. Vie publique, *op. cit.*

l'Internet. Comme pour les technologies militaires, les démocraties ne diffèrent pas des autocraties en matière d'armements sophistiqués.

Carte n° 1 : nombres d'abonnés à l'Internet pour 1000 habitants[222]

Dans une discussion en ligne[223], l'un des auteurs du site explique : « *l'idée que l'Internet encourage la démocratie présume en effet que les gens qui ont accès à l'Internet vont utiliser ce moyen pour faire du bien. Mais ce n'est pas le cas* ». Dans la même discussion, les usages antidémocratiques de l'Internet sont décrits ainsi[224] :

- usage par des réseaux terroristes, par des hackers travaillant pour divers gouvernements ou groupes d'intérêt ;
- usage pour promouvoir des idées antidémocratiques (nazies par exemple) ;
- usage pour intimider des personnes à cause de leurs opinions exprimées ;
- colonisation de l'Internet par des corporations, telles les agences de presse puissantes (le plus souvent occidentales) ou bien des sites comme *Facebook* qui utilisent l'information des usagers pour mieux cibler la publicité ;
- la possibilité de certains gouvernements, le plus souvent autoritaires, de limiter le flux libre de l'information et de la

---

222. Source : <http://fr.wikipedia.org/wiki/Fichier:2009_internet_ratio_p1000.png>
223. IDEA, *op. cit.*
224. Mary Joyce (dir.), « Digital Activism Decoded: New Mechanics of Change », *International Debate Education Association*, New York, 2010.

contrôler : quelque 40 pays dans le monde censurent l'Internet par exemple ;

- l'Internet est utilisé aussi par des gouvernements autoritaires pour renforcer la répression contre les médias et traquer les dissidents ;
- enfin, la surveillance par les corporations pour des propos de marketing est aussi un usage problématique de l'Internet, car il n'est pas seulement question de publier librement sur le Web, mais aussi d'être vu et entendu.

Mon propos ici n'est pas de faire la liste des mauvaises utilisations possibles de l'Internet, mais d'identifier certains risques immanents de son usage « normal » et apparemment non contraire au potentiel démocratique du réseau. Je me contenterais de résumer ces risques en quatre points : a) l'effet du nombre ; b) l'anonymat ; c) la liberté du mensonge et d) le risque des élections par l'Internet.

Dans un texte de 1996, Klaus Offe explique que la politique en tant que choix collectif et cohésif est déjà remise en question. C'est dans une certaine mesure le phénomène de la modernisation dont on attend d'élargir considérablement les possibilités de choix, mais dans le même temps, en raison d'une sursaturation de ces choix possibles, elle vide de sens le choix même[225]. Il donne l'exemple du chauffeur dans une grande ville qui prend sa voiture pour sortir dans une direction de son choix, mais qui se retrouve complètement bloqué dans la rue, car tous les autres chauffeurs ont voulu faire la même chose au même moment. Des exemples quotidiens de 6 000 000 d'entrées dans un forum, de 2 000 pages sélectionnées par *Google* sur un sujet, de 600 amis dans *Facebook* sont des manifestations de cette sursaturation qui vide de sens des notions comme le forum, la sélection ou les amis. On ne peut pas être amis avec tout le monde, comme on ne peut pas filtrer des milliers de pages que les moteurs de recherche prétendent avoir sélectionnées. On est dans la pure illusion d'une position divine qui vous permet de vous placer au-dessus de ce monde, mais qui est en fait une perte de sens de l'échelle. Le résultat logique est une inefficacité totale dans le réseau, on y est sans pouvoir changer quoi que ce soit. Dans ce cas, les réflexions de Rousseau

225. Klaus Offe, *Les Démocraties modernes en épreuve*, textes réunis et présentés par Didier Le Saout & Yves Sintomer, Paris, L'Harmattan, 1997, p. 135.

au sujet de l'impossible démocratie dans les sociétés nombreuses semblent pertinentes. L'anonymat est un autre risque. Il ne s'agit pas de la démarche politique des *Anonymous* qui choisissent de parler et d'agir au nom d'une « communauté anonyme » tout en s'opposant au discours politique qui traite les citoyens individuels dans leur ensemble comme anonymes. Leur logo témoigne assez bien de leur démarche.

Figure n° 1 : logo Anonymous[226]

Il s'agit de l'anonymat dans les forums et en général dans les sites de débats publics. L'anonymat est en effet le contraire d'une action individuelle en public sur un forum : il fallait s'y rendre en personne pour parler devant les autres. On était bien visible et identifiable : tout le monde savait qui parle. L'anonymat est compréhensible dans les dictatures, afin d'éviter la persécution de ceux qui critiquent le gouvernement. Mais dans un environnement démocratique, l'anonymat crée l'illusion d'une plus grande liberté de parole, car on est persuadé de pouvoir dire ce qu'on ne dira jamais si on est identifié.

Ici on voit l'effet d'une transparence totale, qui supprime la frontière entre le privé (voire l'intime) et le public en construisant « une vie sans secret ». Mais ce phénomène ne remet-il pas en cause les fondements de la société elle-même, où cette séparation permet les relations entre les individus ? Paradoxalement, l'anonymat agissant avec le grand nombre crée les conditions parfaites d'une tyrannie de la majorité dans les termes de Tocqueville.

226. Source : <https://whyweprotest.net/>.

La liberté de rendre public un mensonge est un autre risque immanent de l'Internet. La fameuse idée de Goebbels qu'un mensonge répété mille fois devient une vérité n'est plus anecdotique. Surtout quand les gouvernements mêmes des pays démocratiques utilisent le réseau pour conditionner l'opinion publique en leur faveur. Les cas de ces usages de l'Internet après les attentats du 11 septembre 2001 et la catastrophe de Fukushima en 2011 sont parlants. L'Internet offre des capacités énormes de « gouverner par la peur » tout en « serrant les rangs », même dans des pays démocratiques. Car les critiques sont vite submergées dans un flux gigantesque de manipulations.

Enfin, le vote par l'Internet pose aussi des problèmes au fonctionnement de la démocratie. Il faut évidemment distinguer le vote électronique sur un terminal du vote par l'Internet. Les promoteurs de l'élection par l'Internet expliquent que cela permettra surtout aux jeunes de s'intéresser davantage à la vie de la cité et de voter, alors même que dans toutes les démocraties contemporaines, actuellement, l'abstention est très élevée, notamment chez les jeunes. Mais d'un autre côté, le vote par l'Internet risque de transformer l'élection politique en un acte d'achat sur l'Internet avec un banal clic. Est-ce qu'on choisit son représentant comme on choisit une marchandise ? Je n'entrerais pas ici dans l'argumentaire de la théorie du choix rationnel, mais je pense qu'il y a ici un véritable problème. Car le vote est un acte citoyen sur le forum politique.

L'Internet possède un énorme potentiel démocratique, mais il est aussi un moyen qui peut être dangereux pour la démocratie. En 1968, une affiche célèbre montrait une petite bouteille où on pouvait lire sur l'étiquette : « Presse : ne pas avaler ». En 2012, on peut produire une réplique de cette affiche en mettant sur l'étiquette : « Internet : à consommer avec modération ». Il est évident de plus en plus que les usages de l'Internet seront un champ de batailles politiques acharnées et pour faire de ces TIC un moyen de la démocratie, il faudra bien l'imposer.

Antony Todorov

Chapitre 8

Mouvement écologiste en Bulgarie : *off* et *online*

« Je ne rêve même pas : j'ai des divergences idéologiques profondes avec mon Père et nous protestons ensemble ». Voici une citation de *Facebook* publiée en juin 2012 par un jeune Bulgare lors des mobilisations vertes massives contre les textes nouvellement votés modifiant les lois sur les forêts[227]. Deux générations, deux époques, une même cause : la nature bulgare. « La relation des Bulgares avec la forêt et les montagnes est proche et magique », dit le manifeste virtuel des Indignés verts bulgares[228].

L'objectif de ce chapitre est d'étudier comment l'engagement citoyen évolue depuis les dernières années en Bulgarie, à partir de l'exemple des mobilisations citoyennes vertes. Les causes écologistes ont provoqué des protestations et des initiatives parmi les plus importantes dernièrement[229]. De plus, l'exemple de la protestation écologiste montre aussi d'une manière

---

227. Ce chapitre a été réalisé dans le cadre du projet « e-Citoyenneté », concours « Idées » du ministère bulgare de l'Éducation, de la Recherche et de la Jeunesse.
228. Cf. <http://www.saprotiva.com/dobro-utro/>.
229. Les mobilisations contre le gaz de schiste des années 2011/2012 et contre les changements de la loi des forêts sont parmi les plus nombreuses et significatives. Un autre exemple est celui des manifestations contre ACTA qui ne font pas l'objet de cette analyse.

significative le rôle croissant des nouvelles technologies comme moyens de mobilisation.

Le mouvement écologiste bulgare possède déjà une longue histoire. Né sous le régime communiste, fortement influencé par le processus de transition démocratique dont il est issu d'une certaine manière, il « reflète la logique complexe de la transformation de la société bulgare »[230]. Deux dichotomies sont au centre de ce chapitre. D'abord l'opposition communiste/postcommuniste et, sur un second plan, l'opposition transition démocratique/transition numérique. Le chapitre est divisé en deux parties : l'époque *offline* et l'époque *online.*

Le mouvement vert bulgare à l'époque *offline*

Cette première période de l'évolution du mouvement écologiste pourrait être décrite par la transition démocratique. Ce qui est important est le processus de transformation des citoyens communistes en citoyens postcommunistes. Pour Anna Krasteva : « *l'individu communiste était engagé, mais pas citoyen. Le centre de ses activités était extériorisé, dans l'Organisation des pionniers, le Komsomol, le Parti... L'individu postcommuniste a su intérioriser le centre de ses activités. Il a réussi cela à tel point qu'il s'est transformé en individualiste* »[231].

Les dissidents verts

À la fin des années 1980, la Bulgarie est encore sous régime communiste. Pendant plusieurs années, la ville de Roussé, le plus grand port bulgare sur le Danube, est polluée par une usine roumaine située sur la rive opposée. La population utilise d'abord des modes d'action « traditionnels », dans la logique totalitaire, comme l'envoi de lettres et de pétitions au bureau régional du Parti communiste bulgare, mais les autorités restent sans réaction[232]. En octobre 1987, la situation empire. Un comité de six

230. Radosveta Krastanova, *The green Movement and the Green Parties in Bulgaria: Between Systeme integration and Systeme Change*, Sofia, Friedrich Ebert Foundation Office Bulgaria, 2012, p. 2.
231. Anna Krasteva, sur <http://annakrasteva.wordpress.com/2012/02/10/du-citoyen-postcommuniste-au-citoyen-connecte/>.
232. Béranger Dominici, sur <http://balkans.courriers.info/article17064.html>.

femmes dirigé par Tsonka Bokourova organise une manifestation : les femmes sortent dans les rues avec des poussettes, un acte d'ordre symbolique qui provoque l'opinion publique. Plusieurs manifestations s'ensuivent. Béranger Dominici nous rappelle qu'« *à l'époque où la Bulgarie connaissait encore un régime totalitaire, parasitant toute tentative de constitution d'une société civile active, l'organisation d'une manifestation en dehors des cadres définis par le Parti était tout simplement impensable* »[233]. L'impossible est devenu possible. Des citoyens sortent dans les rues non pas dans le cadre d'une manifestation organisée par le régime, mais en réaction contre ce même régime. Les revendications lors des manifestations à Roussé sont de deux ordres : moral d'un côté, relatif à la protection de la santé et à l'avenir des enfants, politique de l'autre, par rapport au changement du système totalitaire[234].

« Respire ! », le film documentaire de Youri Žirov consacré aux événements de Roussé, est présenté lors d'une séance interdite par l'État dans un salon de cinéma à Sofia. Plusieurs personnalités connues, qui font partie de l'intelligentzia bulgare, dont le peintre Svetlin Roussev, l'écrivain Gueorgui Mishev ou la gymnaste Nechka Robeva, y sont présents. De cette manière, un problème local devient une question nationale sans négliger les explications internationales. La production de l'usine roumaine est en effet destinée à l'URSS et les réactions des leaders bulgares suivent les ordres de Moscou. Lors de cette rencontre est lancé le Comité pour la protection civile de Roussé. Quelque temps plus tard est formé aussi *Ecoglasnost*, un des mouvements symboles des changements démocratiques. *Ecoglasnost* regroupe des personnes connues de l'intelligentsia, une partie d'entre eux ayant été formée à l'Ouest, avec un autre regard sur les processus et les mouvements sociaux de l'autre côté du Rideau de fer[235]. Le mouvement organise une grande manifestation à Sofia le 3 novembre 1989. D'après différentes sources, plus de 10 000 personnes sortent dans les rues en scandant

233. *Idem.*
234. Radosveta Krastanova, *op. cit.,* p. 4.
235. *Ibid.,* p. 7.

« Démocratie ! »[236]. En effet, juste une semaine plus tard, la fin du régime de Jivkov est annoncée.

Les revendications de ces premières mobilisations écologistes s'inscrivent dans un large contexte qui a pour point de départ les droits fondamentaux de l'Homme[237]. La réappropriation citoyenne de la politique est une des caractéristiques clés de ce mouvement. D'une certaine manière, les mobilisations écologistes de la fin des années 1980 en Bulgarie peuvent être comparées avec de nouveaux mouvements en l'Europe de l'Ouest. Pourtant, le contexte même de l'État totalitaire les inscrit plutôt dans la compréhension de la naissance de la société civile alors que l'influence de l'État sur le politique est très forte[238].

Malgré le rôle important de ces premières organisations écologistes, elles ne deviennent pas des structures stables sur la scène politique bulgare après les changements démocratiques de 1989. En effet, la structure même du système politique post-totalitaire basé sur la division entre anticommunistes et ex-communistes ne permet pas un réel positionnement de l'idée environnementaliste et des partis verts[239] : « *l'idée "verte" reste principalement dans la sphère civique et beaucoup moins dans la politique conventionnelle* »[240].

L'ONG *comme découverte postcommuniste*

« Les ONG sont une "traduction" postcommuniste de la société civile », écrit Anna Krasteva[241]. Dans les années 1990, plusieurs organisations non gouvernementales se spécialisent sur les thématiques écologistes. Cette première phase d'évolution des organisations vertes est caractérisée par le fait qu'elles regroupent surtout des experts, des universitaires, des chercheurs. Une

236. Dimitrina Petrova, « Bulgaria », in Detlef Pollack & Jan Wielgohs (dir.), *Dissent And Opposition In Communist Eastern Europe: Origins Of Civil Society and Democratic Transition*, Londres, Ashgate, 2004, p. 171.

237. Radosveta Krastanova, « Écologie et contestation : la nouvelle vague verte en Bulgarie », in Anna Krasteva & Antony Todorov (dir.), *Engagement citoyen*, Sofia, Nouvelle Université Bulgare, 2009, p. 189.

238. Radosveta Krastanova, *op. cit.*, 2012, p. 9.

239. *Ibid.*, p. 10.

240. *Idem.*

241. Anna Krasteva, « De l'individu postcommuniste au citoyen », in Anna Krasteva & Antony Todorov (dir.), *op. cit.*, p. 37.

nouvelle génération d'écologistes est formée. Leur cause principale est la sensibilisation de la société bulgare par rapport aux valeurs vertes. Dans le même temps, ils ont accumulé une expertise considérable sur le sujet.

Les organisations écologistes de cette deuxième période ont contribué de manière significative à l'ensemble du processus de démocratisation et d'européanisation de l'État[242] et il est intéressant de noter que ces organisations qui militent pour des valeurs traditionnellement vertes s'intéressent aussi à des thématiques comme « *à l'extérieur, la libéralisation des marchés à l'échelle mondiale et l'élargissement de l'Union européenne, à l'intérieur, les problèmes très importants liés au fonctionnement du système judiciaire [...], la corruption pratiquée à tous les niveaux du pouvoir et dans tous les domaines de la vie, l'arrogance des nouveaux riches [...], l'absence d'une société civile forte et consciente de son rôle et de ses droits* »[243].

Parmi les points forts de ces organisations, on peut noter le développement d'une capacité à communiquer avec les institutions étatiques dans le processus de formation des politiques publiques. Elles se sont ouvertes vers l'Europe et ses institutions comme vers les grandes organisations internationales dont plusieurs représentations sont installées en Bulgarie. Malgré cela, Radosveta Krastanova relève des points négatifs. En premier lieu, le mouvement vert représenté par ces ONG tombe facilement sous la tutelle de l'État et d'intérêts corporatifs[244]. Anna Krasteva évoque deux effets : d'un côté, une institutionnalisation de la participation, d'un autre, une professionnalisation. « *Paradoxalement, avec l'objectif de stimuler la société civile, on a soutenu plus les structures que les activités, plus les organisations que les citoyens*[245]. »

Cette période *offline* des mouvements verts correspond au processus de transition démocratique de la société bulgare. Les buts sont clairs : la construction d'une démocratie consolidée et d'une économie de marché. Les résultats sont moins positifs : installation d'une société de consommation et de nouveaux riches arrogants, désengagement des citoyens. « *Dans le débat postcommuniste, la société civile était vue comme une condition* sine qua non

242. Radosveta Krastanova, *op. cit.,* 2012, p. 14.

243. Radosveta Krastanova, *op. cit.,* 2009, p. 187.

244. Radosveta Krastanova, *op. cit.,* 2012, p. 16.

245. Anna Krasteva, sur <http://annakrasteva.wordpress.com/2012/02/10/du-citoyen-postcommuniste-au-citoyen-connecte/>.

de la démocratie », nous rappelle Antony Todorov[246]. Si les dissidents verts ont été inspirés par l'idée d'une organisation horizontale et par une réappropriation citoyenne de la politique, les écologistes professionnels ont préféré le confortable cadre d'une organisation non conformiste et non gouvernementale. Après l'euphorie des premières années démocratiques, les citoyens sont moins engagés et assez apathiques. Les explications de ce désengagement sont d'ordres différents : professionnalisation de l'engagement, construction d'un régime démocratique stable et consolidé, tendance régionale ou globale.

Au niveau de l'opinion publique, par rapport aux causes et organisations écologistes, en 1992, quelques années après les changements démocratiques, une enquête nationale représentative montre que plus de la moitié des répondants confirment que les mouvements verts ont un rôle important pour résoudre les problèmes écologiques dans le pays, comme le rappellent Rumania Stoilova et Franzisca Bieri en se basant sur Nikolai Genov[247]. Dix ans plus tard, l'opinion publique est beaucoup plus polarisée. Pourquoi ? Souvent les intérêts d'écologistes sont confrontés aux propriétaires, aux concessionnaires, aux communautés locales qui voient dans la construction une chance pour la croissance économique.

Le Mouvement vert bulgare à l'époque *online*

« *Tout a commencé quand une jeune fille et un garçon ont lu sur Internet qu'il y avait un projet de construction de cinq complexes touristiques à Irakli* »[248] ; le golfe d'Irakli est, pour des générations de Bulgares, un endroit privilégié pour faire du camping en pleine nature et d'une certaine manière est symbole de la liberté de l'esprit[249]. Cette

246. Antony Todorov « Y a-t-il démocratie sans participation ? », in Anna Krasteveva & Antony Todorov (dir.), *op. cit.*, 2009, p. 24.

247. Nikolai Genov, *Sustainable Development and Environmental Risks*, Sofia, Sofia University Publishing House, 1993, pp. 28-29, cité dans Rumania Stoilova & Franzisca Bieri, « Nature Protection: the Stratified Public View », *Sociological problems*, n° 3-4, 2010, Sofia, Académie des sciences bulgare, p. 227.

248. Yordanka Dineva citée par Radosveta Krastanova, *op. cit.*, 2009, p. 189.

249. Radosveta Krastanova, *op. cit.*, 2009, p. 189.

côte romantique est aujourd'hui l'emblème d'un nouveau mouvement écologiste, d'une nouvelle génération verte.

Divers groupes informels, organisations ou individus se rassemblent contre les constructions à Irakli et ont commencé une grande campagne. Pour Mila Lyutskanova, « *dans la campagne se réunissent des groupes et des individus jusqu'alors inconnus, chacun avec sa profession, mais qui d'une façon ou d'une autre s'intéressent à la protection de la nature* »[250]. Les diverses campagnes et initiatives citoyennes pour la protection d'Irakli ont conduit à la création de « Pour qu'il reste de la nature en Bulgarie », une coalition qui réunit aujourd'hui plus de 30 organisations écologistes.

Cette campagne est un évènement clé du développement de l'idée verte au moins pour deux raisons. En premier lieu, elle permet à différentes organisations écologistes de se rencontrer et de s'unir. Dans les coalitions nouvellement créées se réunissent des experts, des chercheurs et des activistes de structures différentes. De plus, une nouvelle génération écologiste est née, elle-même produit du processus de transition démocratique. Elle propose aussi une contestation du consensus néolibéral qui domine la scène politique bulgare depuis la chute du régime communiste. « *Le capitalisme postcommuniste non respectueux des personnes l'est encore moins par rapport à la nature. Si les sans-abri, les exclus, les marginalisés n'ont pas pu attirer la solidarité et l'énergie des jeunes, les oiseaux, les plages, les forêts menacés par un milieu d'affaires irresponsable les ont indignés et mobilisés. Les conflits écologiques s'avèrent prometteurs à deux égards : face à un État souvent complice des milieux économiques non respectueux de la nature, ils créent de véritables contre-pouvoirs : ils sont presque les seuls qui arrivent à capter l'attention des jeunes, majoritairement apolitiques, à les mobiliser, à les enthousiasmer*[251]. »

Cette affaire d'Irakli a donné naissance au premier site web écologiste[252] (toujours actif en juin 2012 et qui informe sur d'autres causes écologistes). Des Bulgares qui vivent au Canada ont également lancé une section de discussion sur le site de la communauté bulgare à Ottawa[253]. Pas la suite, plusieurs sites

250. Mila Lyutskanova in Ivaylo Dichev & Orlin Spassov (dir.), *New Media and New Mobilizations*, Sofia, Open Society Institute, 2011, p. 90.
251. Anna Krasteva, *op. cit.,* 2009, p. 41.
252. Cf. <www.daspasimirakli.com>.
253. Cf. <www.bg-ottawa.ncf.ca> & Svetoslav Spassov sur <http://www.tema news.com/index.php?p=tema&iid=21&aid=450>, 2010.

spécialisés ont été mis en ligne et des pétitions *online* regroupent parfois plusieurs milliers de signataires[254].

La campagne pour la protection d'Irakli a montré la force des nouveaux modes de communication et comment ces derniers peuvent faciliter les organisations et initiatives citoyennes. Une cause locale, d'une région spécifique, peut ainsi mobiliser des habitants de différentes parties du pays et même en dehors des frontières de l'État. Si, dans le cas de Roussé, une cause locale a provoqué une réaction nationale dans le cadre d'une société fermée, dans le cas d'Irakli, une cause locale a provoqué une réaction transfrontalière dans une société ouverte. Orlin Spassov nous rappelle qu'« *aujourd'hui, il est généralement admis qu'Irakli est un tournant non seulement pour le mouvement environnemental, mais aussi pour la société civile en Bulgarie qui, pour la première fois, réussit à montrer son potentiel* »[255].

Fêtes musicales, manifestations en pyjama, pétitions, des modes traditionnels ou alternatifs d'action ont marqué les années suivantes, pour différentes causes, Irakli, Natura 2000, Strandja... Peu à peu les mobilisations vertes horizontales et les campagnes pour la protection de l'environnement se sont intensifiées.

Flash mobilisation via nouveau média

Pour Petar Kanev, chercheur et activiste, « il me semble que l'Internet sera le nouvel espace de résistance civique... »[256]. En 2007, dans un carrefour très fréquenté du centre-ville de Sofia, un groupe d'adolescents bloque le trafic spontanément en scandant contre la révocation du statut de parc naturel de la montagne de Strandja. Voici l'un des premiers *flash mobs*, un symbole des mouvements environnementaux en Bulgarie dans les dernières années. Comment les protagonistes en sont-ils arrivés là ? Le matin même de ce 29 juin, les institutions annoncent que le statut de Stranja comme parc naturel est annulé. Dans les heures qui suivent, des centaines et des centaines de SMS et d'e-mails sont envoyés. Les tchats sont bloqués, la blogosphère et les forums

254. *Idem.*
255. Orlin Spassov in Ivaylo Dichev & Orlin Spassov (dir.), *op. cit.,* 2011, p. 308.
256. Petar Kanev in Petar Kanev & Radosveta Krastanova (dir.), *A Place for the Future. Year One,* Sofia, Sofia Civic Association « Shtastlivetza », 2009 p. 25.

annoncent une mobilisation spontanée. Un site spécialisé[257] est créé dans les heures qui suivent l'annonce du Gouvernement[258]. Des manifestations sont organisées quelques heures seulement après l'annonce de la décision d'annulation du statut de parc grâce à la communication rapide que fournissent les technologies modernes. La forme de la manifestation n'est pas précisée à l'avance. Le rendez-vous est donné à « Popa », un lieu emblématique pour les jeunes de Sofia, et l'idée de bloquer un carrefour naît spontanément.

Voilà ce qu'écrit un des participants à ce *flash mob* dans son blog : « *voici quelques minutes s'est terminée la protestation improvisée à Sofia (au sujet de laquelle j'ai écrit plus tôt aujourd'hui) pour la défense de Strandja. J'ai participé à cette manifestation improvisée et je suis toujours excité maintenant quand j'écris ces lignes. Excité, non pas parce que quelque chose d'inhabituel s'est passé lors de la manifestation, mais parce que j'ai vu peut-être les premiers rudiments de la société civile en Bulgarie. Non, pas une société civile, mais une conscience civique. Nous nous rendons compte que personne ne peut nous protéger. Il n'y a personne pour protéger notre nature, ici en Bulgarie. Des gens se sont rassemblés pour ces raisons. Pour essayer de faire quelque chose. Peut-être pas le plus sagement. Mais spontanément. Sans organisateur. Sans plan. Sans dirigeant. Sans but politique égoïste. Juste comme ça. Pour eux-mêmes. Et pour nous tous qui vivons (encore) ici* »[259].

Plusieurs actions ont lieu ensuite à Sofia et dans d'autres villes bulgares. Durant ces protestations, plusieurs personnes sont arrêtées. Par la suite, des blogueurs ont été convoqués par la police et ont été avertis qu'ils n'ont pas le droit de partager des informations au sujet de manifestations contre l'ordre public. Paradoxalement, le département de police qui s'occupe de cette initiative spontanée et horizontale est le même que celui qui s'occupe du crime organisé !

Nouvelle génération, nouvelles technologies. Évidemment, nouveaux modes de mobilisation : « *les modes de mobilisation et les formes d'action sont marqués par le développement des nouvelles technologies. Parfois menées au pied levé, sans organisation préalable, les manifestations de protestation doivent leur importance numérique à l'usage massif des blogs,*

257. Cf. <www.savestrandja.ludost.net>.
258. Actuellement le site continue de diffuser des informations sur différentes causes écologistes.
259. Cf. <http://www.optimiced.com/bg/2007/06/30/>.

mails, téléphones portables »[260]. La pétition *online* pour Strandja réunit plus de 12 000 signataires[261].

Les technologies, en elles-mêmes, mobilisent-elles les jeunes ? Mila Lyutskanova, elle-même activiste, donne une réponse à cette question dans la logique de Robert Putnam[262] : « *l'engagement de la majorité des jeunes Bulgares en particulier pour les problèmes environnementaux ont des prémisses antérieurs à la prolifération des réseaux sociaux. Les transgressions lors du changement des régimes politiques, les crises économiques et sociales, l'utopie des "valeurs européennes" ont de nombreuses conséquences, dont l'une est précisément l'accent sur la destruction de l'environnement qui est perçu comme le seul symbole de pureté* »[263].

Il faut donc se demander quel rôle ont les nouvelles technologies. Elles proposent un espace alternatif qui, parmi d'autres, donne la possibilité à des personnes qui ne se connaissent pas de se réunir et d'agir d'une manière immédiate[264]. L'Internet et les réseaux sociaux diminuent à la fois le temps et le coût d'organisation. Si auparavant la présence à une manifestation était la seule manière de montrer son soutien, aujourd'hui il suffit de signer une pétition *online* ou de cliquer sur une cause *Facebook*[265]. Todor Hristov met l'accent aussi sur le fait que cette nouvelle alternative permet de se sentir inclus dans les mouvements sociaux, de se différencier de la masse inactive sans changer ses agendas personnels[266].

L'idée verte est aujourd'hui comprise beaucoup plus largement. L'écologie est intégrée à un mode de vie, un *life style* : manger bio, s'habiller bio, vivre bio. Cette « idéologie » est partagée surtout par une « classe » de jeunes, bien éduqués, responsables, qui cultivent une position citoyenne active.

---

260. Cf. Béranger Dominici, sur <http://balkans.courriers.info/article17064.html>, 2011.
261. Cf. Svetoslav Spassov, sur <http://www.temanews.com/index.php?p=tema&iid=21&aid=450>, 2010.
262. Thomas H. Sander & Robert D. Putnam, « Still Bowling Alone? The Post-9/11 Split », *Journal of Democracy*, Vol. 21, n° 1, janvier 2010, pp. 9-16, cité par Mila Lyutzkanova, in Ivaylo Dichev & Orlin Spassov (dir.), *op. cit.*, p. 91.
263. Cf. Mila Lyutskanova, in Ivaylo Dichev & Orlin Spassov (dir.), *op. cit.*, p. 91.
264. Petar Kanev, in Petar Kanev & Radosveta Krastanova (dir.), *op. cit.*, p. 25.
265. Todor Hristov, in Ivaylo Dichev & Orlin Spassov (dir.), *op. cit.*, p. 188.
266. *Ibidem*, p. 189.

Bg-mamma *ou quand les mères se réunissent*

Bg-mamma est le nom d'un forum internet qui regroupe des mères et des femmes enceintes (cf. *supra*, chapitre 6). L'idée principale de ce forum était de donner la possibilité de partager des expériences quotidiennes et des conseils pratiques. Aujourd'hui *Bg-mamma* a un statut d'« institution » et un rôle important dans la formation de l'opinion publique en Bulgarie.

Début 2010, une enquête auprès des mères est réalisée sur la libéralisation du marché bulgare des OGM par le gouvernement. Une discussion très active commence dans un des « thèmes » de *Bg-mamma*. D'après Todor Hristov, plus de 700 messages sont déposés dans une période d'un mois[267] : « *la participation devient même plus active avec les protestations : le "thème 2" comprend 1 183 messages pour un période de 24 jours, le "thème 3", 1 183 messages pour une période de 25 jours, le "thème 4", 2 437 messages pour une période de 10 jours* »[268].

Des *mailing-lists*, des blogs et des pétitions *online* sont lancés. « La Bulgarie – zone libre pour les OGM » s'installe comme initiative dans le virtuel et en quelques mois se transforme en une campagne médiatique qui implique des organisations professionnelles, des organisations environnementales, des associations civiques et des partis politiques. Todor Hristov écrit que plus de 32 organisations de profils assez différents sont impliquées[269]. Des milliers de personnes se réunissent virtuellement autour d'une cause écologiste. Les organisations environnementales, notamment la coalition « Pour qu'il reste de la nature en Bulgarie », publient des revendications. Leur participation est très importante pour la légitimation de la campagne. Si l'initiative était restée seulement sous la forme de discussion dans le Web, les chances d'attirer l'intérêt des médias traditionnels et donc d'influencer les processus de prise de décisions auraient été relativement faibles[270].

---

267. *Ibidem*, p. 192.
268. *Idem*. Le forum de discussion est divisé en « thèmes » différents qui sont « fermés » après un certain nombre des pages/messages publiés. Les thèmes sont donc « contre le gaz de schiste » 1, 2 et 3 [NdÉ].
269. Todor Hristov, in Ivaylo Dichev & Orlin Spassov (dir.), *op. cit.*, p. 200.
270. *Idem*.

Ainsi les médias traditionnels ont été mobilisés. Une journaliste membre de *Bg-mamma*, publie dans le journal où elle travaille plus de 40 articles liés aux OGM dans une période de quelques mois[271]. Pour Todor Hristov, « ce sont exactement les nouvelles qui transforment une protestation en un évènement »[272]. La médiatisation était donc indispensable pour la réussite de la mobilisation. Cet exemple particulier montre comment les nouvelles technologies et l'Internet donnent aux citoyens la possibilité d'être proactifs, de s'organiser, de réagir. Les réseaux virtuels informels permettent de partager rapidement et facilement des causes, de trouver et de connecter des personnes qui les partagent ou encore de transformer une cause personnelle en une cause collective. Pour Nadelina Aneva, « *une nouvelle organisation des manifestations émerge, avec des leaders informels, mais qui sont plus puissants que les dirigeants des communautés formelles* »[273]. Il est important de noter qu'effectivement ces leaders informels ont la capacité de transformer une cause en un événement médiatique et de formuler des revendications.

Il est également important de conserver de manière stable le lien entre la soutenance virtuelle et la participation réelle[274]. Todor Hristov écrit que pour les protestations contre les OGM, il existe 10 groupes *Facebook*, deux pétitions virtuelles qui réunissent un total de 70 598 signataires, mais, dans le même temps, les événements réels ne réunissent qu'entre 200 et 400 personnes[275].

La participation elle-même semble donc ainsi en transformation. Le cas de la campagne contre les OGM montre que les personnes sont beaucoup plus actives dans le virtuel, beaucoup plus quand il s'agit de réagir en tant que consommateurs. En parallèle, la participation citoyenne se transforme en clics, en partage d'images, en discussions virtuelles.

Les Indignés à la bulgare

En juillet 2011, le gouvernement bulgare a approuvé un contrat avec une société américaine et lui a accordé un permis de

271. Rumania Stoilova & Franzisca Bieri, *op. cit.*, p. 228.
272. Todor Hristov, in Ivaylo Dichev & Orlin Spassov (dir.), *op. cit.*, p. 206.
273. Nadelina Aneva, in Ivaylo Dichev & Orlin Spassov (dir.), *op. cit.*, p. 215.
274. Todor Hristov, in Ivaylo Dichev & Orlin Spassov (dir.), *op. cit.*, p. 229.
275. *Ibidem*, p. 188.

5 ans pour l'exploration et la production de gaz de schiste par la technique de la fracture hydraulique.

Presque immédiatement sont apparus des pages et des groupes *Facebook*, des discussions *online* dans lesquelles des internautes partagent leurs positions contre l'exploitation et surtout contre la méthode de *fraking*. Le but principal est d'imposer un moratoire sur la production et surtout sur la méthode de la fracture hydraulique.

Au début, la mobilisation était surtout virtuelle. Plusieurs sites spécialisés ont été lancés[276]. Différentes plateformes des organisations et coalitions comme « Pour qu'il reste de la nature en Bulgarie » se sont mobilisées. Les participants de *Bg-mamma* ont de nouveau été très actifs. Plusieurs groupes, pas forcément écologistes, se sont lancés également. Un exemple : le groupe *Facebook* « Bulgarie solidaire » se considère comme une alternative à la gauche bulgare et qui s'implique dans l'organisation de mobilisations contre le gaz de schiste. Très rapidement, après les premières réactions virtuelles, quelques manifestations réelles ont été organisées, au début sans succès remarquable.

Ensuite, la distribution de vidéos et de films, comme « Gazland » qui montre des images horribles, a eu un rôle très important pour transformer cette cause en mouvement de masse. La distribution de ces images a été un des moyens de légitimer la cause. Peu à peu, l'exploitation des gaz de schiste, un thème qui nécessite d'importantes connaissances et une expertise, est devenue un sujet à l'ordre du jour grâce et via les nouvelles technologies et les réseaux sociaux. Une pétition avec 52 000 signatures a été déposée au parlement.

La plus grande mobilisation réelle a eu lieu le 14 janvier 2012 dans 11 villes bulgares. L'événement *Facebook* a compté 46 000 participants, les manifestations réelles plus de 1 000 à Sofia, 1 000 à Varna et dans d'autres villes d'après les données officielles, beaucoup plus d'après les organisateurs. Malgré cette grande différence entre le virtuel et le réel, il est possible de considérer que cette mobilisation est une des plus importantes de ces dernières années. Elle a aussi eu un caractère transfrontalier, car les communautés bulgares ont également organisé des manifestations dans trois capitales européennes

276. Cf. <http://shalegas-bg.eu/> & <http://www.zonabg.com/bg/>.

(Londres, Paris, Copenhague), ce qui a été rendu possible par les nouvelles technologies.

Rares sont les causes qui peuvent mobiliser les Bulgares de cette manière. Un bref rappel : la Bulgarie, membre de l'Union européenne depuis 2007, reste le pays le plus pauvre dans ce club de riches. Ni les bas revenus, ni d'autres causes sociales n'ont provoqué un tel intérêt et de telles réactions. L'année 2011 est l'année des protestations. De l'Afrique de Nord à Moscou, de la *Puerta del Sol* à *Wallstreet.* Les Indignés sont devenu un symbole d'une nouvelle jeunesse, des 99 % qui ne dominent pas le système et qui n'ont que la rue pour scène d'action, et le virtuel. Ivan Krastev les appelle la génération « e »[277]. « E », comme « exit », « e » comme « enter ». « *Une génération qui n'est pas née d'une révolution dans le politique, mais dans les technologies*[278] », *digital natives.* Une génération qui pense en image et en statut. Une génération prête à réagir. Mais l'engagement citoyen peut-il ne se traduire qu'en réaction ? L'engagement citoyen n'est-il pas en premier lieu une action continue et permanente ?

Pour les Bulgares la protestation contre le système a la couleur verte. L'été 2012 commence pour les jeunes Bulgares non pas sur les plages, mais sur un carrefour de Sofia, « Le pont aux lions », endroit symbole des manifestations contre la loi sur les forêts. L'endroit était symbolique aussi pour les grands meetings des années 1990, mais, paradoxalement, peu de participants aux mobilisations de 2012 se rappellent l'euphorie de la naissance de la démocratie.

Les revendications sont simples : la loi est lobbyiste, les manifestants réclament des textes en faveur de la nature et non pas pour le secteur des affaires, un secteur accusé de corruption.

« *Bonjour ! Une génération s'est réveillée mécontente de la vie civique. Gênants, nous ne pensons pas avec l'écran de la télévision. L'Internet nous fournit un contenu infiniment plus utile, nos reporters sont des milliers et transmettent continuellement les informations. Votre désir de voir les "organisateurs" nous fait rire [...]. Votre plus grand cauchemar est devenu réalité : la majorité est capable de s'auto-organiser. Spontanément, rapidement, efficacement. Sans possibilité de neutralisation*[279]. »

---

277. Cf. <http://www.librev.com/index.php/--/1353--e->, 2011.
278. *Ibidem.*
279. Cf. <http://www.saprotiva.com/dobro-utro/>.

Cette petite citation résume plusieurs tendances. Les protestations n'ont pas d'organisateurs. Dans *Facebook* ou *Twitter*, le leadership formel n'est ni à la mode ni possible, la prise de décisions est décentralisée. Lors des manifestations, un journaliste est blessé. Ses collègues cherchent une explication auprès des membres d'organisations écologistes. La réponse : nous ne sommes pas responsables, les manifestants se sont organisés par eux-mêmes. Première tendance, donc : une organisation horizontale, sans leader, sans responsable.

Nul besoin de médiatisation : les médias traditionnels sont considérés comme des ennemis parmi les principaux. Lors des manifestations, les personnes transmettent des informations via les téléphones mobiles, en direct. Aucune chance donc pour une manipulation médiatique. Le contrôle sur la distribution d'informations n'est plus entre les mains des institutions. Les provocations journalistiques ont en particulier provoqué une tempête de réactions au sein des réseaux sociaux.

Quelles causes ? Bien évidemment, les manifestations étaient orientées contre la loi sur les forêts et contre des changements considérés comme induits par des lobbys. Mais derrière cela se cache aussi une déception vis-à-vis d'élites corrompus, de partis politiques incapables de réagir, de médias prêts à suivre des intérêts corporatifs.

Les manifestants, dans les rues ont été appelés « enfants de la transition »[280], des apolitiques en général, mais qui prennent position. Pour Ivo Hristov, journaliste, blogueur, activiste, fondateur de « Bulgarie solidaire »[281] : « *je suis convaincu d'un regard que je connais presque tous les mécontents. La plupart sont des jeunes de moins de 30 ans. Moins nombreux sont les anticonformistes autour de 45 ans. Presque pas des adultes. […] Je vois des militants verts de groupes irréconciliables, des blogueurs de gauche et de droite, quelques journalistes qui ne participent pas aux médias corporatifs. Bref, la somme de tout ce qui bouge dans la fascinante société bulgare. Beaucoup d'entre eux étaient présents aussi lors des protestations contre le gaz de schiste dans les derniers mois* »[282].

Ce ne sont ni les idéologies, ni la politique traditionnelle qui intéressent les jeunes. Les partis traditionnels ont perdu leur

---

280. Cf. <http://www.trud.bg/Article.asp?ArticleId=1424626>.
281. Cf. <http://solidbul.eu/>.
282. Cf. <http://solidbul.eu/?p=204>.

influence et leur capacité de mobiliser. C'est le parti *Facebook* qui mobilise désormais[283].

Ivaylo Dichev nous rappelle que l'Internet lui-même ne peut pas donner naissance à des mouvements sociaux, mais qu'il peut d'une manière significative accélérer leur influence[284]. Aujourd'hui l'engagement social peut s'exprimer en clics. Anna Krasteva parle de l'émergence d'une « démocratie du clic »[285]. Ivo Hristov nous montre qu'Indignés et « cliqueurs » sont les mêmes. Les nouvelles technologies reproduisent l'engagement. Les engagés le sont dans le virtuel en même temps que dans les rues.

Les causes écologistes ont provoqué l'un des mouvements de protestations les plus massifs en Bulgarie durant les dernières années et peuvent être un exemple du rôle des nouvelles technologies dans la mobilisation des citoyens.

Le mouvement écologiste bulgare a une longue histoire, dès les dernières années de l'époque communiste jusqu'à aujourd'hui, il est au centre de diverses initiatives et campagnes. L'évolution de l'engagement citoyen en Bulgarie suit celle du mouvement environnemental. Si les mobilisations de Roussé et d'*Ecoglasnost* sont des exemples d'initiatives dissidentes dans le cadre d'un régime totalitaire qui cherche une réappropriation citoyenne de la politique, les ONG écologistes des années 1990 s'inscrivent dans le désir de démocratisation et d'européanisation et perdent vite les citoyens authentiques. Avec les nouvelles technologies, l'engagement citoyen évolue. L'e-citoyen est plus informé et plus proactif, moins enclin à sortir de chez lui. Il a beaucoup plus de possibilités d'influencer le processus de prise de décision et il s'intéresse moins à la politique conventionnelle. Il participe à plusieurs groupes *Facebook* et il est moins prêt à devenir membre de structures traditionnelles. L'e-citoyen est né, il nous reste à créer l'e-société.

Ildiko Otova

283. *Idem.*

284. Cf. <http://www.dnevnik.bg/intervju/2011/04/27/1080974_ivailo_dichev_kulturolog_onlain_pokolenieto_niama/>.

285. Cf. <http://annakrasteva.wordpress.com/2012/02/10/du-citoyen-postcommuniste-au-citoyen-connecte/>.

Chapitre 9

Les médias sociaux : nouvel eldorado de l'engagement ?

Des formes médiatiques engageantes

Au sein des médias sociaux, l'individu occupe désormais un rôle central en étant moteur et au cœur même du fonctionnement de ces nouveaux médias. L'individu n'est plus seulement un récepteur passif face à l'information. Il en devient acteur, à différents degrés, selon le niveau de contribution et l'investissement qu'il souhaite y apporter. « *Aujourd'hui ce qu'apporte le média social, c'est une interactivité non feinte, euh c'est la possibilité pour un… pour un lecteur euh pour un internaute, pour un auditeur parce qu'ils sont tout ça… on est tout ça en même temps, euh de pouvoir lui aussi avoir son mot à dire et compter dans cette discussion, ça va plus être une discussion unilatérale entre un journaliste choisi, élu et euh et son invité, ça va être une discussion à plusieurs et je pense que bah la façon dont on peut traiter ces informations, dont on peut mener ces interviews en sort grandie, parce que c'est une discussion qui se fait à plusieurs et qui doit se faire à plusieurs* ». (M. 31 ans, journaliste, présentatrice de télévision).

La participation de l'individu dans l'économie de ces médias se rapproche du modèle de co-création. Celui-ci peut désormais devenir auteur, agrégateur, ou encore diffuseur d'informations. Ce qui n'était précédemment pas possible, à quelques exceptions près, avec le modèle des médias traditionnels, où sa position le limitait au rôle de consommateur de l'information. « *Le numérique ça ne marche pas sur le modèle producteurs/consommateurs. Ça marche sur un modèle contributif. Ce qui fait fonctionner le réseau Web, c'est que 95 % de ce qui s'y trouve est apporté par ceux qui l'utilisent, pas par les fournisseurs de contenus. Et ça c'est absolument fondamental* » (B. 63 ans, philosophe, spécialiste des médias).

Du rôle passif de consommateur d'informations, les individus évoluent, qu'ils en aient conscience ou pas, vers celui d'acteurs médiatiques. Leurs implications diffèrent en fonction du niveau de participation qu'ils consacrent à leurs activités sur ces médias et des motivations qui les incitent à s'y engager. Désormais les médias sociaux sont accessibles au plus grand nombre par l'intermédiaire de plateformes de publication grand public comme *Facebook*. De nombreux amateurs y voient, de ce fait, l'opportunité de disposer de médias plus démocratiques. D'autres se saisissent de cette ouverture pour accéder à une scène médiatique élargie où ils ambitionnent de jouer un rôle ou de faire entendre leurs voix.

Parmi eux, nous nous intéresserons ici plus particulièrement à la figure du blogueur, historique et médiatisée, avec l'apparition des médias sociaux. En nous appuyant sur l'étude des pratiques d'utilisateurs engagés, nous tenterons de comprendre les éléments constitutifs de cet imaginaire de nouvel eldorado de l'engagement qui entoure ces médias.

Figures d'engagés : les blogueurs, de nouveaux résistants ?

Au niveau international, la figure du blogueur a réellement été mise en lumière, auprès du grand public et des non-initiés, avec les évènements du printemps arabe. Dans les pays opprimés où la liberté d'expression fait défaut et où certains médias sont considérés sous le couvert de l'État, les blogueurs sont moins assimilés à des journalistes qu'à des dissidents politiques.

Nous pouvons citer la Chine où nombreux sont les cas d'arrestation et d'emprisonnement de dissidents, qu'ils soient des intellectuels ou de simples individus qui prennent position, s'opposent. Ils se sont illustrés, dans leur lutte, en bloguant. Certainement le plus célèbre d'entre eux, Liu Xiaobo, a été élu prix Nobel de la paix 2010, alors qu'il était, et est encore à ce jour, emprisonné. Également signataire de la Charte 08[286], véritable

286. Publiée le 10 décembre 2008, la Charte 08 désigne un manifeste qui a été signé par plus de 303 intellectuels chinois et également des activistes des droits de

manifeste pour la démocratie, Beifeng, pseudonyme du blogueur Wen Yun Chao fait partie de ces premiers journalistes citoyens et blogueurs en Chine, engagés contre la censure de l'Internet.

Si les dissidents prennent aujourd'hui des allures de cyberdissidents, c'est qu'ils ont, par l'intermédiaire de leurs blogs, trouvé de nouvelles armes et une fenêtre sur le monde pour s'exprimer. Par ce moyen, ils recherchent à mobiliser autour de leur contestation d'autres concitoyens ou encore à alerter la communauté internationale par leur dénonciation. À l'instar du blogueur tunisien Slim Amamou qui s'est illustré pendant les évènements survenus en Tunisie en 2011, les exemples de blogueurs devenus célèbres pour leur rôle d'activiste pendant le printemps arabe se sont multipliés, en Tunisie, en Égypte, en Lybie, en Syrie, etc. De même pour le nombre de leurs arrestations.

Que cela soit par l'intermédiaire de leur propre blog ou avec la création de groupes *Facebook* comme *We are all Khaled Said*[287] (« Nous sommes tous Khaled Said », initié par Wael Ghonim), le partage de leur indignation a insufflé des mouvements de contestation qui se sont propagés, en grande partie, par les médias sociaux. Les conséquences de ses initiatives ont confirmé les nouvelles opportunités de pratiques militantes, imaginées par des individus de la « génération *Facebook* ».

De façon plus générale, si la portée des actions des blogueurs et le rôle qu'ils jouent dépendent foncièrement du contexte politique et médiatique au sein desquels ils s'insèrent, l'expression de leur contestation est un exercice démocratique quelquefois périlleux. Lorsqu'ils expriment leur opposition, leur critique et leur prise de position les révèlent comme figures contemporaines de la résistance. « *C'est de la résistance mais par l'information en fait, par l'éducation, par les explications. Après y en a qui sont un peu plus radicaux, donc qui résistent en allant pirater voilà, ou qui résistent en essayant de choquer l'opinion, ou en allant faire des coups d'éclat*

---

l'homme. Sa vocation est de promouvoir une réforme politique et un mouvement démocratique chinois dans la République populaire de Chine [en ligne], <http://fr.wikipedia.org/wiki/Charte_08>, (14.4.2012) [Cette charte fait référence à la Charte 77 de 1977, en Tchécoslovaquie, NdÉ].

287. Amira Al Hussaini, trad. par Claire Ulrich, « Monde arabe : Le Prix Nobel de la Paix pour les blogueurs arabes ? », 28.9.2011, sur <http://fr.globalvoices online.org/2011/09/28/82322/>, (14.4.2012).

[…]. Mais oui c'est ça, c'est vraiment ça, c'est une sorte de résistance, euh, enfin chacun à son niveau peut résister, donc c'est ça qui est intéressant maintenant ; c'est que y a plus besoin de se regrouper, d'être 150 000, de faire une pétition » (M. 30 ans, consultant internet, éditeur de blog).

Comme le souligne ce verbatim, cette position peut être désormais tenue individuellement et occupée, selon le niveau et le degré d'implication que chacun souhaite investir. La formalisation d'actes de contestation publique ne présuppose plus l'existence ou la nécessité d'un regroupement collectif ou structurel, au préalable, nécessaire pour se faire voir ou entendre. Ce combat peut être mené, de façon individuelle, indépendante et spontanée, avant d'être éventuellement rejoint et soutenu par d'autres « partisans » de la cause.

L'élargissement de cette capacité d'expression à d'autres publics et son accessibilité à tout internaute renforcent d'autant plus l'incarnation du blogueur en tant que figure d'utilisateur le plus engagé des médias sociaux. De par leur participation active à l'élargissement du paysage médiatique en ligne, les blogueurs représenteraient l'archétype de « *la critique et [de] la remise en cause de la passivité du récepteur. Leur attachement à défendre et promouvoir les droits du locuteur : faire de l'information à la première personne, refuser la coupure entre le "dire" et le "faire", multiplier le nombre d'émetteurs, faire proliférer les foyers d'émission, etc.* » ce qui signifie en soi des engagements forts[288]. Autrement dit, les figures historiques de cette communauté pourraient correspondre à une minorité active d'individus investis par l'idée de compléter, de contrecarrer ou de rétablir l'information, face à ce que certains détracteurs des médias considèrent comme une propagande organisée[289].

Du témoignage aux messagers

La création d'information ou de contenus nécessite et mobilise des ressources intellectuelles ou matérielles qui ne peuvent être à la portée de tous. Cette activité ne demeure qu'une

288. Dominique Cardon & Felix Granjon, *Médiactivistes*, Paris, Presses de Sciences-Po, 2010.

289. Cf. Serge Moscovici, *Psychologie des minorités actives*, Paris, PUF, 1979 & Noam Chomsky & Edward Herman, *La Fabrication du consentement : de la propagande médiatique en démocratie*, Marseille, Agone, 2008.

étape du processus médiatique social qu'encouragent les médias sociaux.

D'après le tableau suivant, l'activité de création de contenus reste minoritaire par rapport au partage d'informations et à sa diffusion ou encore plus largement sa consommation. Il est intéressant de noter que si la création d'articles reste principalement exercée par des individus disposant ou contribuant à un blog (38,7 % des personnes interrogées), l'action de commenter un contenu existant concerne quant à elle 65,2 % de notre échantillon. Cette démarche tend à confirmer la réflexion de Félix Guattari extraite de son ouvrage *La révolution moléculaire* à laquelle s'associe le sociologue Dominique Cardon pour émettre le constat suivant. Dans l'analyse du média activisme, l'auteur identifie que « *ce qui est promu en tant qu'alternative relève moins d'une réforme des communications de masse et du journalisme professionnel que de la nécessaire libération de la parole individuelle* »[290]. À la question, « *Vous est-il déjà arrivé de partager des informations, de relayer des liens ou d'autres types de contenus (ex : vidéo, etc.) relatifs aux sujets, causes ou combats auxquels vous êtes particulièrement sensibles sur les médias sociaux ?* », 78 % des interviewés répondent par l'affirmative.

Tableau n° 1 : Répartition des activités et rôles liés à l'information et aux contenus[291]

	Création de contenus	*Partage et diffusion de contenus*	*Lecture et consommation*
Article	0,4 %	58,2 %	83,2 %
Commentaire	65,2 %	40,1 %	66,2 %
Photo	48,5 %	53,4 %	60,9 %
Vidéo	20,4 %	47,6 %	60,8 %
Statut	51,3 %	34,1 %	49,6 %
Tweet	46,3 %	46,6 %	53,0 %
Géolocalisation	18,1 %	8,7 %	14,2 %
Aucune	14,6 %	8,9 %	4,7 %

Lorsqu'on interroge sur la nature des informations partagées[292], « le caractère humoristique » propre à l'esprit des

290. Felix Guattari, *La révolution moléculaire*, Paris, 10/18, 1980 & Dominique Cardon & Felix Granjon, *op. cit.*

291. Résultats extraits de l'étude quantitative, échantillon 1 731 personnes, décembre 2011.

réseaux prédomine parmi les catégories citées, 76 % des personnes interrogées disent se prêter à cette pratique entre « souvent et parfois ». Alors que le « caractère personnel » des informations apparaît parmi la nature des partages les plus fréquents (59,7 % des personnes interrogées) ; il est intéressant de noter que la suivante concerne « les informations dites alternatives ». Ainsi 58,5 % des personnes interrogées partageraient « souvent ou parfois, des informations alternatives (locales ou polémiques, etc.) », arguant du fait principalement que ces questions ne seraient pas traitées ou insuffisamment couvertes par les médias.

La pluralité et l'ouverture à de nouvelles sources d'informations par l'intermédiaire des médias sociaux incitent ses utilisateurs à reconnaître le bénéfice de « se sentir plus ou mieux informés ». 84,7 % des personnes interrogées reconnaissent être « tout à fait d'accord ou assez d'accord » avec cette affirmation.

L'orchestration de la spontanéité : l'engagement sur les médias sociaux

Activisme et propagande : la guerre de l'information

Les médias sociaux élargissent le nombre et l'horizon de ces voix émettrices ainsi que la nature des sujets pouvant potentiellement atteindre une audience de masse. Pour certaines communautés particulièrement actives sur l'Internet, ces bénéfices constitueraient presque des droits ou seraient l'illustration parfaite des idéologies fondatrices de l'Internet : « *nous les* geeks, *c'était plutôt des idées sur la liberté d'expression, sur la censure sur l'Internet* » (M. 30 ans, consultant internet, éditeur de blog). Par conséquent, toute mesure ou démarche visant à entraver cette liberté justifie un combat au sein de la communauté d'utilisateurs engagés sur les médias sociaux. Lorsqu'on interroge ces utilisateurs sur « les sujets, causes ou combats auxquels ils sont sensibles », après « les inégalités sociales » citées par 46 % de notre population, la seconde thématique plébiscitée par 45,6 % des personnes

292. Question issue de l'enquête quantitative en ligne « Il m'arrive de partager, relayer ou diffuser du contenu à caractère… et selon quelle fréquence ? », décembre 2011.

interrogées concerne des causes directement liées à l'Internet. En effet, qu'il s'agisse de la contestation de la loi Hadopi ou des autres lois jugées par certains comme liberticides ou encore de la défense des logiciels libres, les utilisateurs des médias sociaux soutiennent les causes dont le champ d'application interagit directement avec leur pratique et leur vision de l'Internet.

Comme le souligne ce blogueur, *Wikileaks*, comme les médias sociaux, permet aujourd'hui de rendre publiques des informations et de les faire circuler. Et ce, quelle qu'en soit la teneur et en minimisant les risques pesant sur les individus agissant pour la diffusion de documents. En effet, la démarche est facilitée vis-à-vis de ces acteurs qui peuvent préserver leur anonymat grâce à l'Internet. « *C'est-à-dire qu'avant pour faire ça, il fallait, il fallait forcément s'exposer, ou il fallait des contacts dans les médias, il fallait, il fallait réussir à le sortir dans un journal voilà, c'était dur quoi. Maintenant, n'importe qui trouve quelque chose, le publie sur un blog, sur un site, sur* Twitter *etc., et c'est repris, et l'information disparaîtra jamais* » (M. 30 ans, consultant internet, éditeur de blog). Ainsi dans un contexte où le nombre d'émetteurs se voit multiplié et où les sources d'information peuvent rester anonymes, tous les ingrédients sont réunis pour créer un environnement propice à la libération de la parole mais aussi au développement de propagandes[293].

Tableau n° 2 : Classement des sujets, causes et combats selon la sensibilité déclarée des utilisateurs des médias sociaux[294]

Y a-t-il des sujets, causes ou combats, auxquels vous êtes particulièrement sensible ?	*en %*
Inégalités sociales (par ex. féminisme…)	46,0 %
Hadopi /Logiciel libre	45,6 %
Citoyenneté	40,0 %
Écologie	37,8 %
Politique	32,6 %
Solidarité internationale	28,8 %
Aucun	13,0 %

293. Cf. Noam Chomsky, *Comprendre le pouvoir*, Bruxelles, Aden, 2005 & Ignacio Ramonet, *Propagandes silencieuses*, Paris, Galilée, 2000.

294. Résultats extraits de l'étude quantitative, échantillon de 1 731 personnes, décembre 2011.

D'autre part, la défiance ambiante à l'égard des médias et des pouvoirs établis motive une catégorie d'acteurs à s'emparer de ces médias alternatifs, pour participer à ce qu'ils qualifient d'*infowar* (guerre de l'information). Un blogueur interrogé explique le principe : « *on utilise les armes des adversaires, qui consistent à saboter les armes, c'est de* l'infowar *pure, parfois de la* cyberwar, *mais essentiellement de* l'infowar, *et ça consiste à défoncer toutes les armes de l'adversaire qui sont des informations, on est sur un territoire où les armes sont des informations [...]. Mais aujourd'hui on est forcé de reconnaître que les gens qui maîtrisent l'information ont une puissance de feu considérable* » (F. 40 ans, conseiller médias sociaux, éditeur de blog).

L'*infowar* se définirait alors comme une stratégie d'influences à laquelle se livrent des individus, et notamment quelques blogueurs, comme des organisations. Cette guerre de l'information est également menée par des ONG qui choisissent d'employer, à leur tour, les armes des entreprises, c'est-à-dire de s'appuyer sur leurs codes de communication en les détournant. « *On fait pression de plusieurs manières. On fait pression dans les campagnes publiques [...] mais on fait aussi pression via des rapports scientifiques extrêmement documentés, on fait pression via du lobbying ; on utilise leurs méthodes. Et c'est ça euh... la chose à retenir ; c'est qu'on va utiliser les mêmes méthodes que ces entreprises pour s'attaquer à elles. [...] aujourd'hui on va sur le terrain Web ; parce que les entreprises communiquent sur le Web, elles cherchent à créer des* buzz *et de la viralité. Si je reprends le cas de Volkswagen, c'est euh... c'est ça : c'est euh... faire une pub magnifique diffusée au* Super Bowl, *mais en avant-première sur* Youtube *quand même, et euh... et c'est ré... c'est un peu voler ces* buzz. *Voilà. C'est euh... c'est voler cette... cette notoriété que les entreprises ont pu créer en ligne, la retourner pour montrer la vérité* » (C. 29 ans, responsable de la communication web d'une ONG).

Remarquée pour avoir réalisé un record en termes de vitesse de propagation, la vidéo intitulée *Kony 2012* a atteint récemment cent millions de vues sur l'Internet, en seulement six jours. Un *buzz*[295] historique pour ce documentaire, dont le format

295. *Buzz* est un anglicisme qui signifie bourdonnement, ce terme est utilisé sur Internet pour désigner un objet de conversation populaire alimenté par le bouche à oreille.

et le sujet semblent contredire tous les critères de viralité[296] avancés par les spécialistes. À l'origine d'une petite ONG, *The Invisible Children*, le procédé déployé a suscité de nombreuses critiques. Accusé de verser dans « l'engagement spectacle », voire une manipulation émotionnelle des foules[297], l'auteur de la vidéo interpelle, quant à lui, « ceux qui visionnent le film à faire partie de cette "révolution" »[298]. Il poursuit en indiquant : « nous savons ce qu'il faut faire pour que *Kony* soit arrêté cette année » et en présentant les médias sociaux comme les sauveurs de l'humanité, car grâce à leurs utilisations « les gens du monde entier se voient et peuvent se protéger les uns les autres »[299]. Entretenant l'idée quelque peu utopique que tous les acteurs des médias sociaux peuvent contribuer à cette cause en visionnant cette vidéo et changer le monde, *The Invisible Children* capitalise sur le mythe d'un nouvel eldorado de l'engagement cultivé autour des médias sociaux et de l'*empowerment* de ses utilisateurs[300]. Si le procédé emprunté peut être qualifié de racoleur, il présente comme intérêt d'offrir à l'organisation une couverture médiatique, sans précédent, qui justifierait presque publiquement la prophétie auto-réalisatrice promue[301]. Dans cette guerre de l'information, la communication de l'engagement fait également l'objet de controverses. Celle-ci est montrée du doigt lorsque la puissance

296. Le terme « viralité » est lié à celui du bouche-à-oreille. Il désigne la propension d'un message, d'une vidéo à être partagée par des individus et à circuler rapidement ou largement au sein de ces espaces.

297. Cf. Gustave Le Bon, *Psychologies des foules*, Paris, PUF, 1985, 2003 & Michel-Louis Rouquette, *Propagande et citoyenneté*, Coll. Psychologie sociale, Paris, PUF, 2004.

298. Extrait du film documentaire *Kony 2012*, publiée le 5.3.2012 par invisiblechildreninc sur <http://www.youtube.com/watch?v=Y4MnpzG5Sqc>, (14.4.2012).

299. Philippe Bernard, 20.3.2012, « Derrière la vidéo *Kony 2012*, le marketing de l'émotion », *Le Monde*, <http://www.lemonde.fr/ ameriques/article/2012/03/ 20/derriere-la-video-kony-2012-le-marketing-de-l-emotion_1672757_3222. html>, (18.4.2012).

300. Cf. Serge Proulx, « La puissance d'agir d'une culture de la contribution face à l'emprise d'un capitalisme informationnel : premières réflexions », *Culture et barbarie: communication et société contemporaine. Hommage à Edgar Morin*, Athènes, 26-28 mai 2011.

301. Cf. Robert Merton, *Éléments de théorie et de méthode sociologique*, Paris, Armand Colin, 1998.

des dispositifs communicationnels apparaît disproportionnée face à la profondeur de l'engagement qu'ils sous-tendent.

De l'engagement des masses à une masse d'engagements

Contrairement aux blogs qui requièrent, reconnaissons-le, une certaine maîtrise, l'émergence d'outils de publication accessibles à l'ensemble des internautes, comme *Facebook* ou *Twitter*, encourage et multiplie les témoignages d'autres réalités que celles retransmises par les médias de masse.

Ces nouvelles formes d'action basées sur une mobilisation informationnelle, analysées par le sociologue Dominique Cardon et peuvent être assimilées au courant de médiactivisme que l'auteur décrit dans son livre éponyme. On y apprend qu'à l'origine de ce dernier dominait la critique contre-hégémonique des médias de masse[302]. Fer de lance du mouvement altermondialiste, celle-ci a donné lieu, dans un premier temps, à la création du site participatif *Indymedia*[303] dont le slogan *Don't hate the media, be the media* (« Ne hais pas le média, deviens-le ») est explicite. Sa mission est « *de donner la parole à ceux qui critiquent les injustices dans le monde et/ou luttent pour un monde meilleur* »[304]. « *Et je pense que maintenant, chacun peut être activiste à son niveau sur des petits trucs voilà ! Qui le font chier, voilà ! Qui pourrissent le quotidien, et sur lesquels on n'aurait pas pu s'exprimer avant, parce que soit tout le monde s'en fout, soit parce que c'est étouffé, parce qu'on subit des pressions, parce qu'on n'est forcément pas anonyme dans le monde réel* » (M. 30 ans, consultant internet, éditeur de blog). En se rendant acteur et expressif sur les médias sociaux, chaque individu est désormais en mesure de partager son point de vue, une réaction à chaud ou une analyse *a posteriori*, d'une situation donnée, exprimés et critiqués avec autant de subjectivité.

Ouverte à un plus grand nombre, la possibilité de témoigner fait partie, historiquement, des répertoires d'actions de quelques organisations militantes célèbres. « *Le principe de Greenpeace, et c'est là que très tôt les médias ont joué un rôle, dans l'histoire*

302. Dominique Cardon et Felix Granjon, *Médiactivistes*, Paris, Presses de Sciences-Po, 2010.
303. Sur <http://www.indymedia.org/fr/>.
304. *Idem.*

de Greenpeace, essentiel, c'est aller sur place, avec un photographe, et montrer au monde des images qu'il ne voit pas normalement. Les premiers, c'était les images des essais nucléaires américains, et puis depuis il y en a eu des centaines de milliers ; il y a euh… la déforestation euh… il y a les images de baleines, les images de phoques, les… enfin. Il y en a euh… des centaines, je ne vais pas toutes les citer, mais le "bearing witness" *est essentiel. Le* "bearing witness", *donc, c'est donner à voir les petits secrets cachés de l'industrie ou des gouvernements* » (C. 29 ans, responsable de la communication web d'une ONG environnementale).

Tableau n° 3 : Répartition des actions considérées comme relevant d'une forme d'engagement[305]

Pour chaque proposition, indiquez dans quelle mesure vous considérez qu'elle relève d'une forme d'engagement ?	*Tout à fait d'accord*	*Assez d'accord*	*Pas d'accord*	*Sans avis*	*Tout à fait et assez d'accord*
Exprimer une opinion/donner un avis	43,0 %	44,2 %	9,1 %	3,8 %	87,2 %
Signer une pétition	48,8 %	38,4 %	7,9 %	5,0 %	87,2 %
Prendre parti ou position sur un sujet (ex.: coup de gueule)	38,5 %	46,6 %	11,0 %	3,9 %	85,1 %
Témoigner son soutien (référence fait d'actualité)	29,5 %	53,8 %	12,6 %	4,0 %	83,3 %
Participer à une collecte de don	39,8 %	40,7 %	12,0 %	7,6 %	80,5 %
Afficher sa couleur politique, devenir fan d'un parti, d'une personnalité politique	45,5 %	30,7 %	15,7 %	8,1 %	76,2 %
Devenir fan d'une cause, d'une association	24,6 %	46,0 %	23,5 %	5,9 %	70,6 %
Critiquer une marque/un politique	25,2 %	42,7 %	25,0 %	7,0 %	67,9 %
Partager ou relayer une information, une vidéo	19,9 %	46,9 %	28,4 %	4,8 %	66,8 %
Aimer un statut (*liker* sur *Facebook*) ou *retweeter* (sur *Twitter*)	12,9 %	37,8 %	41,3 %	7,9 %	50,7 %
Être ami ou suivre des personnalités politiques	14,4 %	31,1 %	45,8 %	8,7 %	45,5 %

305. Résultats extraits de l'étude quantitative, échantillon de 1 731 personnes, décembre 2011.

Il est intéressant alors de se tourner vers les utilisateurs des médias sociaux pour déterminer si, parmi un certain nombre des actions observées et identifiées sur les médias sociaux, ces derniers leur confèrent une appartenance au registre de l'engagement.

Si « exprimer son opinion » apparaît plus accessible que « signer une pétition ou mobiliser son réseau à propos d'une cause », il n'en demeure pas moins que cet acte reste, au même titre que le second, considéré comme une forme d'engagement. Ainsi, 87,2 % de l'échantillon sondé est « tout à fait d'accord et assez d'accord » pour attribuer ces actions à ce registre. « Prendre position sur un sujet » ou « témoigner son soutien en faisant référence à un fait d'actualité » sont réciproquement considérés par 85,1 % et 83,3 % de notre échantillon, comme un acte engageant, davantage même que « participer à une collecte de don » (80,5 %) ou encore « afficher une couleur politique ou devenir fan d'un parti » (76,2 %). « Critiquer une marque ou un politique » relève d'une forme d'engagement pour deux tiers des interrogés (67,9 %), alors qu'« être ami ou suivre des personnalités politiques » ne représente, pour 45,8 % des interviewés, en aucun cas une forme d'engagement. Nous notons que 46,9 % des interrogés adhèrent à l'idée que « partager ou relayer une information » consiste en une forme d'engagement (« assez d'accord ») ; ce pourcentage grimpe à 66,8 %, lorsqu'on comptabilise ceux qui sont « tout à fait et assez d'accord ». « aimer un statut ou *retweeter*[306] (sur *Twitter*) » n'est *a contrario* considéré comme tel que pour la moitié d'entre eux (50,7 % « tout à fait et assez d'accord »).

Comme l'indiquent, par ailleurs, les résultats de l'enquête de l'Observatoire Orange/Terrafemina[307], le développement de l'Internet et des nouveaux moyens de communication semble « pour 55 % des Français rendre plus facile aujourd'hui la mobilisation autour d'une cause ». Accessibles à coup de clics, ces nouveaux moyens d'actions virtuelles ne semblent pas pour

306. *Retweeter* est un terme utilisé dans le jargon de *Twitter* pour désigner le fait de partager une information à son réseau en relayant une information déjà reçue au sein de cet espace.

307. Observatoire Orange/Terrafemina sur la thématique « Quand les foules virtuelles prennent le pouvoir », vague 9, Institut CSA, étude n° 1101722, décembre 2011.

autant, en termes de perception, diminuer la teneur symbolique de ces engagements, au vu de nos précédents résultats présentés.

Témoins du véritable succès que rencontrent les pétitions en ligne sur ces publics connectés, des organismes comme *Avaaz.org*[308], créé en janvier 2007, se sont spécialisés dans ce genre de mobilisation. Se définissant comme « *un mouvement mondial en ligne qui donne aux citoyens les moyens de peser sur les décisions politiques partout dans le monde* »[309], leur vocation remplit d'après eux : « *une mission démocratique simple : [celle de] fédérer les citoyen(ne)s de toutes les nations pour réduire l'écart entre le monde que nous avons et le monde voulu par le plus grand nombre et partout* »[310].

Si l'organisation est en mesure de mobiliser, autour d'une pétition, plus d'un million de personnes pour, par exemple « sauver des abeilles »[311], cela repose sur son mode opératoire qui s'appuie principalement sur l'implication des signataires et leur capacité de mobilisation de leur propre réseau. Ainsi, ils relaient à leur tour ces messages et transposent le principe de chaîne d'emails en rendant publics ces appels sur les réseaux. Misant sur le pouvoir de la recommandation sociale et affinitaire, cette organisation sous-traite d'une certaine manière la force de frappe et de dissémination aux membres d'*Avaaz*. Impliqués par leurs signatures, ces derniers sont conscients que le poids de leur acte n'aura de valeur qu'en fonction du nombre massif de signatures récoltées. Ce rapport de force non dissimulé ambitionne d'agir comme levier d'action sur l'opinion publique et les décideurs. Ces nouvelles pratiques questionnent certains professionnels du secteur, cette fois, sur la profondeur de l'engagement et sa permanence : « *est-ce que signer une fois une pétition puis passer à une autre pétition ou… ou passer un télé… téléchargement euh sur* Itunes *euh… en même temps qu'on va être* checké *les mails, est-ce que c'est ça l'engagement? […] on s'engage et puis on passe à autre chose, mais est-ce que c'est ça fondamentalement l'engagement ?* » (Y. 47 ans, directeur de la communication d'une association).

Certains reprochent à ces formes de participation et de mobilisation nouvelles d'instaurer une relation distanciée face à la

308. Site de l'organisation Avaaz, consulté le 14/04.2012, <www.avaaz.org/fr/>.
309. *Idem.*
310. *Idem.*
311. *Avaaz.org*, pétition « Urgence pour les abeilles - Agissez maintenant ! », 1 249 417 signataires, <www.avaaz.org/fr/france_save_the_bees/>, (19.4.2012).

cause soutenue. Un constat qui rejoint l'analyse de Jacques Ion dans son ouvrage, *La fin des militants* au sujet de ces engagements distanciés[312]. Au reste, il n'en demeure pas moins que, dans les effets, la somme massive d'actions légères peut agir sur ses terrains avec une certaine efficacité.

Ces formes de mobilisation en ligne, si elles apparaissent sans commune mesure avec des mobilisations physiques plus traditionnelles, ne semblent pas pour autant s'y substituer. En effet, certains militants déjà acquis aux causes ne sont pas prêts, quant à eux, à y prendre part sur ces nouveaux terrains. Comme le rappelle une responsable de la mobilisation d'une ONG : « *le Web comporte quand même une partie d'idéologies très importantes, et notamment sur les données personnelles, et que beaucoup de nos militants sont pas prêts à faire don de leurs données à des géants de l'informatique comme* Google *ou* Facebook » (C. 29 ans, responsable de la communication web d'une ONG).

Un argument qui coïncide avec les motifs recueillis par notre étude auprès des personnes qui ne souhaitent pas partager d'informations autour d'elles. Par conséquent, les médias sociaux permettraient de toucher un autre public, complémentaire de celui du socle de militants déjà mobilisés, qui seraient des sympathisants « dilettants », prêts à agir dans la sphère informationnelle, par de petites actions, mais en nombre, de manière à faire évoluer l'opinion publique. « *Après, ce que je trouve très intéressant dans cette idée du "clicktivism", puisque c'est un peu le euh… le thème montant, le "clicktivism", je trouve que c'est très intéressant parce que ça permet aussi une nouvelle militance. C'est cette militance de gens qui euh… qui n'ont pas forcément… Parce que [au sein de notre ONG] c'est quand même des gens qui euh… s'enchaînent sur des rails, qui bloquent des centrales nucléaires, c'est un peu effrayant hein; c'est… enfin là on se dit "Oh là là, eux c'est des vrais !". Je trouve que ce… ce "clicktivism" permet à des gens qui n'ont pas envie de faire ça, ou qui n'ont pas les moyens de faire ça. Il y a des gens qui n'ont pas les moyens de donner 10 euros par mois à une organisation, et c'est normal, mais par contre, ils donnent ce geste symbolique qu'ils partagent publiquement* » (C. 29 ans, responsable de la communication web d'une ONG).

La participation aux mobilisations en ligne, sous ces différentes formes aujourd'hui, présenterait une alternative

312. Jacques Ion, *La fin des militants*, Paris, l'Atelier, Coll. Enjeux de société, 1997.

satisfaisante à ceux qui envisagent l'engagement sans contrainte et à la carte. L'engagement autour de projets ponctuels séduit ceux qui ne pourraient honorer un engagement impliquant de rejoindre une structure, de disposer de disponibilité fixe ou encore induisant des obligations vis-à-vis des autres membres[313].

Cette nouvelle palette d'outils technologiques permet aux individus comme aux organisations de cultiver cette « envie d'engagement », à moindre coût. Elle autorise une modulation des degrés d'implication et d'investissement en fonction des efforts que chacun est en mesure d'y consentir. « *Il y a les sympathisants, et enfin il y a euh… les… dilettants, je dirais, euh… ceux qui euh… c'est… c'est ce nouveau type de militantisme qu'apporte le Web social qui est euh… les dilettants c'est, là encore il n'y a pas de jugement de valeur, c'est… c'est ceux qui vont juste mettre un* "Like" *sur* Facebook *ou qui vont partager une page sur leur* Facebook *ou sur leur* Twitter *pour dire "Ah j'ai vu ça, c'est chouette" […] mais euh… ces gens-là sont essentiels* » (C. 29 ans, responsable de la communication web d'une ONG).

Vers un engagement plus social

L'impact du processus de socialisation dans l'engagement

Les mobilisations informationnelles qui s'organisent nécessitent la contribution de « passeurs » d'informations, plus nombreux et tout aussi essentiels que ceux qui sont à l'origine des messages et des revendications initiales. Ces individus prennent ainsi spontanément en charge la mission de dissémination de l'information en partageant et relayant ces contenus au sein de leur réseau. Ils introduisent et deviennent, en quelque sorte, des porte-parole 2.0 en partageant ces revendications et insufflant leurs critiques sociales au sein des cercles auxquels ils appartiennent. « *C'est quand même hyper important dans notre société ce qu'on donne à voir à notre entourage. Nos opinions, notre physique, etc. et c'est extrêmement vrai sur les réseaux sociaux. C'est une question de réputation […]. Ce qu'on*

313. Cf. Fabien Granjon, *L'Internet militant : Mouvement social et usages des réseaux télématiques*, Rennes, Apogée, 2001 ; Jacques Ion (dir.), *L'engagement au pluriel*, Saint-Etienne, PU Saint-Etienne, coll. Sociologie matières à penser, 2001 ; Olivier Bobineau, *Les formes élémentaires de l'engagement – Une anthropologie du sens*, Paris, Temps Présent, Coll. Racines & Ruptures, 2010.

donne à voir, c'est essentiel. Donc si on donne à voir qu'on s'engage, c'est une f.... c'est euh... c'est une marque forte, en soi. [...] Et quand on donne à voir, qu'on a euh... aimé telle ou telle campagne, qu'on a signé telle ou telle pétition, qu'on a soutenu tel ou tel geste, pour moi c'est un acte militant tout simplement parce qu'il est public, et qu'il est partagé avec une communauté, des amis, de la famille, etc. » (C. 29 ans, responsable de la communication web d'une ONG).

Comme le considère une responsable de la communication d'une ONG très active sur les médias sociaux, partager un article ou une vidéo témoigne d'un soutien ou représente un acte militant, aussi petit soit-il. Lorsqu'on met en relation les résultats du tableau 3 et l'affirmation des pratiques de ces utilisateurs, il semblerait qu'ils aient conscience de la portée symbolique ou réelle de leurs actions et du sentiment de s'engager par ce biais.

Tableau n° 4 : Type d'activités réalisées sur les médias sociaux, en %[314]

Sur les médias sociaux, vous arrive-t-il de ?	*Souvent*	*Parfois*	*Rarement*	*Jamais*	*Souvent et parfois*
Relayer du contenu d'information ou d'opinion	39,1	37,0	15,0	8,8	76,1
Recommander une activité ou un service (film, marque)	25,8	41,3	20,9	12,0	67,1
Commenter l'actualité en donnant votre opinion	23,7	38,2	24,6	13,6	61,9
Exprimer une critique négative sur marque/société	9,6	34,0	30,9	25,4	43,6
Mobiliser votre réseau à participer à une cause	7,9	28,4	33,4	30,3	36,3
Rejoindre un groupe ou collectif d'opinions	6,6	29,0	36,0	28,4	35,6
Répondre à une sollicitation (appel aux dons ou pétition)	3,9	23,5	37,7	35,0	27,4

Ainsi « relayer du contenu d'information ou d'opinion » est la proposition la plus largement plébiscitée avec 76,1 % des interrogés, qui précisent le faire « souvent et parfois ». « Commenter l'actualité en donnant son opinion » est une pratique que 61,9 % des interviewés réalise, également selon cette même fréquence. Ces chiffres confirment nos observations et montrent

314. Résultats extraits de l'étude quantitative, échantillon de 1 731 personnes, décembre 2011.

que « donner son avis ou livrer son opinion sur l'actualité ou tout autre sujet », sont des pratiques relativement courantes sur les médias sociaux.

Les actions consistant à « mobiliser son réseau ou encore rejoindre un groupe ou un collectif » semblent nécessiter une démarche s'avérant plus engageante socialement. Les résultats laissent supposer que « mobiliser son réseau à rejoindre ou participer à une cause » concerne davantage un profil spécifique d'individus. 36,3 % des personnes interrogées le font, entre « souvent et parfois », alors que 33,4 % n'y recourent que rarement, quand 30,4 % d'entre eux ne le font jamais.

Dans des proportions sensiblement similaires, ils sont 35,6 % à « rejoindre un groupe ou un collectif d'opinions (association, soutien…) », entre « souvent et parfois », quand 36 % le font rarement et 28,4 % jamais. Enfin, « répondre à une sollicitation, de type appel aux dons ou encore pétition » reste le comportement d'une minorité. Seulement plus d'un quart d'entre eux déclarent s'y adonner (27,4 %) « souvent ou quelquefois », alors que 37,7 % affirment ne le faire que rarement. Enfin 35 % n'ont jamais développé ce genre de pratiques.

Pour déterminer s'il existe auprès de notre population, des raisons ou des explications qui influenceraient ou agiraient sur le degré d'engagement, nous avons proposé d'établir un classement (tableau suivant). Celui-ci propose différentes variables et laissait l'ouverture à un champ libre pour recueillir d'autres suggestions. L'objectif était d'identifier les éventuels facteurs qui augmenteraient, ou renforceraient le degré d'engagement perçu.

Si « la nature ou la taille du réseau » domine en première position du classement, il s'agit cependant de la nature des sujets concernés qui est mentionnée majoritairement, par 58 % des individus interrogés, bien que ce motif n'apparaisse qu'en deuxième position du classement. Enfin, au troisième rang, « l'exposition donnée à un sujet », notamment par sa répétition et sa visibilité, est évoquée. Nous retiendrons que « le risque d'atteinte à son image et le souci de sa réputation » auquel faisait référence une interviewée dans un précédent verbatim est cité par plus d'un tiers de la population sondée (34,4 %).

Pour approfondir les ressorts de cet engagement social, nous souhaitions déterminer dans quelle mesure l'entourage peut également exercer une quelconque influence sur ces espaces.

L'objectif de cette question était, par conséquent, dans un premier temps, d'évaluer si une sollicitation extérieure pouvait agir sur les comportements en encourageant davantage des pratiques liées à la participation. Dans un second temps, elle permettait d'évaluer s'il y avait une influence, la manière dont celle-ci s'exprimait et sur quels sujets.

Tableau n° 5 : Classement des critères qui augmentent ou renforcent le degré d'engagement[315]

Classez de 1 à 3 parmi les variables suivantes celles qui, à vos yeux, augmentent ou renforcent le degré d'engagement ? (1 = le plus)		*en %*
Le réseau (nature ou taille)	1,73	42,60 %
Les sujets concernés (nature)	1,84	58,00 %
L'exposition donnée (répétition, visibilité)	1,88	38,80 %
Le risque d'atteinte à son image et réputation	2,03	34,40 %
Le support personnel de son expression (article, statut, commentaire…)	2,11	29,10 %
Le caractère personnel ou intime	2,11	25,10 %
Le caractère collectif ou public	2,21	30,20 %
La nature des sources partagées	2,26	33,10 %

Aussi à la question multichotomique : « *suite à la sollicitation de votre entourage, via les médias sociaux, vous est-il déjà arrivé de ?* », la première mention qui se distingue très nettement des autres propositions concerne « l'intérêt porté à des sujets rarement traités par les médias ». L'intérêt pour des « sujets alternatifs » s'est vu fréquemment déclenché pour 29,1 % des interrogés suite à une sollicitation de l'entourage. On constate que près des trois quarts des individus questionnés (74,2 %) reconnaissent s'être penchés sur ces questions, entre « souvent et parfois », suite à l'introduction de ces thématiques par leur entourage.

Plus de la moitié de notre échantillon (51,2 %) ont « souvent ou parfois » « diffusé des informations en vue de mobiliser leur réseau » suite à une sollicitation de leur entourage. Près de la moitié de nos interrogés reconnaît n'avoir jamais « apporté de soutien à une cause par un don » (49,9 %), ni n'« avoir participé à une mobilisation physique » (63,7 %) suite à

315. Résultats extraits de l'étude quantitative, échantillon 1 731 personnes, décembre 2011.

des sollicitations. Ils sont néanmoins plus de 30 % d'entre eux, (30,9 % précisément), à avoir « pris part à une mobilisation en ligne (type pétition) » suite au partage ou à la demande d'une personne de leur entourage.

Tableau n° 6 : Évaluation de l'influence de sollicitation éventuelle de l'entourage et de l'encouragement à l'action, selon leur fréquence[316]

Suite à des sollicitations de votre entourage via les médias sociaux, vous est-il déjà arrivé de ?	*Souvent*	*Parfois*	*Rarement*	*Jamais*	*Souvent et parfois*
Vous intéresser à des sujets rarement traités par les médias	29,1	45,1	17,5	7,9	74,2
Diffuser des informations pour mobiliser votre réseau	14,3	36,9	25,7	23,1	51,2
Adhérer à de nouvelles idées	6,5	38,1	32,6	22,8	44,6
Prêter davantage attention à une personnalité politique	6,5	31,4	29,5	32,6	37,9
Rejoindre un groupe, devenir membre d'un collectif, réseau	7,7	26,8	29,6	35,9	34,5
Prendre part à une mobilisation en ligne (pétition)	7,9	30,9	32,1	29,1	38,8
Apporter votre soutien à une cause par un don	3,1	18,1	28,9	49,9	21,2
Participer à une mobilisation physique (ex. manif., *flasmob*)	3,2	11,3	21,8	63,7	14,5

L'influence sociale s'exerce pleinement au sein d'écosystèmes où les individus évoluent en continu reliés à l'ensemble de leur réseau de relations[317]. Les phénomènes qui en découlent sont particulièrement visibles sur ces espaces lorsqu'ils atteignent une forme aboutie de mobilisations informationnelles. En effet, les dynamiques sociales entrent en jeu dans le processus d'entraînement et d'escalade d'expressions d'engagement qui gagnent en intensité par la constitution d'engagement en chaîne.

316. Résultats extraits de l'étude quantitative, échantillon 1 731 personnes, décembre 2011.

317. Cf. Solomon Asch, *Social psychology*, Oxford, Oxford University Press, 1987 [1952].

La figure de style sociale de l'engagement

Une récente mobilisation informationnelle qu'il nous a été donné d'observer concerne un mouvement spontané déclaré sur *Twitter* le jour du premier tour des élections présidentielles françaises. Intéressant à relever à plusieurs titres, cet événement est survenu en réaction au rappel de la commission nationale de contrôle de la campagne, formalisé par un communiqué de presse datant du 19 avril 2012. Ce dernier cite l'article L. 52-2 du code électoral applicable à l'élection présidentielle qui prévoit qu'« *aucun résultat partiel ne peut être communiqué au public par la voie de la presse écrite ou audiovisuelle ou par tout moyen de communication au public par voie électronique avant la fermeture des derniers bureaux de vote* » et précise que « *tout contrevenant (personne physique, médias, etc.) à l'une de ces dispositions s'expose à une amende de 75 000 euros par infraction constatée* »[318].

Loin d'être nouvelle, l'information de cette loi a suscité de nombreuses discussions sur le réseau social d'information *Twitter*. En effet, les organes de presse ne sont désormais plus les seuls concernés par cette législation. Les médias sociaux sont également entrés dans le collimateur du CSA sur cette question qui précise, en effet, qu'en tant que relais d'information en puissance, blogs personnels et autres réseaux sociaux devront respecter ces dispositions. Élargie aux individus et aux amateurs, cette injonction est apparue comme une tentative de limitation de la liberté d'expression des internautes, qui n'ont pas tardé à manifester leur mécontentement sur *Twitter*, à leur façon.

Coordonné autour du *hashtag #RadioLondres*, ce mot clé a servi de ralliement et d'articulation au fil de conversation alimenté autour de cette revendication. Pas moins de 66 771[319] *tweets* ont été diffusés sur la seule journée du 21 avril 2012. Les pics d'audience ont atteint la fréquence de deux mille messages par heure diffusés sur le réseau surveillé par dix personnes censées contrôler les messages portant atteinte au non-respect de cette législation.

---

318. Communiqué du 19 avril 2012 relatif à l'interdiction de diffuser des résultats partiels du premier tour de l'élection présidentielle avant le dimanche 22 avril 2012 à 20 heures (heure de Paris), Article L. 90-1 du code électoral. Cf. <www.cnccep.fr/communiques-de-presse.html>.

319. Selon l'outil d'analyse en temps réel *Topsy*, sur <http://analytics.topsy.com/?q=radiolondres>, (28.4.2012).

L'« entreprise de sabotage » initiée sur le réseau a donné lieu à un engouement collectif. Le sujet a rapidement figuré dans les *trends topics* (« tendances de l'actualité ») du réseau, à l'échelle française. Le détournement ludique consistant à parler et à décoder les métaphores langagières pour transmettre des fuites d'information a procuré amusements et digressions auprès des membres de la plateforme. Compte tenu de l'ampleur prise par le phénomène, de nombreux médias ont choisi de relayer cette information. Si celle-ci peut être jugée divertissante ou anecdotique, comme d'autres observateurs plus avertis nous en avons une grille de lecture différente.

Si cette critique sociale contemporaine s'appuie sur des référents communs aux actes de résistance de l'histoire française, son procédé et sa forme illustrent parfaitement les nouveaux processus de formation de l'opinion publique sur ces médias.

L'engagement social qui le caractérise dépasse le résultat de l'agrégation d'actes d'engagement individuels, par l'effet d'entraînement des dynamiques sociales. La multiplication d'initiatives personnelles et leur duplication à l'identique ou détournée renforcent l'effet de répétition du message qu'elles portent, aussi infime que soit le signal initial d'opposition émis. L'expression de cette réappropriation démontre toute l'ampleur de sa valeur sociale. Le profit qu'en tirent ses contributeurs augmente proportionnellement à la visibilité donnée au mouvement auquel ils participent activement par le biais de leurs actions. Ce bénéfice se traduit par une gratification individuelle et collective qui agit directement sur la valorisation sociale de ces individus, au sein et à l'extérieur de leurs groupes d'action.

Plus généralement, la volonté manifeste d'échanges sur ces médias sociaux et les effets escomptés par ces entreprises de partage s'inscrivent, sciemment ou inconsciemment, dans une perspective « d'influence informationnelle »[320]. Identifiée par les chercheurs Morton Deutsch et Harold Gérard la pratique de techniques d'influences portant sur la couche informationnelle se confirme et est amplifiée à l'heure des médias sociaux par le potentiel élargi d'échanges. Le fondement de l'engagement social

320. Cf. Morton Deutsch & Gerard Harold, « A Study of Normative and Informational Social Influences Upon Individual Judgement », *Journal of Abnormal and Social Psychology*, 51, 1955.

s'appuie sur sa qualité affinitaire. La recherche de réciprocité et de reconnaissance de la cause conduit à sa médiatisation sociale. Sa diffusion et son partage poursuivent la recherche d'effets et de réactions. Elles peuvent s'exprimer par la reconnaissance de la cause, l'entraînement d'autres individus à la rejoindre ou encore son soutien officialisé par la traduction symbolique en signature ou dons. Intuitives, instantanées ou encore insaisissables, ces nouvelles formes de revendication expressive déstabilisent, à l'instar du phénomène des apéros *Facebook*. Ludique ou sarcastique, les formes d'expression et de détournement de l'attention formulent une critique acerbe adressée à l'encontre de l'absurde au sein de notre société contemporaine.

L'engagement social diffère principalement par l'exposition qu'il nécessite et les causes qu'il soutient. Il se revendique en s'ouvrant auprès de son réseau, en même temps, qu'il procure à son auteur une affirmation de son individualité engagée. Par conséquent, l'engagement social existe et ne se transcende véritablement que par son affirmation et sa représentation à la vue des autres. Son essence réside en sa capacité de mobilisation autour de l'information. L'intensité des réactions que l'information suscite la rend médiatique. Et ce, qu'elle se propage entre médias de masse individuels d'amateurs ou qu'elle rejoigne la sphère des médias de masse, professionnalisés ou reconnus comme tels, par le grand public.

Elle tend à susciter ou à produire une réaction chez l'autre par l'intermédiaire des médias sociaux qui agissent en tant qu'objets engageants et servent d'intermédiation dans les échanges entre *alter* et *ego*[321]. Dans cette triangulation, l'objet support de l'engagement n'est pas inerte[322]. Assis par la relation dialogique entre les individus, les médias sociaux agissent et participent à cet engagement social.

Lucile Merra

321. Cf. Ivana Marková, *Dialogicality and social representations: The dynamics of mind*, Cambridge, Cambridge University Press, 2003.
322. *Idem.*

Chapitre 10

Indymedia et le mouvement pour la démocratie directe en Bulgarie, automne 2011

Pendant la période 2006-2010, la Bulgarie a connu un grand nombre de manifestations populaires, organisées par différents syndicats, organisations professionnelles, organismes collectifs ou même des institutions. Parmi celles-ci, les grèves des instituteurs en 2007 et des ouvriers de l'usine métallurgique de Kremikovtsi en 2008, les protestations des employés dans le système de la santé publique en 2010, les manifestations de l'Académie Bulgare des Sciences et la marche de protestation de l'Université de Sofia en automne 2010. Une autre vague d'actions de protestation s'est déroulée en parallèle pendant la période citée qui utilise un autre modèle de mobilisation. Il s'agit des démonstrations spontanées qui ne sont pas organisées par un organisme préexistant, mais qui se forment sur place. L'émergence de ce nouveau type de mobilisations protestataires est marquée par l'initiative pour la protection des zones naturelles à partir des actions du groupe *Da spassim Irakli* (« Sauver Irakli ») en 2006, jusqu'à la campagne contre l'autorisation légale des organismes génétiquement modifiés en 2009-2010. Les campagnes des environnementalistes créent le modèle qui est repris dans un nombre de manifestations à vocation unique pendant 2009-2010[323]. À la différence des grèves et d'autres types de démonstration organisés par des structures syndicales ou politiques, les participants aux démonstrations spontanées n'agissent pas en fonction d'un intérêt collectif, mais en tant qu'individus. Ils rejettent toute forme d'association avec les partis politiques, jugés corrompus et impuissants pour la réalisation de leurs causes. Les démonstrations spontanées sont conçues par les participants comme des réactions immédiates aux politiques du gouvernement jugées inacceptables[324]. Elles expriment l'idée que les citoyens peuvent contrôler les abus de pouvoir et par les actions de contestation, les faire revenir sur leurs décisions. « Le prix de la démocratie, c'est d'être vigilant », affirme une des militantes, résumant ainsi cette nouvelle vague de mouvements sociaux[325].

En automne 2011, une nouvelle série de manifestations a eu lieu à Sofia et dans quelques grandes villes bulgares, qui suivent le modèle des démonstrations sans organisation préalable. C'est le mouvement pour la démocratie directe, conçu d'après le mouvement mondial *#Occupy*. Tout comme la vague précédente, il a été facilité par les nouveaux médias. Dans le cas du mouvement pour la démocratie directe, c'est le réseau des centres de média indépendant *Indymedia* qui a joué un grand rôle. Avant de procéder à l'analyse des documents liés au mouvement et publiés sur *bulgaria.Indymedia*, je propose une discussion de la notion de médias alternatifs et des études existantes sur le réseau des centres de médias indépendantes (CMI) *Indymedia*.

Médias alternatifs et réseau global des altermondialistes *Indymedia*

Le terme « médias alternatifs » désigne souvent une grande variété de formats et de pratiques médiatiques, incluant la presse

323. Ces deux types de démonstrations spontanées sont étudiés dans l'article de Valentina Gueorguieva, « Distorted Representation and Active Citizenship: Digital Media and Spontaneous Street Demonstrations in Bulgaria 2006-2010 », *Südosteuropa*, vol. 60 (2012), n° 1, pp. 53-77.

324. Comme la décision de lever le statut de réserve naturelle à certaines zones au bord de la Mer Noire, *ibidem*, p. 58.

325. *Ibidem.*, p. 76.

et les médias électroniques, et les éditions indépendantes de livres et d'enregistrements musicaux et publications en ligne. Du point de vue de leur contenu, les médias alternatifs renvoient à des publications qui transmettent un message radical, qu'il soit politique ou plutôt lié à la culture populaire et à la vie quotidienne, comme, par exemple, les publications des sous-cultures ou les magazines des fans (*fanzines*). Cette même rubrique englobe les médias des militants et les médias qui desservent les mouvements sociaux, des différentes variétés de *samizdat* jusqu'au journalisme citoyen des blogueurs, après la révolution internet, avec le partage des vidéos, des photos, des liens, la communication à l'aide des réseaux sociaux… Selon l'expression du chercheur américain Chris Atton, les médias alternatifs sont une illustration de l'idéologie du pluralisme libéral, portée à sa limite[326].

L'idée des personnes ordinaires qui utilisent à petite échelle les outils de communication pour exprimer librement leur position, sans être soumis à l'intermédiaire d'une structure établie de production de média, est appréciée car il s'agit d'élargir l'espace public de la délibération, de redonner des habiletés et pouvoirs aux citoyens et ainsi de contribuer au processus démocratique. Dans leur étude plus récente sur le journalisme alternatif, Chris Atton et James Hamilton affirment que très souvent ce type de pratique journalistique est né de l'insatisfaction ou du désaccord avec la couverture d'un événement donné dans les médias principaux[327]. Le désaccord peut porter aussi bien sur le choix des thèmes et événements couverts, avec la politique éditoriale, que sur les sources d'information et de manière plus générale sur la structure trop hiérarchique et très spécialisée de la profession journalistique. Dans ce sens, les médias alternatifs se proposent de compenser le déséquilibre de pouvoir dans le champ médiatique, et font usage du grand nombre de technologies disponibles – de la machine à photocopier aux plateformes de partage sur l'Internet – pour exprimer un point de vue divergent.

L'opposition entre les médias alternatifs et les médias principaux (de *mainstream*) doit être considérée aussi dans le sens politique et économique. Pendant une grande partie du XXe siècle,

---

326. Chris Atton, *Alternative Media*, Londres, Sage, 2002, p. 8.
327. Chris Atton & James F. Hamilton, *Alternative Journalism*, Londres, Sage, 2008, p. 1.

de grandes corporations médiatiques dominent dans les industries de l'information et modèlent une culture médiatique dominante qui est majoritairement commerciale, en accord avec les valeurs du capitalisme néolibéral. Depuis environ une trentaine d'années, un grand nombre d'artistes, militants, communautés politiques et culturelles se saisissent des médias numériques qui offrent une alternative accessible et peu coûteuse pour s'adresser au public. À l'aide de sites web, de blogs, de wiki et des plateformes de partage, en utilisant des logiciels *open source* et des matériels libres de droits d'auteur, une multiplicité de groupes sociaux et de points de vue marginalisés ont gagné en visibilité, tout en créant, selon l'affirmation de la chercheuse américaine Leah Lievrouw, « *leurs D-I-Y* [pour do-it-yourself], *plateformes d'information qui donnent la possibilité de résister, de "répondre"* [to talk back] *ou de s'opposer par une autre manière à la culture médiatique dominante, à la politique ou au pouvoir* »[328]. De ce point de vue, les médias alternatifs seront toujours critiques, c'est-à-dire qu'ils rejettent l'idéologie propagée par les médias dominants ou l'hégémonie culturelle du néolibéralisme.

En outre, ils ne sont pas uniquement une forme de représentation, mais déjà une forme d'action. Autrement dit, ils n'offrent pas seulement des récits sur un quelconque événement ou action, mais ils réagissent à la réalité ou à sa représentation. La thèse de Leah Lievrouw est qu'« *ils provoquent ou modifient les formes dominantes, prévisibles et établies, de produire la société, la culture, la politique* »[329]. Dans cette conception, les médias alternatifs font plus qu'offrir des représentations ou critiquer la culture dominante, ils interviennent dans la culture dominante pour remanier les modèles établis de la pensée et de l'action politique.

Toutefois, on se rend compte que le potentiel réformateur des médias alternatifs est déduit de l'opposition initiale entre les grandes institutions médiatiques, qui s'imposent d'en haut, et la résistance des médias des gens ordinaires par le bas. Des auteurs comme Eggo Müller mettent en question la vision romantique de l'opposition *top-down/bottom-up.* Cette métaphore romantique traduit une position moralement teintée sur les médias non-professionnels et non-commerciaux toujours conçus comme

328. Leah Lievrouw, *Alternative and Activist New Media*, Cambridge, Polity, p. 2.
329. *Ibidem*, p. 19.

authentiques, démocratiques et donnant du pouvoir aux citoyens. Dans cette métaphore, les médias professionnels, par définition, ne seront que répressifs et manipulateurs[330]. Malgré le fait que cette thèse porte en particulier sur les formes participatives des formats de télévision, et non pas sur une forme de médias alternatifs, toute recherche sur les pratiques de résistance a à affronter le risque de se lancer dans une telle interprétation romantique des activités par en bas.

L'exemple le plus souvent cité de média alternatif à orientation politique, est le réseau des centres de médias indépendants *Indymedia*. Le premier centre fut créé à Seattle par les participants aux démonstrations altermondialistes, en 1999, à l'occasion de la rencontre de WTO (*World Trade Organisation*), comme source alternative d'information et dans l'objectif de diffuser des reportages créés par les participants aux démonstrations. L'objectif d'*Indymedia* était de donner la possibilité aux militants d'exprimer leur position dans la controverse avec les promoteurs de la mondialisation économique, tout en sachant que les reportages des médias principaux ne rendraient pas compte de leur point de vue. *Indymedia* est né de l'insatisfaction de la couverture médiatique d'un événement concret et par le désir des militants de contrôler leur propre message. Alors ils décident de prendre la tâche de la dissémination de l'information par eux-mêmes. D'où le slogan « Ne haïssez pas les médias, soyez vos propres médias ! » (*Don't hate the media – become the media*!) qui est encore d'actualité.

Indymedia est un média militant en ce sens où il est rattaché à un mouvement social, le mouvement pour la justice globale. Comme philosophie politique, *Indymedia* se définit comme libéral de gauche, voire de gauche radicale, et défend des positions anti-globalistes et anticapitalistes. Selon l'expression de l'anthropologue américaine Gabriella Coleman, qui étudie le phénomène, *Indymedia* saisit le moment où « les médias dominants se transforment en supermarchés », pour s'opposer au commercialisme et à la logique

330. Eggo Müller, « Formatted spaces of participation: Interactive television and the changing relationship between production and consumption », in Arianne van den Boomen *et al.* (dir.), *Digital Material: Tracing New Media in Everyday Life and Technology*, Amsterdam, 2009, pp. 59.

de la marchandise dans la production de l'information[331]. Ce que les centres de médias indépendants se proposent de réaliser, c'est « une globalisation par en bas »[332].

Les centres *Indymedia* utilisent une plateforme de publication ouverte. C'est un moyen technique qui permet à toute personne disposant d'une connexion internet de publier des reportages (texte, images ou vidéo) directement sur le site d'*Indymedia*, sans intermédiation ou approbation préalable par les éditeurs. Le rôle des équipes d'éditeurs, qui sont dans la plupart des cas des bénévoles, n'est pas de sélectionner entre les reportages, d'accepter ou de refuser des textes, ni de les modifier, mais seulement de vérifier si les matériels soumis et publiés respectent les lignes directrices d'*Indymedia.* Chaque centre publie ses propres principes de travail (ou politique éditoriale), mais dans la section relative à l'admission des matériels, ceux-ci sont presque identiques : ne sont pas autorisés les messages à caractère de publicité ou à contenu pornographique, des reportages qui copient des matériels publiés sur d'autres sources (notamment sur les médias principaux), ou ceux qui contiennent des propos discriminatoires ou des discours de haine. Les éditeurs se réservent le droit de choisir les matériels à mettre sur la page principale. Avec de rares exceptions, aucun matériel n'est supprimé. Les reportages et analyses qui ne respectent pas les lignes directrices sont « cachés », c'est-à-dire publiés sur des pages qui ne sont pas immédiatement visibles ou connectées à la page principale, mais restent toujours accessibles.

Parce que les centres *Indymedia* restent ouverts à toutes les contributions, et n'imposent pas d'intermédiaire dans le processus de publication, Leah Lievrouw les qualifie en termes de « journalisme participatif » : « *le journalisme participatif abandonne l'idée de la fabrication d'un "produit" médiatique, et du journalisme comme une "culture d'experts et marchandise", pour adopter un processus interactif, conversationnel qui, idéalement, implique davantage les citoyens à la vie publique* »[333]. D'après cette conception, les militants s'approprient la pratique journalistique comme un moyen de se saisir des

331. Biella Coleman, « Les temps d'*Indymedia* », *Multitudes*, n° 21, 25.6.2006, sur <http://multitudes.samizdat.net/Les-temps-d-Indymedia>, (24.5.2012).
332. *Idem.*
333. Leah Lievrouw, *op.cit.*, p. 144.

pouvoirs des médias comme une ressource et ainsi participer plus pleinement au processus démocratique[334].

Gabriella Coleman associe le mouvement *Indymedia* avec le mouvement pour le logiciel libre des collectifs de hackers, puisque les technologies libres sont devenues indispensables pour le support technique et la pratique journalistique des militants des différents centres *Indymedia*. Elle met l'accent sur la continuité entre les deux mouvements : le mouvement pour le logiciel libre et le mouvement *Indymedia*. Dans son interprétation, le réseau de CMI assure « la réduction des inégalités de moyens d'expression »[335] et contribue à l'idéologie de la liberté d'expression par la technologie de l'*open publishing*.

Ce que le mouvement *Indymedia* hérite du mouvement pour la justice globale, c'est la structure en forme de réseau. Peu de temps après le lancement du premier CMI à Seattle, la prolifération des centres dans tous les coins du monde a commencé, et *Indymedia*, le média des altermondialistes, s'est transformé ironiquement en réseau mondial, qui réunit différents groupes et mouvements du monde entier. En cela, le réseau de CMI reprend la structure du mouvement social : les communautés des militants dans le mouvement pour la justice globale, malgré la divergence dans leurs convictions et la distance géographique, entretiennent des liens entre les différents collectifs partout dans le monde. Dans cette structure de réseau, il n'y aurait pas de noyau qui s'imposerait aux autres communautés (ou organisations locales) comme centre d'organisation, c'est un réseau non-hiérarchisé de liens horizontaux. Les CMI sont organisés de la même manière : un réseau d'antennes qui ne nécessite pas de hiérarchie verticale. Dans ses recherches sur le mouvement pour la justice mondiale, Jeffrey Juris caractérise ce type d'organisation en termes de « logique de réseau », qui permet la coordination et la communication parmi les acteurs collectifs divergents, et fait la différence avec la « logique d'agrégation », qui caractérise le plus récent mouvement *#Occupy* ou des « Indignés » (en Espagne et en Grèce) dans lesquels des masses d'acteurs individuels, qui ne sont pas organisés et n'ont pas nécessairement une cause en commun,

334. Leah Lievrouw, *op. cit.*, p. 121.
335. *Idem.*

se rassemblent dans des endroits physiques[336]. Dans ce qui suit, je me propose de montrer comment l'antenne bulgare d'*Indymedia* exemplifie les deux types de logiques, la logique de réseau et la logique d'agrégation, et facilite les actions des militants s'associant au mouvement *#Occupy*, connus aussi comme le mouvement pour la démocratie directe.

La première publication conservée dans l'archive en ligne de *bulgaria.Indymedia* date du 5 avril 2004, et constitue un appel à manifester contre l'intervention militaire des forces de l'OTAN en Irak. Les autres publications du même mois d'avril 2004 sont, de la même façon, des appels à sortir dans les rues pour exprimer l'opposition contre la guerre en Irak, mais aussi contre l'adhésion de la Bulgarie à l'OTAN ; des extraits de publications sur les alternatives à la mondialisation économique et sur les OGM ; des annonces sur les actions de groupes anarchistes.

Durant la période entre 2006 et 2010, les appels pour les actions des environnementalistes sont publiés sur *Indymedia*, ainsi que des reportages sur le déroulement de leurs manifestations[337]. En janvier 2009, à l'occasion du grand rassemblement protestataire sur la place devant le Parlement à Sofia (la première manifestation en Bulgarie organisée via *Facebook*), *Indymedia* publie l'appel, ainsi que quatre reportages sur les événements et la violence policière[338]. Au cours du mois qui suit, les déclarations officielles de trois organismes, ainsi que d'un bloggeur, sont publiées sur la page *bulgaria.Indymedia*[339].

---

336. Jeffrey Juris, « Reflections on *#Occupy* everywhere: Social media, public space, and emerging logics of aggregation », in *American Ethnologist*, vol. 39, n° 2, p. 260.

337. Le mouvement environnementaliste et les publications relatives sont analysés dans Valentina Gueorguieva, *op.cit.*

338. L'appel à protestation, intitulé « Ce n'est que le commencement du combat des étudiants qui sera un travail long et difficile », est publié le 13.1.2009, sur <http://bulgaria.Indymedia.org/article/31324>, suivi par quatre reportages : « Violence contre les protestataires ou contre la manifestation », sur <http://bul garia.Indymedia.org/article/31335> ; « 14.01.2009 : L'unité schizophrénique de la nation », sur <http://bulgaria.Indymedia.org/article/31353> ; « 14.01.2009 : La chronique d'une mise en scène », sur <http://bulgaria.Indymedia.org/article/ 31357> ; « 15-16.01.2009 : La fin d'une mise en scène », sur <http://bulgaria.In dymedia.org/article/31384>, (24-26.5.2012).

339. « Déclaration solennelle du blog Bai Dalai sur la manifestation et l'état de la société : la simultanéité inimaginable du pareil et de l'autre », publié le 18.1.2009 sur <http://bulgaria.Indymedia.org/article/31402> ; « Le 14 janvier – triste,

À partir de décembre 2008, *bulgaria.Indymedia* est engagé pour les protestations en Grèce, provoquées par la mort d'un jeune homme de 15 ans tué par la police, et suivies des occupations des universités grecques attribuées aux communautés de la gauche radicale et aux anarchistes. Le 13 décembre 2008, le site publie l'appel global pour la journée d'action et de solidarité contre « les États meurtriers », le 20 décembre 2008[340], se terminant avec le slogan *We do not forget, we do not forgive!* qui est à cette époque déjà popularisé par le groupe des hackers *Anonymous* au cours de leur action contre la scientologie[341]. Les reportages sur les protestations en Grèce sont toujours à la une sur *bulgaria.Indymedia.* Au cours de 2009-2010, les manifestations, les occupations et les confrontations avec la police en Grèce sont rapportées et interprétées comme les premiers pas vers une révolution mondiale, associée à l'idéologie anarchiste, aux revendications d'une jeunesse sans perspective, ou encore tout simplement comme l'opposition à la réduction des privilèges sociaux et au régime d'austérité financière. C'est à partir de l'automne 2010 qu'apparaissent les premières mentions de « démocratie directe »[342], terme qui sera plus tard associé au mouvement de la place *Syntagma* à Athènes à l'été 2011.

---

moche, mais pas inattendu », déclaration de l'association des étudiants *Priziv* (« Appel »), publiée le 20.1.2009 sur <http://bulgaria.Indymedia.org/article/31444> ; « Comment le peuple a été lumpénisé » publié le 21.1.2009 par un collectif d'anarchistes sur <http://bulgaria.Indymedia.org/article/31445> ; « Les manifestations des étudiants noyées dans le marais du radicalisme de droite », déclaration de l'organisation « 23 septembre » (jeunes socialistes militants), publiée le 13.2.2009 sur <http://bulgaria.Indyme dia.org/article/ 34733>.

340. Publication de l'appel sur *Indymedia* Bulgaria sur <http://bulgaria.Indymedia.org/article/30924> ; l'appel international sur <http://blog.occupied.london.org/2008/12/13/we-dont-forget-we-dont-forgive-day-of-international-action-against-state-murders -20122008/>.

341. Le 21.1.2008, un groupe d'individus se réclamant des *Anonymous*, publie la vidéo « Message to Scientology » sur *YouTube*, se terminant avec le slogan cité, cf. <http://en.wikipedia.org/wiki/Timeline_of_events_invol ving_Anonymous>.

342. Dans la publication, intitulée « Cadre politique du festival anti-autoritaire pour la démocratie directe (8-10.9.2010, Thessaloniki, Grèce) », <http://bulgaria.Indymedia.org/article/37018>. Deux autres publications font mention de « démocratie directe » : « Interview avec un étudiant anglais sur l'occupation de l'Université de Sheffield », publié le 27.11.2010 sur <http://bulgaria.Indymedia.org/article/37329> ; « AASL (action auto-autoritaire pour une société libre) : Position et explication de nos principes et idées », publié le 23 décembre 2010 sur <http://bulgaria.Indymedia.org/article/37411>.

À partir de mai 2011, des reportages sur l'occupation de la *Puerta del Sol* à Madrid sont publiés par l'utilisateur Rada Bukovski qui réside à Madrid[343]. Dans le premier reportage, la déclaration des militants est citée, qui réclame « une démocratie réelle maintenant ». La première assemblée (d'environ 50 à 100 personnes) a eu lieu pendant la nuit du 15 au 16 mai, quand les protestataires décident de rester sur la place centrale de la capitale au moins jusqu'au jour des élections (le 22 mai). Le camp est alors installé, malgré l'interdiction des autorités, et en une semaine le plan, l'infrastructure, les tentes de services communes, ainsi que le régime de l'utilisation du camp sont instaurés[344]. Plusieurs assemblées sont convoquées par Internet et ont lieu dans des camps d'occupation dans plusieurs villes d'Espagne, mais aussi, quand il n'y a pas suffisamment d'espace, par quartiers. Ce mouvement spontané qui choisit de s'appeler « Réelle Démocratie Maintenant ! », deviendra plus connu sous le nom des « Indignés » ou mouvement 15M (du 15 mai), expérimente avec les formes d'organisation des citoyens insatisfaits du système de représentation par les partis politiques. Ils rédigent un manifeste pour la révolution européenne qui commence par « Pas de partis, seulement la démocratie ! »[345]. Les assemblées générales ont pris la décision de lever les camps le 12 juin, mais des assemblées par quartier ont continué à travailler.

En été 2011, l'antenne bulgare d'*Indymedia* suit de plus près les manifestations en Grèce, qui commencent le 25 mai[346]. Cinq publications apparaissent sur le site entre le 27 mai et le 2 juillet 2011[347]. Tout comme en Espagne, les émeutes

---

343. Les trois reportages de Rada Bukovski apparaissent entre le 20 et le 22 mai 2011 : « Révolution en Espagne? », publié le 20.5.2011 de la place des événements sur <http://bulgaria.Indymedia.org/article/37851> ; « Vidéos des protestations en Espagne : Madrid, Puerta del Sol » sur <http://bulgaria.Indymedia.org/article/37856> ; « Révolution en Espagne ? (2e partie) » sur <http://bulgaria.Indymedia.org/article/ 37855>.

344. Rada Bukovski, «Une révolution en Espagne », parties 1 et 2.

345. Cité d'après <http://bulgaria.Indymedia.org/article/37855.

346. « Greece: everywhere like in Spain! » (titre en anglais dans l'original), <http://bulgaria.Indymedia.org/article/37864>.

347. « Grèce : L'ours s'est réveillé », publié le 7.6.2011 sur <http://bulgaria.Indymedia.org/article/37885> ; « Grèce : résolution de l'Assemblée générale de la place Syntagma », publié le 10 juin 2011 sur <http://bulgaria.Indymedia.org /article/ 37889> ; « Appel à bloquer le Parlement grec », publié le 12 juin 2011

commencent avec une assemblée générale sur la place *Syntagma*, le 25 mai. Il n'y a pas de campements, mais les protestataires se retrouvent chaque soir sur la place pour continuer le travail de l'assemblée, qui devient vite connue comme l'Assemblée générale de la place *Syntagma*, et se situe juste en face du Parlement grec. D'après les reportages sur *bulgaria.Indymedia*, c'est un nouveau type de protestation, qui n'est pas organisée par un parti politique, une organisation syndicale ou autre, et il n'y a pas de programme préalable, ni liste de revendications. Les Grecs se rassemblent en masse pour tenir l'Assemblée générale qui essaie de formuler un programme (ou un manifeste), tout en pratiquant « la démocratie directe »[348]. Tout le monde peut prendre la parole et exprimer sa proposition. Des équipes de bénévoles sont formées, travaillant pour assurer le déroulement : rédaction des procès-verbaux des assemblées, consultations juridiques, aide médicale, nourriture, nettoyage. Le 15 et les 28-29 juin, les forces de la police « nettoient » la place *Syntagma*, provoquant la publication des reportages les plus sensibles.

Au début de l'automne 2011, *bulgaria.Indymedia* publie les transcriptions traduites en bulgare de trois discours de Slavoj Zizek sur le mouvement qui est en train de se produire aux États-Unis, le mouvement *#Occupy*[349].

À part ces textes, le site ne publie pas de reportages sur les événements[350].

---

sur <http://bulgaria.Indymedia.org/article/37893> ; « 28-29 juin : 48 heures dans les rues ! (Grèce) », publié le 27.6.2011 sur <http://bulgaria.Indymedia.org/article/37914> ; « La première victoire du mouvement des places en Grèce », publié le 2.7.2011 sur <http://bulgaria.Indymedia.org/article/ 37931>.

348. D'après l'article « La Grèce, l'ours s'est réveillé », sur <http://bulgaria.Indymedia.org/article/37885>.

349. « La résistance signifie se rendre », par Slavoj Zizek, publié le 22.9.2011 sur <http://bulgaria.Indymedia.org/article/38053> ; « L'ennemie, c'est la démocratie », par Slavoj Zizek, publié le 29.10.2011, sur <http://bulgaria.Indymedia.org/article/38097> et « Slavoj Zizek : Premièrement – prendre, et les revendications – après », publié le 3.11.2011 sur <http://bulgaria.Indymedia.org/article/38106>.

350. À l'exception d'une vidéo, <http://bulgaria.Indymedia.org/article/38087> et d'un texte sur la marche des étudiants à Londres, le 9 novembre, sur <http://bulgaria.Indymedia.org/article/38128>.

Le mouvement pour la démocratie directe en Bulgarie (automne 2011)

L'annonce pour la mobilisation globale du 15 octobre 2011 est publiée le 10 octobre 2011, sous le titre « La révolution globale ! »; le texte de l'annonce finit par l'appel « Pour une démocratie réelle et directe maintenant »[351]. Le jour après la manifestation, un court texte accompagné d'un nombre de photos et de vidéos est publié par l'utilisateur sous le pseudonyme « Démocratie directe » (*Pryaka demokratsia*)[352].

Les rassemblements ont lieu tous les samedis du 15 octobre au 19 novembre, au même endroit : le parc entre le Parlement et l'Université de Sofia[353]. Le nombre de participants varie autour d'une centaine de personnes. Des rassemblements parallèles ont lieu dans les autres grandes villes bulgares : Plovdiv, Varna, Veliko Tarnovo. À partir du 19 novembre, le parc est « occupé » par une entreprise commerciale qui y installe un marché de Noël allemand et les assemblées n'ont plus d'espace pour se réunir[354]. Les militants reprennent leurs rassemblements à partir du 12 mai, date choisie pour la mobilisation suivante globale.

Pendant la période de mobilisation, *Indymedia* n'est pas le seul moyen de communiquer utilisé par les militants. Deux groupes ont été créés sur *Facebook*, avec une page-événement séparée pour toutes les dates de rassemblements[355]. Dans les

351. « La révolution globale ! », publié le 10.10.2011 sur *bulgaria.Indymedia* et repris dans les pages-événements sur *Facebook*, sur <http://bulgaria.Indymedia .org/article/ 38075>.

352. Le texte intitulé « Le 15 octobre à Sofia – pour une démocratie réelle et directe! » sur <http://bulgaria.Indymedia.org/article/38082>.

353. Les reportages sur bulgaria.Indymedia « Sofia 11.11.11. - pour une démocratie réelle maintenant! », sur <http://bulgaria.Indymedia.org/article/ 38123> ; « La manifestation du 11.11.11. à Sofia – un souffle d'air frais après l'apathie » sur <http://bulgaria.Indymedia.org/article/38133>.

354. « Que se passe-t-il cette semaine dans le parc à côté du Parlement ??? – 19.11.11. » publié le 24.11.2011, sur <http://bulgaria.Indymedia.org/arti cle/38144>.

355. La page-événement pour le 15.10.2011 est sur <http://www.facebook. com/events/222717791123949/> (15.2.2012) ; pour le 22.10.2011 sur <http:// www.facebook.com/events/265411720168460/> (15.2.2012) ; pour le 29.10.2011 sur <http://www.facebook.com/events/167052260052846/> (10.3.2012) ; pour le 5.11.2011 sur <http://www.facebook.com/events/ 267550799954655/>, (10.3.2012) ; pour le 11.11.2011 sur <http://www.

premiers jours de novembre 2011, un site web intitulé « Résistance – Occupons la Bulgarie ! » est créé (<http://www.saprotiva.com/occupybulgaria/>), qui publie les appels, les rapports des événements et les documents programmateurs du mouvement en Bulgarie. Les publications sur *Indymedia* et sur *Facebook* sont reprises (ou bien elles reprennent) les textes des sites connectés comme « Resistance », mais aussi « No Logo » ou « Life After Capitalism » [356]. Le réseau de sites et blogs, des organismes, initiatives et organisations associées avec *bulgaria.Indymedia,* reproduisent les publications des divers auteurs pendant la période de mobilisation.

L'initiative des rassemblements pour la démocratie directe ne reçoit pas de couverture par les médias principaux[357]. Dans ce cas, les militants ont recours à des médias alternatifs. *Indymedia* n'est plus le seul média qui assure une couverture alternative des protestations. Des reportages sur les rassemblements en Bulgarie sont publiés sur les sites connectés des organismes cités et dans des blogs. Des liens vers les vidéos des amateurs apparaissent sur les pages des groupes sur *Facebook*.

Par le réseau établi des sites d'organismes connectés, *Indymedia* assure un public plus élargi pour les appels à participation, les reportages et les réflexions sur ce qui s'est produit. En cela, les militants du mouvement pour la démocratie directe reproduisent la logique de réseau, caractéristiques de la vague précédente des mouvements sociaux, celle des environnementalistes et des altermondialistes. Le réseau assure l'étendue de la diffusion du message, mais aussi la continuité de l'initiative dans le temps, puisque la publication des matériels relatifs à l'idée de la démocratie directe continue même après la période de la mobilisation.

Dans ce qui suit, je propose une analyse des appels à participation, des documents rédigés par les assemblées et du manifeste du mouvement publié sur son site web, dans l'objectif de répertorier les points d'appui de leur programme d'action, bien

---

facebook.com/events/282422758447500/>, et sur <http://www.facebook.com/events/187762427973 292/>, (10.03.2012).

356. Après le titre de l'ouvrage de Naomi Klein, *No Logo* (en bulgare *bez logo*), <http://bezlogo.com/> ; <http://www.lifeaftercapitalism.info/>.

357. À l'exception d'un reportage sur TV7, <http://tv7.bg/news/conflicts/1195562.html>.

que le mouvement en soi déclare qu'il s'agit d'un nouveau type de mouvement qui ne nécessite pas de programme politique. Les documents ont été soumis à une lecture comparative et répétitive afin de repérer les usages récurrents des idées distinctives et des modes de pensée qui sont ensuite reconstitués dans l'analyse qui suit.

À plusieurs reprises, dans les appels à participation, on trouve une invitation à tous de se joindre aux protestations en tant que personne, pas en tant que représentant de partis politiques. Tout comme le mouvement 15M en Espagne, les protestataires grecs et le mouvement global *#Occupy*, le mouvement pour la démocratie directe en Bulgarie rejette l'affiliation avec des partis ou toute autre organisme appartenant au système politique existant. « Nous ne sommes pas un parti politique. Nous sommes le peuple ! »[358]. La méfiance envers les structures politiques vient de la conviction que la classe politique s'est associée avec les corporations et les élites financières : « *réunis dans une seule voix, nous allons faire comprendre aux hommes politiques et aux élites financières qui ils servent, que c'est à nous, les gens ordinaires, de décider sur notre futur* »[359].

Il ne s'agit pas simplement des cas isolés de corruption dans les élites politiques, mais de la fusion du politique avec l'économique, et c'est tout le système politique qui est défié puisqu'il ne répond pas aux exigences des électeurs, et dessert l'intérêt économique des grandes corporations : « *ainsi ceux qui devaient représenter leurs peuples et gouverner les États soumis à leur autorité, prendre des décisions et les réaliser, étaient achetés et obligés de travailler pour l'intérêt des propriétaires du capital* »[360]. Le problème devient donc, de manière radicale, celui du système de représentation politique.

Un symptôme de la crise des structures politiques est visible dans les taux d'abstention aux élections : « *le taux élevé d'abstention des élections partout dans le monde et la création des mouvements spontanés à l'échelle globale montrent que les structures politiques ne profitent plus de la*

358. « Manifeste » du mouvement *Occupons la Bulgarie*, publié le 5.11.2011 sur <http://www.saprotiva.com/occupybulgaria/manifesto>.
359. « La révolution globale ! », *op. cit.*
360. « Être ou ne pas être … ENSEMBLE – le 11.11.11 », appel à participer aux manifestations publié le 8 sur <http://bulgaria.Indymedia.org/article/38115>.

confiance des gens »[361]. L'autre problème dans le système politique existant, identifié par les protestataires, c'est l'autonomie qu'un représentant obtient une fois élu.

« *Le représentant doit exprimer l'opinion du groupe qui l'a désigné. Il a une mission et après cela, il doit quitter son poste en raison du principe de l'élimination. Ce qui se passe aujourd'hui dans la "démocratie" est bien le contraire : les représentants gardent leurs postes pendant au moins 4 ans ! Pendant cette période, le représentant a le droit de prendre toutes les décisions, de créer des lois et des institutions. Les possibilités pour la société de l'arrêter sont extrêmement limitées*[362]. »

Ainsi, le lien entre le citoyen et l'État est rompu parce que le système de la représentation politique a créé des intermédiaires. Ces intermédiaires ou représentants s'imposent entre le citoyen et le pouvoir. Ce principe a deux effets néfastes. D'un côté, dans le système politique existant, la participation des citoyens au processus politique est réduite au fait de voter une fois tous les quatre ou cinq ans.

Dans les périodes de gouvernements stables, entre les élections régulières, il semble que les citoyens n'ont pas d'influence sur les décisions ou les politiques actuelles du gouvernement. De l'autre côté, comme il a été souligné, une fois élus, les représentants obtiennent une relative autonomie par rapport aux mandants, et peuvent prendre des décisions indépendamment : « *les nations étaient privées de voix réelles, privées de la possibilité de participer vraiment aux décisions affectant leur avenir* »[363]. D'où l'antienne de toutes les réunions protestataires : « Vous ne nous représentez pas ! » Une solution à ce deuxième problème, c'est l'idée du contrôle sur les représentants.

Une troisième idée exprimée par les militants est celle du contrôle des actions des représentants élus pendant la validité de leurs mandats. Les manifestations protestataires sont un véritable mécanisme pour exprimer le désaccord avec les politiques actuelles du gouvernement et, de par ce fait, influencer la prise des décisions par les gouvernements.

---

361. « Des élections à ne pas voter délibérément », publié le 23.10.2011 sur <http://bulgaria.Indymedia.org/article/38090>, et sur <http://www.lifeaftercapitalism.info/politicalvisions/213-direct-democracy-as-an-alternative>.
362. « Des élections à ne pas voter délibérément », *op. cit.*
363. « Être ou ne pas être … ENSEMBLE », *op. cit.*

Une autre expression de cette même idée du contrôle sur le pouvoir, c'est le slogan *We do not forget, we do not forgive!* emprunté au groupe *Anonymous*. Dans l'interprétation des militants, il ne doit pas être lu comme une menace ou comme une indication pour des actions de protestations plus agressives, mais dans le sens de cette idée de la vigilance par rapport aux actions des représentants. « Nous n'avons pas oublié » les belles phrases des politiciens, nous ne voulons plus de vos promesses, nous n'avons pas encore oublié les précédentes. « Nous ne pardonnons pas » les fraudes. *Who is watching the watchers?* C'est le sens de *We do not forgive, we do not forget*, « *c'est qu'ils ne peuvent pas faire des choses intolérables et croire que nous ne le voyons pas, que tout peut s'oublier* »[364].

À tous ces problèmes, les militants ne peuvent pas offrir des solutions toutes faites, « *nous n'avons pas de solutions prêtes pour les problèmes, nous n'avons pas de demandes concrètes. Nous sommes le peuple et nous avons décidé de nous assembler pour en parler* ! »[365].

L'idée de démocratie directe qu'ils souhaitent appliquer, bien qu'elle ait des précurseurs historiques, n'est pas une conception achevée. Et comme pratique elle ne s'est pas encore produite. La démocratie directe « *n'est pas un texte théorique d'idées, mais une réalité pratique. Cela signifie pour nous de reprendre les espaces publics libres dans les quartiers et créer des assemblées publiques, où tout le monde décide, tout le monde participe, tout le monde contrôle [...]. Cela signifie que la démocratie directe n'est pas un régime qui crée des institutions permanentes, mais un processus continu, l'occasion permanente pour les participants de créer leurs institutions et des lois. Les gens dans ce cas sont libres de découvrir de nouvelles façons de créer et d'organiser leur vie sociale, le gouvernement. Ils peuvent expérimenter longuement avec les structures qu'ils utilisent et avec leur flexibilité, afin de pouvoir les modifier quand ils en ont besoin. Donc, il s'agit d'une variété de versions que la vie sociale peut prendre, en fonction de la région, des circonstances particulières, de l'expérience et des nouvelles valeurs et significations qui se dégagent* »[366].

Les militants sont souvent accusés de ne pas avoir de programme ou de liste de revendications. De leur point de vue, il serait inutile de formuler des demandes concrètes quand c'est tout

364. Commentaire par l'usager cycnus au « Manifeste » du mouvement *Occupy Bulgaria*, *op. cit.*
365. « Manifeste », *op. cit.*
366. « Des élections à ne pas voter délibérément », *op. cit.*

le système politique existant qui est à reformer. Mais ils n'ont pas de modèle alternatif déjà fait à proposer. Leur programme, c'est de faciliter l'élaboration du nouveau système de gouvernement qui est en même temps un système politique et la vie en société en soi. Pour ce faire, ils ont besoin d'espace pour leurs assemblées. Puisque la démocratie directe est un processus, puisqu'elle est en train de se produire dans les assemblées générales et dans les occupations, ils demandent un espace physique pour se rassembler et le temps de délibérer pour trouver des solutions acceptables pour tous. Leur seule revendication serait de reprendre les espaces publics : les parcs, les places, les universités.

Les rassemblements qui ont eu lieu en automne 2011 en Bulgarie, inspirés par la vague globale des mouvements *#Occupy*, s'inscrivent dans la logique des démonstrations spontanées de la période précédente en Bulgarie. Tout comme les actions des environnementalistes entre 2006 et 2010 et comme les protestations à vocation unique organisées par le moyen de *Facebook* en 2009 et 2010, ils prennent la forme de démonstrations spontanées et se définissent comme des mobilisations de tous, sans identification à un parti politique, structure syndicale ou autre type d'organisation. Ils insistent sur la structure horizontale des liens entre les participants et rejettent la logique hiérarchique d'organisation. Ils expriment les mêmes idées de vigilance ou de contrôle sur les actions du gouvernement de la part des citoyens, et défient le système de la représentation politique.

À la différence des mobilisations de la période précédente, les assemblées pour la démocratie directe ne sont pas une forme de contestation immédiate exprimant le désaccord des citoyens avec un acte particulier du gouvernement. D'où la forme qu'elles prennent : ce ne sont pas des marches de protestation, des manifestations ou d'autres formes de démonstration qui ont lieu d'habitude devant les demeures des institutions du pouvoir respectives, mais des assemblées générales qui discutent des problèmes et cherchent des solutions. Ces assemblées se proposent d'explorer et d'expérimenter de nouvelles formes de participation au processus démocratique, dans l'objectif d'envisager un système politique qui offre des alternatives au principe de la représentation politique. Dans ce sens, ce mouvement ne peut pas articuler d'autres revendications que la demande de réserver les espaces publics pour ces assemblées générales.

Indymédia, le média créé par la vague précédente des mouvements sociaux, a le rôle d'assurer la couverture des événements similaires dans les autres endroits du monde. Une attention spéciale est portée aux événements en Grèce, où l'antenne bulgare à des connexions déjà établies. *Indymedia* facilite aussi la formulation et la popularisation des objectifs du mouvement pour la démocratie directe en Bulgarie, en publiant les documents qui servent de programme. Le centre, par le réseau des sites reliés, assure aussi la dissémination du message et la continuité dans le temps pour ses mobilisations sans organisation préalable.

Valentina Gueorguieva

Chapitre 11

L'e-démocratie en République tchèque

Le marketing politique et ses instruments

L'expression « marketing politique » est apparue pour la première fois en 1956 dans un article du politologue américain Stanley Kelley. Pendant les années 1950, alors que la vie quotidienne des Tchèques était difficile pendant le communisme, les Américains menaient déjà des campagnes politiques avec des attaques ciblées contre les opposants[367]. Une conception de « marché » prédomine dans le marketing politique qui préconise de mettre le consommateur au centre de l'attention du parti. La définition du marketing politique est toujours en train de se former, sa délimitation n'est pas facile et évolue constamment. Il était auparavant considéré comme une simple propagande préélectorale. S'il est utilisé avec efficience, il peut conduire à une réussite continue[368].

Philip Kotler, connu comme « le gourou du marketing », a ajouté aux termes déjà connus de demande, produit, valeur, prix, transaction, marché, etc., la notion de « social ». Une campagne électorale qui utilise les éléments du marketing devrait être

367. Martina Fojtů, *Historie a zajímavosti politického marketingu*, Brno, Université Masaryk, 2009, 29.10.2009, sur <http://www.online.muni.cz/tema/1613-historie-a-zajimavosti-politickeho-market ingu->, (mars 2012).
368. Pavel Šaradín, *Politické kampaně, volby a politický marketing*, Olomouc, Periplum, 2007, p. 142.

structurée, selon Kotler, comme suit : analyse systématique du milieu politique, au regard de la situation économique, des préférences électorales, de la méthode de travail du parti, du système juridique, etc. ; orientation de la campagne sur le sujet posant sa candidature (groupement politique ou candidat individuel) ; sondage électoral (adaptation, ciblage du programme électoral) ; place du candidat sur le marché électoral déterminé par les conditions économiques, le contexte juridique, les facteurs sociodémographiques, la culture politique, les acteurs politiques ; élaboration de la stratégie politique, définition des objectifs que le sujet présentant sa candidature propose ; marketing tactique, réalisation de la campagne électorale (communication politique) ; déroulement de la campagne électorale et élaboration du budget[369].

Les fonctions les plus importantes du marketing politique sont : la définition du produit, le choix du canal de communication, la détermination du coût, la communication, la gestion de l'information. Pour que les communiqués des candidats parviennent jusqu'aux consommateurs finaux (électeurs), on utilise des instruments de différents types : presse, panneaux publicitaires (publicité extérieure), réunions, soutien de vedettes, installations 3D dans les rues, *choice-box* (installations multimédias de la dimension d'une petite salle dans laquelle les électeurs peuvent exprimer leurs opinions sur des sujets variés), publicité télé, publicité radio, plus récemment sites internet électoraux et médias sociaux (*Facebook*, *MySpace*, *YouTube*).

Tableau n° 1 : Date d'apparition des médias de masse[370]

Média	*Date*	*Média*	*Date*	*Média*	*Date*
Presse écrite	1500	Enregistrement sonore	1900	Cinéma	1910
Radio	1920	Télévision	1950	Téléphone portable	1973
		Internet	1990		

Il ne faut donc plus comprendre la campagne électorale comme une simple publicité que l'électeur enregistre à peine et qui le laisse indifférent. Chaque sujet doit commencer par une analyse

369. Philip Kotler, *Marketing management*, Prague, Grada, 2007, p. 720.

370. Jakub Pavlík, ***Sedmé masmédium***, Desná, Java Micro Edition, 2010, sur <http://jme.jpweb.cz/sedme-masmedium>, (14.9.2010).

approfondie du milieu dans lequel il veut disputer les voix des électeurs. Sur la base d'un sondage marketing, on peut alors choisir une stratégie et diriger la campagne en continu. Partis politiques, mouvements et coalitions doivent formuler un programme électoral, élire un candidat, à savoir définir le produit, choisir le thème principal de la campagne. Il ne faut plus envisager des thèmes concernant uniquement la République tchèque, mais il faut trouver aussi des motivations universelles et conformes au milieu de l'Union européenne. Puis ils doivent déterminer sur qui leur produit doit agir, à qui il est destiné, quels groupes d'électeurs les intéressent, et ils s'adressent à eux sur la base de ces faits, à savoir choisir un canal de distribution, définir le coût et les conditions d'obtention des voix requises de ces électeurs. Ce procédé est en liaison étroite avec l'utilisation des instruments marketing, la manière dont les candidats se présentent au public dans les médias et la gestion de l'information[371].

Le marketing politique part des principes marketing. La campagne électorale n'est plus ainsi une simple publicité, mais est précédée par un long processus de sondage et d'analyse de tous les facteurs qui l'influencent. Une bonne campagne devrait avoir une histoire, elle doit amener l'électeur à se constituer un lien avec l'homme politique ou avec le parti, et lui donner l'impression de participer à quelque chose d'important. Sa mission principale consiste à persuader les électeurs déjà décidés à se présenter réellement aux bureaux de vote et donner leur voix à celui qu'ils croient pouvoir les représenter le mieux. Le choix d'une bonne stratégie et une bonne gestion de la campagne maximisent la victoire des candidats, à savoir le nombre de voix obtenues. On peut apprendre le marketing en un jour, mais pour le maîtriser à la perfection, il faut toute une vie[372]. C'est l'Internet et son utilisation qui offrent un grand potentiel dans le domaine du marketing politique.

371. Anna Matušková, « Volební kampaně a marketingové metody », in *Volby do Evropského parlamentu: Co mohou změnit?*, Prague, Evropské hodnoty o.s., 2008, pp. 91-92.
372. Philip Kotler, *Marketing od A do Z*, Prague, Management Press, 2003, p. 208.

Internet, support politique

La naissance de l'espace cybernétique (cyberespace) représentait (et représente toujours) une intervention radicale dans la théorie et la pratique de la géopolitique. Nous devons la naissance du cyberespace surtout à trois découvertes révolutionnaires : les ordinateurs, les satellites et l'Internet. Sans elles, il ne pourrait y avoir de cyberespace. Il faut les prendre en compte pour saisir l'importance révolutionnaire du cyberespace dans la politique au XXIe siècle[373]. L'importance du cyberespace et de l'Internet augmente proportionnellement à l'augmentation du nombre d'utilisateurs de l'Internet et de la vitesse de la connexion internet. Chacun de nous peut observer, au moins une fois par jour, une présentation internet qui n'est pas placée correctement ou dont le contenu n'attire sûrement pas l'utilisateur... La magie ne consiste pas seulement en ce qu'un organisme ait un site internet, mais le contenu de celui-ci, l'aspect, et son efficacité importent bien davantage, ce que beaucoup d'organismes actuellement ne réalisent pas encore. Beaucoup d'entreprises connaissent le grand potentiel que cachent les territoires pas encore touchés par les ordinateurs et l'Internet, les partis politiques aussi commencent actuellement à s'y intéresser, voyant un grand potentiel dans ce domaine pour le marketing politique. Tandis que le nombre total d'utilisateurs de l'Internet s'élevait à 3 000 en 1981, actuellement il dépasse 2 milliards[374].

L'Internet se développe énormément et l'importance d'un bon support marketing politique d'autant plus. Par curiosité, on peut indiquer que le nombre de visites de sites internet tchèques en janvier 2008 a dépassé pour la première fois six millions d'utilisateurs[375]. On peut produire encore d'autres statistiques relatives au commerce. Ainsi, tandis que le volume des ventes par l'Internet en 2010 se chiffrait à 33 milliards de couronnes tchèques

---

373. Štefan Volner, *Geopolitika (Klasická - Nová, EÚ geopolitický aktér 21. storočia)*, Bratislava, Iris, 2010, p. 495.

374. Jiří Dušek, *Internetová prezentace firmy a její porovnání s konkurenčními subjekty na trhu ČR, diplomová práce*, České Budějovice, Jihočeská univerzita v Českých Budějovicích, Zemědělská fakulta, 2005, p. 105.

375. « Český internet má rekord. Používá jej více než 6 milionů lidí », Prague, *Czechia24*, 2008, sur <http://www.czechia24.cz/cesky-internet-ma-rekord-pouziva-jej-vice-nez-6-milionu-lidi.html>, (26.2.2008).

(CZK), le chiffre d'affaires du commerce sur l'Internet a augmenté de 4 milliards de couronnes en 2011[376]. Grâce au développement de l'Internet, les visioconférences deviennent monnaies courantes, les représentants des partis et des mouvements politiques répondent directement aux questions des électeurs. Les différentes personnes peuvent y présenter leurs programmes et leurs opinions et ont la possibilité d'y mener débats et commentaires sur des événements variés.

Même s'il est difficile de « parler » directement sur l'Internet, il existe toute une gamme de possibilités de communication comme les bavardages (ou tchat), les e-mails, les forums. On peut considérer l'Internet comme un nouveau support pour les acteurs politiques. Au niveau de la communication publique, l'Internet permet aux acteurs politiques un échange rapide et peu coûteux de l'information. Les candidats peuvent ainsi discuter avec des groupes ciblés d'électeurs lors des campagnes préélectorales, sans devoir utiliser l'intermédiaire d'autres médias. Son importance continue d'augmenter et il est possible qu'il remplace la télévision dans l'avenir, que la lutte décisive pour le fauteuil présidentiel ne se déroule plus devant les caméras, mais sur l'Internet. Un autre avantage incontestable de l'Internet consiste dans le fait qu'il ne cantonne pas « le client », l'électeur, au rôle de spectateur passif qui ne peut que suivre les informations présentées. Il peut ouvrir un nombre infini de sites, de fenêtres, comparer tout de suite les informations, manifester activement son opinion.

Le potentiel de l'Internet ne concerne pas uniquement le domaine du marketing politique, mais aussi le domaine des médias sociaux, qui sont dans le sens strict des technologies permettant aux utilisateurs de s'inter-influencer et de partager leur propre contenu ou un antérieur, en offrant une communication largement ouverte entre utilisateurs. On peut démontrer la force des médias sociaux dans le secteur privé en prenant l'exemple d'Israël, où la population a exigé, par une campagne sur le réseau social *Facebook*, la diminution du prix du fromage local, le *cottage*, de 25 %. Ainsi, les gens peuvent coordonner plus efficacement leurs actions,

---

376. Pavel Gregor, « Letošní obrat e-shopů může dosáhnout až 37 miliard korun », Prague, DCD Publishing, 2011, sur <http://www.reselleronline.cz/letosni-obrat-e-shopum-muze-dosahnout-37-miliard-korun>, (12.10.2011).

influencer l'opinion publique, réaliser les changements socio-économiques fondamentaux. Comme mentionné ci-dessus, le marketing politique ne peut cantonner l'utilisateur à un rôle de spectateur passif, mais à celui d'un utilisateur actif qui peut mobiliser de nombreux autres utilisateurs grâce à l'Internet. Selon Belinda Whittaker, on peut mesurer l'importance de l'Internet sur de nombreux événements récents à travers le monde entier : Révolution orange en Ukraine, nov. 2004 - janv. 2005 ; « *Twitter* Revolution » moldave en avril 2009 ; élections en Iran en juin 2009 ; Révolution tunisienne (dite du « jasmin »), décembre 2010 - janvier 2011 ou encore Révolution égyptienne en janvier 2011[377].

Le rapport de la société Nielsen confirme l'infiltration réussie et continue de l'Internet et des médias sociaux dans notre vie, dans le cadre de son étude *State of the Media* : le *Social Media Report* s'oriente vers les tendances et modèles d'utilisation des plates-formes sociales aux USA et autres marchés au cours du troisième trimestre 2011. On peut résumer les résultats les plus marquants de cette étude avec les sept points suivants[378] :

- les réseaux sociaux et blogs constituent la majeure partie du temps passé par les Américains en ligne, soit actuellement près de la moitié du temps passé sur l'Internet ;

- en mai 2011, les Américains ont passé au total 53 milliards de minutes en plus sur *Facebook*, par rapport à tous les autres sites ;

- *Tumblr*, qui est un acteur croissant des médias sociaux, a presque triplé son public en 2010-2011 ;

- presque 40 % des utilisateurs des médias sociaux accèdent au contenu des médias sociaux depuis leur téléphone portable ;

- les utilisateurs de l'Internet âgés de plus de 55 ans font avancer la croissance du *networking social* à travers l'Internet mobile ;

- 70 % des adultes actifs sur les réseaux sociaux achètent en ligne, ce qui fait 12 % de plus que pour un utilisateur internet moyen ;

377. Belinda Whittaker, « Social Media-Based Revolutions: Where Open Networks and Political Change Converge », Prague, Economia, 2011, sur <http://ihned.cz/c1-50799470-social-media-based-revolutions-where-open-networks-and-political-change-converge>, (28.2.2011).

378. Pavel Neuman, « Report a infografika: Stav sociálních médií », Desná, Java Micro Edition, 2011, sur <http://buzzmag.cz/report-a-infografika-stav-social nich-medii-13-09-2011/#entry-author-info>, (13.9.2011).

- la connexion aux réseaux sociaux et blogs, dans chaque pays, occupe la majorité du temps passé en ligne, totalisant au moins 60 % d'utilisateurs internet actifs.

Histoire du marketing politique dans la politique tchèque[379]

Ce sont les Américains qui ont pour la première fois utilisé la stratégie du marketing politique en secondant *Občanské fórum* (le Forum civique) dans leur campagne. Les consultants sont alors venus des camps républicain et démocrate. Toutefois, dans l'euphorie suivant le mois de novembre 1989, personne n'a été capable de travailler comme les Américains le désiraient. Le commentateur de la revue *Reflex*, Bohumil Pečinka, l'a décrit dans son livre *Le chemin vers le Château* en ces termes : « *ils sont rentrés aux USA avant même le début de la campagne, avec le sentiment que personne ne voulait les écouter et se faire instruire par eux* »[380]. Depuis ce temps, des tentatives de marketing politique ciblé sont de plus en plus souvent apparues. L'ODS l'a utilisé lors des élections en 1992, mais ses pionniers furent les sociaux-démocrates. Pour les élections en 1996 et en 1998, ils ont nommé un manager électoral tchèque et engagé un stratège. Toutefois, ce sont des employés d'une agence américaine qui ont analysé les données des sondages pour eux. Quant à l'utilisation en masse du marketing, les élections parlementaires en 2006 sont citées comme un des exemples les plus marquants. C'est aussi pour cette raison que les médias et le public ont commencé à percevoir l'existence du marketing politique.

L'Internet avec les réseaux sociaux de type *Facebook* ou *Twitter* est de plus en plus souvent utilisé comme un instrument du marketing politique tchèque. Mais si quelqu'un manifeste son soutien au parti sur l'Internet, cela ne signifie pas forcément qu'il soutient le parti aussi dans la vie réelle. Le parti politique tchèque nouvellement créé, le TOP 09, a essayé de résoudre le problème en présentant un top radar, inspiré par la campagne présidentielle

379. Martina Fojtů, *Historie a zajímavosti politického marketingu*, Brno, Université Masaryk, 2009, sur <http://www.online.muni.cz/tema/1613-historie-a-zajimavosti-politickeho-marketingu->, (29.10.2009).
380. Bohumil Pečinka, *Cesta na Hrad*, Prague, Formát, 2003, p. 186.

de Barack Obama. Les personnes y adhèrent, par exemple les habitants de Plzeň, et voient tout de suite quels sont les partisans du TOP 09 à Plzeň et peuvent également les rencontrer.

L'Internet et les réseaux sociaux ont joué un rôle important en 2006, la grande année électorale, au cours de laquelle les élections parlementaires, communales et sénatoriales se sont déroulées en République tchèque. Toutes ces élections ont été influencées radicalement par plusieurs « e-referendums » du parti politique *Věci veřejné*, et par des initiatives hors parti publiées sur l'Internet, ce qui n'a pas influencé la participation électorale, il est vrai, mais qui a pu influencer les décisions des électeurs.

Naissance de l'e-démocratie en République tchèque

L'e-démocratie (combinaison des termes électronique et démocratie) représente l'utilisation des technologies d'information et de communication et des stratégies au niveau politique et gouvernemental. Les acteurs démocratiques et le secteur comprennent dans ce contexte gouvernement, représentants élus, médias, organisations politiques, citoyens-électeurs. L'e-démocratie vise une participation plus étendue et plus active rendue possible par l'Internet, la communication mobile et les autres technologies, à l'époque de la démocratie représentative actuelle, ainsi qu'à travers les formes directes plus participatives de la démocratie en s'adressant concrètement aux citoyens[381]. L'e-démocratie représente un concept relativement nouveau, né de la popularité de l'Internet et de la nécessité de renforcer l'intérêt des citoyens à la démocratie et aux processus démocratiques[382]. L'engendrement d'un intérêt accru à la démocratie est la clé de tout[383]. Par exemple, les citoyens sont davantage prêts à utiliser l'Internet pour soutenir leurs candidats et les campagnes

381. Steven Clift, *E-Democracy Resource Links from Steven Clift - E-Government, E-Politics, E-Voting Links and more*, 2004, sur <http://www.publicus.net/articles/edemresources.html>.
382. Christine Bellamy & John A. Taylor, *Governing in the Information Age*, Londres, Open University Press, 1998, p. 196.
383. Stephen Stockwell, « Hacking Democracy: the work of the Global Citizen », *The Southern Review-Online Journal*, 2001, 34, n° 3, pp. 87-103.

électorales de ceux-ci[384]. Les sondages indiquent de même que les processus politiques et les décisions se sont éloignés et détachés des personnes « ordinaires », les lois sont forgées par un groupe de législateurs bien loin de ces citoyens[385]. L'objectif principal de l'e-démocratie est donc de changer l'opinion négative que les citoyens ont des institutions gouvernementales[386]. Toutefois, les doutes existent au sujet de l'effet réel de tous les instruments électroniques et numériques sur la participation des citoyens au gouvernement démocratique, tout comme une mise en garde devant les simples « propos vides » de la démocratie électronique[387].

La majorité des démocraties développées dans le monde entier se trouve aux prises avec la participation électorale décroissante, avec l'indifférence croissante et l'apathie des citoyens face à la politique. La démocratie représentative, où les individus représentant les intérêts de leurs électeurs et votant des questions liées au choix social sont choisis par un processus de scrutin majoritaire, traverse ainsi une grande crise ayant pour effet une faible participation électorale et des résultats indécis dans beaucoup d'États européens. La méthode idéale pour intéresser davantage les électeurs consiste en une utilisation plus intensive de la démocratie directe, dans laquelle les choix sociaux sont déterminés directement par les citoyens sur la base de la règle du scrutin majoritaire[388]. La démocratie directe est néanmoins très chère, le référendum national en République tchèque coûtant quelque 500 millions de couronnes tchèques. L'utilisation de l'Internet est donc une alternative beaucoup moins onéreuse et plus efficace.

Le premier État au monde où l'Internet a pu être utilisé au scrutin lors des élections nationales fut l'Estonie lors des élections

384. Garance Franke-Ruta, « Virtual Politics: How the Internet is Transforming Democracy », *The American Prospect-Online*, 2003, 14, n° 9, pp. A6-A8.
385. Christine Bellamy & John A. Taylor, *op. cit.*, p. 196.
386. Bryan Mercurio, « Overhauling Australian Democracy: The Benefits and Burdens of Internet Voting », *University of Tasmania Law Review*, 2003, 21, n° 2, pp. 23-65.
387. Vincent Mosco, *The Digital Sublime: Myth, Power, and Cyberspace*, Cambridge, The MIT Press, 2005. p. 230.
388. Jiří Dušek & Václav Protiva, *Veřejná ekonomika,* České Budějovice, Vysoká škola evropských a regionálních studií, 2007, p. 242.

communales en 2005. Même s'il ne s'agissait pas du premier scrutin en ligne, l'Internet ayant été utilisé par exemple en 2000 lors des primaires du Parti démocrate en Arizona, en 2004 au Michigan, lors de plusieurs referendums à Genève en Suisse, l'Estonie fut le premier pays à avoir utilisé cette méthode de vote pour les élections au niveau national. Le maintien de la participation électorale et la motivation des citoyens jeunes à voter aux élections sont les principales raisons pour lesquelles l'Estonie a introduit cette méthode de vote. Comme avec une plus large participation électorale, les élections reflètent les préférences de la société de manière plus réaliste, on peut alors avancer qu'elles servent au développement ultérieur de la démocratie. Une plus grande participation électorale peut faire intégrer ou éliminer certains sujets électifs. Selon les auteurs du projet, une telle possibilité de vote figure parmi les bénéfices fondamentaux de la société d'information.

Tableau n° 2 : Taux de participation aux élections (en %)[389]

Élections	*1994*	*96*	*98*	*2000*	*02*	*03*	*04*	*06*	*07*	*08*	*10*
Chambre des députés		76,41	74,01		58			64,5			62,6
Élections régionales				33,64			29,6			40,3	
Élections communales	60,68		45,02		43,4			46,4			48,5
Parlement européen							28,3		28,2		
Référendum adhésion à l'UE						55,2					

En République tchèque, des élections de tout type se déroulent presque chaque année, l'année 2010 ayant été une grande année électorale avec les élections parlementaires, communales et sénatoriales. La fréquence des élections conduit ainsi à une professionnalisation croissante des campagnes électorales, dans lesquelles on engage même les spécialistes étrangers pour la gestion des élections.

389. Václav Rada, *Internet v praxi: Komunální volby v Estonsku, dočkáme se i u nás?*, 2006, sur <http://www.internetprovsechny.cz/clanek.php?cid=154>.

Le parti politique ČSSD (Parti social-démocrate tchèque) a essayé dans les années passées de sonder l'opinion du public sur différents sujets à l'aide des sondages marketing, pour mieux s'adresser aux électeurs de la médiane. Nous pouvons ainsi qualifier le ČSSD en quelque sorte de précurseur de l'e-démocratie. Le parti politique ne laissait pas ses membres ou le public voter directement, il est vrai, mais il sondait leurs positions sur certains problèmes. D'autres partis politiques essaient eux aussi de viser l'électeur de la médiane ou l'électeur universel (on distingue encore les électeurs actif et menacé). Les électeurs universels représentent la plus grande partie dans toutes les classifications. Ils ne sont pas tranchés dans la perception des situations problématiques, leur attention se concentre sur les problèmes indiqués comme les plus significatifs par tous les répondants. L'intérêt des partis politiques les plus puissants se concentre sur ce type d'électeur. Les électeurs universels préfèrent néanmoins plutôt des rassemblements politiques nouveaux, ou font partie des électeurs indécis[390].

Le parti politique relativement nouveau *Věci veřejné* (VV) fut le premier acteur politique à utiliser intensément cette « e-démocratie ». *Věci veřejné* a déjà par le passé inséré dans son programme politique un engagement selon lequel, s'il arrivait au parlement, ses membres et sympathisants co-décideraient de l'orientation ultérieure de leur politique au moyen de referendums électroniques au sein du parti. À cette époque néanmoins personne ne pouvait pronostiquer que *Věci veřejné* arriverait au parlement et deviendrait même un acteur important sur l'échiquier politique. Certains citoyens tchèques ont ainsi voté en juillet 2010, pour la première fois sur l'Internet dans le cadre d'un referendum au sein du parti, sur la question de la coalition du parti politique VV avec les partis politiques ODS et TOP 09.

---

390. Vojtěch Spáčil, « Typologie voliče pro komunální volby », in *Sociální studia 3/2011*, Brno, Katedra sociologie Fakulty sociálních studií Masarykovy univerzity, 2011, pp. 17-39.

Věci veřejné, Parti de la démocratie directe[391] et ses referendums

Le parti *Věci veřejné* a vu le jour en 2001 comme le parti des citoyens voulant résoudre les problèmes de la capitale, Prague, surtout ceux que la mairie ne résolvait plus depuis longtemps. VV a obtenu en 2002 un élu à la municipalité de l'arrondissement de Prague 1, et agissait au sein de l'opposition. Ses activités ont inspiré les citoyens des autres lieux, ainsi des organisations locales sont-elles nées en 2005 et 2006 à Prague 7, *Černošice* (devenue indépendante sous le nom de *Věci černošické* ou de *Kostelec nad Orlicí*, Affaires de Černošice).

Les élections en 2006 ont rapporté à *Věci veřejné* une mise en valeur de son travail sous la forme du résultat électoral, avec l'obtention de 22 % des votes à Prague 1, le parti étant ainsi devenu le second gagnant. *Věci veřejné* a participé en 2008 aux élections sénatoriales, au cours desquelles ses deux candidats au sein des districts de Prague 1 et Prague 5 n'ont pas été élus, il est vrai, mais ont occupé des places en tête. *Věci veřejné* a aussi établi une liste de candidats au parlement européen et a obtenu 2,40 % des voix, ce qui est le meilleur résultat parmi les partis non-parlementaires, ayant ainsi devancé même *Strana zelených* (Parti des Verts), parti parlementaire.

En 2010, le parti a été mené aux élections par le nouveau président Radek John, ancien journaliste et reporter de télévision qui avait été élu en 2009 lors du premier vote direct sur l'Internet en République tchèque. *Věci veřejné* a obtenu 10,88 % au total lors des élections à la Chambre des députés tchèque en 2010, gagnant ainsi 24 mandats. VV a toutefois obtenu 304 représentants seulement (0,29 %) sur un total de 62 178 élus lors des élections municipales (10/2010).

Les préférences décroissantes conduisent à l'affaiblissement du nombre de militants de base. Environ 1 700 membres ont payé la cotisation en 2010. Mais après les élections en 2010, le nombre d'intéressés à devenir membre a augmenté, le nombre d'aspirants a alors dépassé 4 000. Toutefois, après de nombreux échecs, affaires de corruption et démarches impopulaires des dirigeants du

391. *Historie strany Věci veřejné*, Prague, Věci veřejné, 2010, sur <http://www.veciverejne.cz/o-nas.html>.

parti, un peu plus de 800 personnes seulement ont versé leur cotisation (étant ainsi redevenus membres réguliers) au début de 2012. La situation a été de même influencée par le procès en cours du chef informel et fondateur du parti Vít Bárta, suspecté d'avoir corrompu les députés Kristýna Kočí et Jaroslav Škárka.

La démocratie directe de VV repose sur trois piliers constitutifs : information la plus complète possible, participation maximale de tout intéressé à la préparation des décisions, contrôle systématique et public de l'activité, des décisions et, non en dernier lieu, des finances. L'application de ces socles à la vie à l'intérieur du parti exige des méthodes très étudiées, une réglementation, une chaîne de réaction entre la représentation supérieure, la réunion de cadres, membres et même sympathisants ou partisans inscrits, appellation sous laquelle ils sont mentionnés dans le statut de VV. Du point de vue du système, les règles internes de VV pourtant ne diffèrent aucunement des statuts des autres partis qui ne se déclarent pas être les partis de démocratie directe. On peut avancer que les auteurs du statut de VV ne se sont pas penchés sur les processus que la démocratisation du parti doit respecter, si le parti veut se considérer comme un parti de démocratie directe[392].

Au 31 décembre 2011, 134 referendums avaient été organisés sur le site du parti politique VV relatifs aux sujets concernant la sécurité, les transports, l'enseignement, la santé publique, etc. Plusieurs sondages continus ont ensuite été effectués au cours des négociations de coalitions en été 2010 qui ont été lancées au sujet des différents chapitres du pacte de coalition et qui ont servi de base de réaction pour les hommes politiques de VV.

La différence entre sondages et referendums était très claire jusqu'en mai 2011. Les sondages n'avaient qu'un caractère indicatif alors que les résultats des referendums avaient un caractère d'obligation pour le parti. Le parti néanmoins a limité la force des partisans inscrits de *Věci veřejné* à la conférence électorale à Hradec Králové (28.05.2011) où il a approuvé la modification du statut selon lequel les personnes ne pourraient plus influencer sur l'Internet le choix des leaders sur les listes de candidats aux

392. Stanislav A. Hošek, *Přímá demokracie v provedení VV*, 2010, sur <http://www.literarky.cz/domov/politika/2602-pima-demokracie-v-provedeni-vv>.

élections communales. La majorité des résultats de vote des referendums des « V-istes » n'auront désormais qu'un caractère de recommandation. Il est bien positif qu'un parti politique ait connaissance de l'opinion de ses électeurs et sympathisants, mais nous en arrivons aux problèmes fondamentaux : la représentativité du vote, la couverture technique du scrutin et l'immatriculation de nouveaux membres et sympathisants.

Seulement 22 % environ des partisans inscrits ont participé au referendum de VV sur la formation de la coalition gouvernementale en juillet 2010. Pourtant, 16 873 personnes avaient le droit de vote au sujet de la formation d'un gouvernement de coalition. Seulement 2 912 personnes (78,13 % de votants) ont approuvé l'entrée de *Věci veřejné* dans la coalition, 815 personnes (21,87 %) ont manifesté une opinion contraire. Les seuls membres et sympathisants qui se sont inscrits le jour des élections parlementaires au plus tard (28-29 mai 2010) ont pu voter. Selon Jiří Hroník[393], si nous réalisons que 8,4 millions d'électeurs pouvaient venir voter, dont 5,2 millions ont effectivement voté de manière valide, on peut sourire relativement au fait que l'avenir d'un gouvernement éventuel dépend de plusieurs milliers de personnes votant sur l'Internet et appartenant à un parti qui n'a fini qu'en cinquième place !

Un vote des leaders des listes de candidats aux élections communales d'octobre 2010 a suivi en été. En majorité des personnes jeunes et novices politiques sont devenus leaders sur les listes (par exemple, le leader à *Ústí nad Labem* est alors âgé de 23 ans). Plus de 17 % des partisans dûment inscrits ont participé au vote, à savoir 3 500 personnes environ. La composition des listes de candidats aux élections communales a dû être confirmée ensuite par l'état-major du parti. Il y avait plus de 500 candidats, donc sept votants en moyenne par candidat. Pour décrocher la première place, il suffisait alors théoriquement par endroit de visiter et de convaincre quatre partisans inscrits de VV[394]. Dans un

393. Jiří Hroník, *Dohoda o vládě může padnout v referendu Věčkařů. Kalousek věří v autoritu Johna*, Prague, Parlamentní listy, 2010, sur <http://www.parlamentnilisty.cz/parlament/167340.aspx>.

394. Radka Wallerová & Bohumil Zeman, *Lídry VV vynesly na vrchol kandidátek i pouhé dva hlasy*, Prague, iDnes, 2010, 3.8.2010, sur <http://zpravy.idnes.cz/lidry-vv-vynesly-na-vrchol-kandidatek-i-pouhe-dva-hlasy-pif-domaci.asp?c=A100803_1426627_doma ci_hv>.

district, personne n'a obtenu de vote, ailleurs, deux candidats en ont récolté un nombre identique, chose improbable avec un nombre élevé d'électeurs. De même, un candidat a obtenu 100 % ! Les nombres de votes obtenus restent secrets. Il valait donc mieux ne pas choisir les candidats pour le Sénat de cette manière.

Selon le parti VV, la couverture technique du vote est très bien assurée. L'immatriculation sur l'Internet est vérifiée via le téléphone portable par un message SMS, par un code d'activation, et par e-mail. Il est toutefois certain que si quelqu'un voulait manipuler le vote, il suffisait d'acheter quelques cartes SIM (au prix de 50 à 100 couronnes). Les organisateurs du concours *Český slavík* (le Rossignol tchèque) ont déjà pu s'assurer qu'on peut facilement abuser du système de vote par SMS en République tchèque, lorsqu'une chanteuse a manipulé les résultats du concours en investissant 100 000 couronnes environ dans ce type de vote. Dans le cas du vote concernant le parti VV, il suffirait d'investir beaucoup moins de moyens financiers. Un autre problème surgit lors de l'immatriculation : comment barrer la route au flux des arrivistes politiques qui adhèrent au parti uniquement en vue d'un profit matériel et qui peuvent se faire élire à des postes intéressants. Un délai d'attente pour devenir membre régulier serait une des alternatives. Les conditions d'immatriculation ont été rendues plus sévères en 2011, une adresse réelle étant exigée pour l'envoi du code d'activation, mais une question se pose alors : dans quelle mesure ceci renforce-t-il la sécurité des e-referendums ?

Le rôle des initiatives internet hors parti dans les élections tchèques en 2010

En dehors de la démocratie directe précitée de *Věci veřejné*, on peut mentionner d'autres éléments pouvant faire partie de l'e-démocratie tchèque : les initiatives internet civiques hors parti. Avant d'évoquer leur émergence, il faut d'abord expliquer la situation politique en 2009-2010. On a commencé à parler des élections prématurées peu après la publication des résultats des élections parlementaires en 2006. Celles-ci ont abouti à un match nul, le bloc de gauche (communiste et sociaux-démocrates) a obtenu 100 fauteuils parlementaires, donc à égalité avec la coalition ultérieure des ODS, KDU-ČSL (Union chrétienne démocrate-Parti populaire tchèque) et *Strana zelených*. Après une crise de six mois où ont gouverné des gouvernements sans confiance acquise par un vote, le gouvernement de Mirek Topolánek a réussi le 9 janvier 2007 à obtenir la confiance à la Chambre des députés. Depuis, l'opposition, le ČSSD en tête, a plusieurs fois essayé de destituer le gouvernement. La défiance au gouvernement n'a été votée avec succès qu'au cinquième essai, le 24 mars 2009, à l'époque de la présidence du Conseil de l'Union européenne par la République tchèque.

Après la chute du gouvernement, plusieurs alternatives de solution à la crise gouvernementale ont été discutées. Finalement, les partis ODS, ČSSD et *Strana zelených* se sont mis d'accord sur un cabinet de fonctionnaires présidé par Jan Fischer. Celui-ci devait gouverner jusqu'aux élections prématurées. La loi constitutionnelle a permis les élections anticipées en abrégeant la période électorale, tout comme en 1998. Cette loi a été sanctionnée le 13 mai 2009 par la Chambre des députés, le 28 mai 2009 par le Sénat, et le 15 juin 2009 signée par le Président de la République[395].

Les élections à la Chambre des députés du Parlement de la République tchèque en 2009 devaient se dérouler les vendredi 9 et samedi 10 octobre 2009. Il devait s'agir d'élections anticipées qui abrégeraient la cinquième période électorale de la Chambre des députés du Parlement de la République tchèque. L'abréviation de la période électorale devait être permise par l'adoption de la loi constitutionnelle à caractère non permanent n° 195/2009 Sb. sur l'abréviation de la cinquième période électorale de la Chambre des députés. La Cour constitutionnelle a néanmoins abrogé cette loi constitutionnelle le 10 septembre 2009[396]. La date des élections parlementaires a finalement été reportée de 2009 à 2010. L'abrogation des élections de septembre 2009 a en principe conduit à une campagne électorale permanente qui s'est déroulée de 2009 jusqu'aux élections des 28 et 29 mai 2010. 27 partis et

395. *Sněmovní tisk 796 – N. ústav. z. o zkrácení pátého volebního období Posl. Sněm*, Prague, Poslanecká sněmovna Parlamentu ČR, 2009, sur <http://www.psp.cz/sqw/historie.sqw?o=5&T=796>.

396. Tomáš Franěk, *Historický okamžik: Ústavní soud zrušil říjnové volby*, Prague, Centrum holdings, 2009, sur <http://aktualne.centrum.cz/domaci/soudy-a-pravo/clanek.phtml?id=647257>.

mouvements ont présenté des listes de candidats (5 de plus que pour les élections anticipées non réalisées en 2009), dont 15 dans toutes les régions électorales. Le plus grand nombre de listes de candidats, à savoir 22, a été présenté à Prague, tandis que dans les régions de Ústí nad Labem, Karlovy Vary et Pardubice, 16 personnes seulement ont posé leur candidature.

Figure n° 1 : Résultats des élections à la Chambre des députés du Parlement de la République tchèque[397]

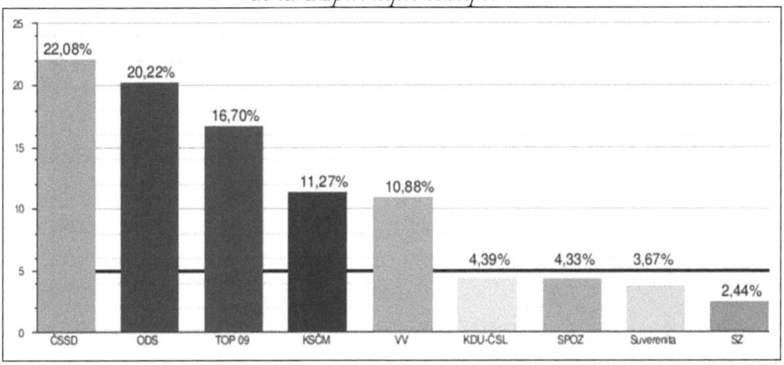

Vu le large dégoût des citoyens pour une campagne électorale permanente agressive, entachée par divers scandales politiques, des mœurs corrompues ou du clientélisme, on a assisté en 2010 non seulement à un rejet des électeurs des partis politiques traditionnels, tels que ČSSD et ODS, mais aussi à une popularisation de partis mineurs, nouvellement établis. On portait beaucoup d'espoirs sur le parti politique *Věci veřejné* (VV) susmentionné qui offrait à ses électeurs une participation directe aux processus de décision du parti à l'aide de sondages et referendums dans le cadre de son concept d'e-démocratie.

Mais l'Internet et l'espace cybernétique ont réussi à influencer radicalement les résultats des élections, pas seulement grâce à l'e-démocratie de *Věci veřejné.* L'intérêt et l'initiative des citoyens ont engendré plusieurs initiatives hors parti qui ont réussi à décider les électeurs à changer leurs préférences électorales grâce au marketing élaboré et à l'intérêt médiatique. L'initiative hors

397. *Volby do Poslanecké sněmovny Parlamentu České republiky konané ve dnech 28-29.05.2010,* Prague, Český statický úřad, 2010, sur <http://www.volby.cz/pls/ps2010/ps>.

parti « Défenestration 2010 », appelant à entourer les derniers candidats sur la liste, et l'initiative « Remplacez les hommes politiques.cz », invitant à la plus large participation aux élections, sont devenues les plus connues. L'initiative « Défenestration 2010 » avec le mot d'ordre « entourez ceux du bas » invitait les électeurs à donner leurs voix de préférence aux quatre derniers candidats sur la liste choisie, car il y avait là une « moindre chance chez ceux-ci qu'ils soient déjà installés dans un mécanisme de corruption » et que « ce sont des gens ordinaires, comme nous, donc les plus à même de nous représenter ». Cette initiative est née à l'instigation du physicien et président de la fondation *Nadace Charty 77*, František Janouch, avec une référence à une lettre fictive de Jára Cimrman.

L'initiative « Remplacez les hommes politiques.cz », invitait les gens à la plus large participation possible aux élections. Au printemps 2010, quelques mois avant les élections parlementaires, plusieurs spécialistes tchèques du marketing ont constitué le groupe *Vyměňte politiky* sur le réseau social *Facebook*. L'initiative s'est donné pour objectif de persuader des jeunes électeurs à participer aux élections et à donner leur voix à des partis nouveaux ou non corrompus. Happenings, concerts, différents événements furent organisés à l'appui de cette idée. Différentes personnalités tchèques (chanteurs, acteurs, savants…) lui ont exprimé leur soutien. Même le groupe populaire *Nightwork* a créé un clip vidéo en faveur de l'initiative. Celle-ci comptait sur *Facebook* plus de 60 000 partisans et plus de 40 000 visiteurs ont confirmé « OUI je vais voter » sur le site internet du projet. L'initiative comptait plus de 70 000 partisans déjà en automne 2010, avant les élections communales ; elle en comptait presque 104 000 en novembre 2011. Cette initiative était beaucoup mieux élaborée du point de vue marketing que toute autre initiative, comme peut en témoigner le site <www.vymentepolitiky.cz>, où on peut trouver, par exemple, des tracts à imprimer, bannières, logos, vidéos, mp3, etc., ce qui favorisait la propagation de ces idées et opinions parmi les citoyens.

Les opinions relatives aux initiatives « Défenestration 2010 » et « Remplacez les hommes politiques.cz » sont devenues très connues et populaires grâce à l'Internet et au soutien de nombreux acteurs, écrivains, chanteurs et autres personnalités en vogue. La propagation des informations a suivi le principe du marketing internet viral non contrôlé, autrement dit une technique marketing qui utilise les réseaux sociaux pour la diffusion des messages, en motivant les destinataires par sa nature à jouer le rôle de propagateur. Initiatives internet, réseaux sociaux et e-démocratie : des concepts de *Věci veřejné* qui sont devenus les acteurs fondamentaux de la lutte électorale, et leur importance augmentera encore.

Même si la République tchèque est aujourd'hui, en 2012, connectée sur l'Internet depuis 20 ans, l'espace cybernétique n'a plus jamais rejoué le rôle qu'il avait joué au cours de l'année électorale 2010, où d'emblée, plusieurs nouveaux éléments et instruments intervenant dans la lutte électorale sont apparus. On peut classer, parmi les plus importants, le concept de l'e-démocratie auquel électeurs et sympathisants du nouveau parti politique *Věci veřejné* pouvaient participer. Il ne faut néanmoins pas négliger les initiatives internet hors parti qui, avec l'e-démocratie du *Věci veřejné*, sont devenues le phénomène des élections tchèques en 2010.

La tentative de l'e-démocratie en République tchèque par la voie d'e-referendums et de sondages dans le cadre du parti politique *Věci veřejné* est certainement une action louable. Ce concept toutefois présente relativement beaucoup d'insuffisances, il s'agit plutôt d'un geste politique bon marché que d'une démocratie directe. Si nous voulons attacher de la valeur aux referendums au sein du parti, leur sécurité ne devrait pas être mise en doute, par exemple sur la base de la signature électronique ou à l'aide d'une pièce d'identité avec une puce intégrée, tout comme en Estonie. Il faut éviter les fautes commises par exemple en 2010, lors du vote relatif à la formation de la coalition, lorsqu'il a fallu répéter le referendum d'une part à cause des problèmes techniques du serveur, d'autre part parce que certains votants en cliquant sur le « NON » se sont vu avoir voté « OUI » pour la formation du gouvernement. Si un tel vote doit décider de l'orientation de l'État sur les quatre prochaines années, ces erreurs sont inadmissibles.

Le système actuel de vote ne prévoit malheureusement pas de tentative ciblée d'abus par un individu (achat de plusieurs cartes SIM, vote multiple) ou un groupe partageant une même opinion, un groupe d'étudiants par exemple, qui pourraient ainsi bloquer facilement un projet d'introduction des frais de scolarité aux écoles supérieures. Même le durcissement des conditions d'immatriculation, exigeant une adresse postale réelle à laquelle le code d'activation est envoyé par courrier, ne fait pas barrage à ces dérives.

Vu le fait que le vote et le service sont assurés par la société extérieure *NetService*, on peut prévoir d'autres éventualités telles qu'une attaque proprement dite du système par des cyberpirates ou un emploi abusif des résultats par celui qui les traite. Ce n'est donc pas un hasard si l'idée pertinente de la participation des membres et sympathisants du parti à son auto-direction est devenue plutôt un leitmotiv médiatique qui diminue la popularité du parti. La limitation du caractère d'obligation des résultats des referendums sur l'Internet pour l'état-major du parti y contribue aussi, les résultats ayant maintenant le caractère d'une simple recommandation, ce qui est inacceptable chez un parti qui s'étiquette comme un parti de la démocratie directe. C'est aussi une des raisons de sa chute lors des élections communales en automne 2010.

Par la faute des faibles préférences électorales, le parti est donc forcé de discuter de son orientation ultérieure qui montrera si l'implémentation de l'e-démocratie en République tchèque est une intention sérieuse ou s'il s'agit plutôt d'un effort de visualisation et de captation d'électeurs indécis. La popularité du parti a été très négativement affectée par le procès actuellement en cours avec le président du parti politique *Věci veřejné*, Vít Bárta qui est suspecté de corruption de plusieurs membres du parti. La question se pose alors aux électeurs : le concept de l'e-démocratie est-il digne de foi pour les prochaines élections, s'il est présenté par un parti politique qui n'est pas digne de confiance, et dont l'état-major est en jugement pour corruption des membres du parti ? La République tchèque et les autres démocraties développées souffrent de la participation électorale décroissante et du dégoût des citoyens pour la politique et les partis politiques, ce dont de nombreuses statistiques témoignent. La démocratie traverse ainsi une crise très grave, un indice d'évolution positive n'étant pas visible.

Le concept d'e-démocratie représentait une des tentatives d'intéressement des citoyens aux élections, et a fait son apparition dans beaucoup de pays du monde entier. On peut constater que le concept n'a pas fait toutes ses preuves en République tchèque, ayant été utilisé plutôt comme un geste politique populiste du parti politique *Věci veřejné* que comme une tentative sérieuse de démocratie directe en République tchèque. Un impact et une importance beaucoup plus grands peuvent être attribués aux nouvelles initiatives internet hors parti, car elles ont conduit à la « mobilisation » de plusieurs centaines de milliers de citoyens qui ont réussi à changer la situation de la politique tchèque. Les résultats de cette initiative lors les élections parlementaires ont été phénoménaux... Les électeurs ayant déplacé 114 députés sur 200 grâce à une large utilisation des voix préférentielles (4 000 000 de cercles environ). Deux plus grands partis traditionnels tchèques, ODS et ČSSD, ont subi de lourdes pertes, les électeurs n'ayant pas voté notamment pour les hommes politiques liés au milieu opaque de corruption en République tchèque, malgré la position de ceux-ci à la tête des listes de candidats. On peut citer entre autres le vice-président de l'ODS, Ivan Langer ou le leader de la liste des candidats de TOP 09 à Pardubice, Pavel Severa. Les électeurs déçus ont ainsi désapprouvé la conduite et la politique non seulement des partis politiques, mais aussi des hommes politiques.

L'Internet est devenu un instrument puissant que les partis politiques ne devraient pas sous-estimer. Même si intéresser les électeurs au processus politique par la voie de l'e-démocratie peut sembler la formule idéale, il faut réaliser que les citoyens peuvent aussi utiliser le cyberespace. Quand la société devient apathique et dégoûtée de la politique actuelle, quand les citoyens votent pour « le moindre mal », il y a là un réel potentiel d'engendrer initiatives et appels internet variés. L'écrivain Karel Čapek a dit jadis qu'« il n'y a rien de plus périmé que le journal d'hier »[398]. Si un appel ou une initiative doit réussir, celui-ci ou celle-ci ne peut se reposer que sur les médias de masse officiels qui les relayent. L'avantage de l'Internet réside en sa rapidité, son interactivité, et dans le fait qu'il n'est pas sujet à censure[399]. Tandis qu'on attribuait à l'Internet et aux réseaux sociaux un rôle journalistique, il y a quelques années, l'Internet et les réseaux sociaux actuellement

398. *Neaktuality.cz - zajímavý projekt plný starých zpráv*, Kaňky.cz, 2010, sur <http://kanky.cz/2010/11/24/neaktuality-cz-zajimavy-projekt-plny-starych-zprav>.
399. En République tchèque [NdÉ].

permettent non seulement d'informer, mais d'organiser plus directement protestations, grèves, et même manifestations, et en retransmettre les informations non seulement en République tchèque, mais aussi dans d'autres pays.

La fréquence des différentes élections (communales, régionales, nationales, européennes, présidentielles…), les retours d'expériences peu positifs des partis politiques avec le concept internet de l'e-démocratie et avec les initiatives civiques, conduiront à l'avenir, selon les auteurs, à une professionnalisation des campagnes électorales et du marketing politique encore plus intensive, avec l'engagement de spécialistes étrangers renommés, ce qui peut avoir pour conséquence de dégrader encore plus la culture politique nationale et d'augmenter davantage le coût du marketing politique.

Si l'Internet est correctement utilisé, il peut avoir une immense valeur pour un parti politique : ce dernier n'est plus forcé d'attendre le résultat électoral pour connaître sa popularité et le bien-fondé de son acheminement, mais l'Internet peut lui indiquer une chaîne de réaction des citoyens à son action, dans le cadre de l'e-referendum, d'un réseau social ou de l'initiative internet hors parti. Tout parti politique devrait alors avoir un dosage d'autoréflexion suffisant et pouvoir analyser correctement les sentiments et opinions des citoyens-électeurs, car s'il n'en est pas capable, les prochaines élections pourraient bien se terminer par un résultat fatal pour lui, ce qui laisserait présager sa prompte disparition de la scène politique. Des conclusions similaires peuvent être appliquées non seulement à la République tchèque, mais aussi aux autres pays démocratiques développés qui dans une mesure significative utilisent l'Internet.

Jiří Dušek & Lubomír Pána

Chapitre 12

e-Citoyenneté, réseaux et dilemmes éternels des inégalités, du savoir et du pouvoir

Un des clichés concernant l'e-démocratie, l'e-citoyenneté et, d'une manière générale, le rôle des nouvelles technologies de l'information et de la communication, consiste à les prendre pour un accélérateur puissant du changement démocratique. Alors que les experts sont de plus en plus prudents et se gardent de déclarer catégoriquement que le changement en question est seulement ou surtout positif, une autre illusion n'est toujours pas dépassée : l'e-démocratie est une tendance à sens unique et son développement serait une question de bonne volonté politique et de bonne éducation des citoyens.

Ce chapitre[400] propose quelques réflexions sur la citoyenneté, considérée comme un état naturel et accessible pour tous dans la société civile ou bien dont le développement (en tant que processus avec ses conséquences) dépend de certains paramètres des sociétés, des systèmes institutionnels et des communautés humaines respectives. Il s'agit également de mettre en évidence quelques dilemmes qui pourraient être résolus par des moyens et avec des conséquences fondamentalement différentes du processus et des résultats de l'e-démocratie.

400. Réalisé dans le cadre du projet « e-Citoyenneté », concours « Idées » du ministère bulgare de l'Éducation, de la Recherche et de la Jeunesse.

Définir et rendre opératoire la notion d'e-démocratie

Dans la littérature d'aujourd'hui, la notion d'e-démocratie est souvent comprise très différemment. On peut tout de même adopter comme point de départ l'idée que ce phénomène est la superposition à trois niveaux de quelques conditions et processus :

- une nouvelle « vague » d'élargissement des droits numériques et, par-là, des droits sociaux des citoyens qui comprend non seulement l'accès aux technologies et aux ressources numériques, mais aussi une formation respective en vue de leur utilisation à part entière par les individus et par les communautés (la Charte européenne des droits des citoyens dans la société du savoir, connue encore sous le nom de Charte européenne des e-droits est un exemple à cet égard) ;
- une nouvelle phase de participation des citoyens aux processus de mise en valeur et de conception des politiques publiques conformément à leurs intérêts individuels et communautaires (la pratique connaît déjà un large spectre de modèles de participation, les meilleurs modèles associatifs à cet égard étant les variantes des « villes numériques ») ;
- un cluster de nouvelles formes d'organisation de transformation collective de la pratique sociale quotidienne (par exemple, les *Communities of Practice - CoPs*), des structures durables de partenariat public-privé où le « réel » et le « virtuel » s'entrelacent pour résoudre des problèmes concrets grâce au volontariat[401].

Dans leur unité, les processus de ces trois couches forment le phénomène d'e-citoyenneté, mais leur degré concret de développement et leurs rapports ne sont pas une donnée universelle, ils dépendent de quelques paramètres essentiels du milieu social et de la gestion publique. Il convient de souligner que le développement de l'e-citoyenneté ne saurait se réduire aux aspects quantitatifs de l'application des TIC (matériel et logiciel), à la gestion publique et aux processus politiques. Réduire le phénomène (ou l'attacher à sens unique) à des indices tels que le nombre d'ordinateurs ou de téléphones portables, au pourcentage des personnes ayant l'accès à l'Internet, à la diffusion de systèmes

401. Cf., par exemple, le projet espagnol *Infovil*, sur <http://usuarios.iponet.es/casinada/18info01.htm>.

pour gérer le savoir au sein des institutions pourrait restreindre et sans doute aussi déformer la conception des possibilités, profits et menaces de l'extension de l'e-citoyenneté.

Quatre facteurs liés du développement de l'e-citoyenneté

Il est préférable de chercher à conceptualiser l'e-citoyenneté à un niveau plus profond de l'interdépendance des processus et des changements au sein de la société. Il semble que l'on peut, quitte à admettre une certaine simplification, se limiter à quatre facteurs fondamentaux et interdépendants : le rôle changeant du savoir ; les formes changeantes d'organisation sociale et de coopération sociale ; la mondialisation ; la façon spécifique d'appliquer les TIC.

Ces facteurs existent à des degrés différents dans toutes les sociétés d'aujourd'hui, mais la force et la direction de leurs influences diffèrent. Des auteurs connus comme Toffler, Naisbitt, Drucker et Castells ont traité en détail ces questions. Plutôt que de résumer leurs idées, il est ici proposé une tentative de systématiser l'impact spécifique des quatre facteurs en question sur le développement de l'e-citoyenneté.

Le rôle changeant du savoir

Le premier facteur, certainement le plus puissant, qui détermine la manière et le degré de développement de l'e-citoyenneté, est le rôle changeant du savoir et de l'information dans la société d'aujourd'hui. Au cours des deux dernières décennies, ces deux éléments se sont imposés dans les pays les plus développés en tant que facteurs de production immédiats et prioritaires. La collecte, l'organisation, la sélection, la synthèse, la diffusion et l'utilisation de l'information permettent aujourd'hui une meilleure productivité sociale. Elles déterminent le rythme et la qualité de la croissance et du bien-être. La notion d'« économie du savoir » (et, sur un plan plus large, de la « société du savoir ») témoigne justement à quel point aujourd'hui les résultats socioéconomiques dépendent du savoir et de l'information. Les sociétés qui ont avancé sur la voie de ce processus se distinguent par leur grande aptitude à identifier, à trouver et à appliquer l'information et les connaissances lors de la prise de décisions individuelles, collectives et institutionnelles.

Du point de vue des tendances au sein de la politique et de la gestion publique, autant de sphères dont l'effet se fait sentir le plus directement dans l'e-citoyenneté, le rôle changeant du savoir conduit à :

- une professionnalisation de la politique et de la gestion (les décisions politiques et administratives se fondent de plus en plus sur la science et le savoir professionnel, tandis que les problèmes sont réglés par des experts professionnels) ;

- un développement des fonctions analytiques dans la gouvernance (l'importance croissante de la collecte, de l'évaluation, de la combinaison et de l'analyse de l'information change le fondement même de l'agir politique et social ; la nécessité se fait sentir de plus en plus pour mettre au point des technologies analytiques précises et bien structurées en vue d'assurer le suivi et l'évaluation des résultats de la gouvernance) ;

- des citoyens qui « savent » de plus en plus (toute nation développée fait de grands efforts pour élever le niveau général d'instruction de la société ; par exemple, la stratégie finlandaise prévoit qu'en 2017, 65 % de ceux qui sont nés en 1999 auront accès aux études supérieures), qui ont une capacité qualitativement meilleure à agir et à avoir un partenariat avec la politique et la gouvernance, qui ressentent le besoin et exigent un accès beaucoup plus large à l'information.

Or, une contradiction apparaît alors, en rapport direct avec l'e-citoyenneté : d'une part, il existe une tendance à la haute professionnalisation et à l'élitisme lors de la formation et de la prise de décisions politiques et de gestion, ce qui signifie l'exclusion inévitable de la masse de citoyens alors que le rôle d'expertise dans le débat politique s'accroît ; d'autre part, le potentiel pour arriver à un type nouveau de citoyenneté augmente d'une manière plus intense que jamais : les citoyens d'aujourd'hui (et encore plus ceux de demain) sont de loin plus instruits et plus informés. La grande question est de savoir comment donner du pouvoir à ces citoyens, comment les motiver, les inspirer et les intégrer dans le débat politique et la prise de décisions relatives à l'État, comment les affranchir du sentiment qu'ils ont d'être exclus, utilisés ou manipulés par le « système ».

Les formes changeantes d'organisation sociale

Le deuxième facteur important pour le développement de l'e-citoyenneté est le changement des modes d'organisation sociale et des formes de coopération sociale. On assiste sur ce point à une tendance générale très nette à la transition des formes dominantes centralisées, linéaires, unipolaires vers des modèles d'interaction décentralisés, multipolaires et organiques. Les organisations et les sociétés ne sont plus perçues comme autant de « machines » à commander par un individu ou par un groupe, occupant des positions de pouvoir, mais comme des réseaux d'acteurs interdépendants dont l'activité, la motivation, l'énergie et la coordination deviennent essentielles. Ces formes d'organisation de type nouveau dépendent dans une très large mesure de phénomènes comme l'estime et la confiance mutuelle.

Cette tendance a été constatée depuis longtemps. Rappelons les idées de Lindblom sur « la démocratie intelligente » (dès 1965), d'Osbourn et Gebler sur « la redécouverte de la gouvernance » (leur livre très connu paraît en 1992), de Castells sur l'essor de la société des réseaux ou de Fukuyama sur la société fondée sur la haute confiance. Fait partie de cette catégorie un grand nombre de conceptions relatives à l'organisation étudiante ou innovante. La forme d'organisation effective reconnue par tous aujourd'hui, fût-elle privée ou publique, est toujours associée aux notions de décentralisation, de coopération, de partenariat et de confiance.

Du point de vue de l'e-citoyenneté, les changements qui interviennent dans les formes dominantes d'organisation sociale entraînent une mise en question de l'idée même de la politique et de la façon d'organiser la prise des décisions dans la gestion :

- la politique et l'implication dans les affaires de l'État sont déjà interprétées comme une forme de partenariat, et non pas comme une ordonnance et un contrôle à sens unique ; les négociations, le désir de parvenir à un accord et la confiance passent au premier plan ; les stratégies coopératives l'emportent sur les stratégies corporatistes (égoïstes) ; les conflits ne sont réglés avec succès ni par la force imposée par la partie plus puissante, ni, même par le compromis, mais en recherchant un partenariat et des décisions qui soient acceptables pour tous, autrement dit, la politique n'est plus considérée comme un jeu à somme nulle ;

- les structures décentralisées et localisées connaissent une diffusion de plus en plus large ; les pouvoirs de prendre des décisions sont décentralisés vers « le bas », autrement dit vers les régions, les collectivités et autorités locales ;

- l'accent est mis sur le développement du partenariat et de la confiance en impliquant les citoyens, le monde des affaires et les organisations non gouvernementales dans le processus de règlement des problèmes sociaux ; ce processus est particulièrement important au niveau local et se développe à travers la mise en place de réseaux de politiques basées sur la coopération, le respect mutuel des intérêts et la prise en commun de décisions ; chaque attitude à la recherche de manières nouvelles pour définir et régler les problèmes est considérée comme très précieuse et est encouragée.

Or, du point de vue de l'e-citoyenneté apparaissent, aux côtés des nouvelles possibilités, de nouveaux problèmes et dilemmes. Par exemple, la décentralisation du processus de prise de décisions, la priorité au partenariat et à la délégation du pouvoir aux citoyens et aux ONG, viennent ébranler en même temps la plupart des piliers traditionnels des systèmes politiques existants ; la plupart de ces systèmes se fondent sur les organisations politiques de masse, sur la démocratie représentative et l'idée que la politique est avant tout un phénomène national et non pas local ; la focalisation des débats politiques sur des problèmes très concrets fait qu'il est de plus en plus difficile de faire la synthèse et de rattacher les intérêts différents à l'aide des organisations politiques traditionnelles.

Un autre problème important lié à l'e-citoyenneté est la fragmentation croissante du processus politique dans le contexte de décentralisation. Les problèmes sont de plus en plus souvent réglés au niveau local, ce qui signifie que les décisions politiques sont prises en permanence au cours de négociations locales spécifiques. Pour défendre ses positions et ses décisions, il faut s'engager totalement et donc faire preuve de très haute motivation et de persévérance. Comme dans toute démocratie directe, les participants doivent investir de plus en plus de temps personnel et de ressources propres. La question est de savoir combien de citoyens (et quels citoyens) seront prêts à le faire. Certains diraient que seuls les retraités et les chômeurs trouveront du temps pour cela, peut-être aussi ceux qui travaillent à domicile. Voilà pourquoi il est difficile de trouver aujourd'hui des arguments convaincants sur l'annonce par la démocratie directe de la démocratie représentative, la première étant appréhendée comme le supplément de la seconde. Sinon, il serait difficile de remédier à des problèmes graves comme l'éloignement des personnes des institutions et la chute dramatique de la légitimité.

La mondialisation

Le troisième facteur important pour le développement de l'e-citoyenneté est le processus de mondialisation. D'une manière générale, il s'agit de supprimer les frontières traditionnelles « infranchissables » entre les États et de la perte du contrôle ou, pour le moins, de la baisse du contrôle sur les flux d'information, les marchandises, les capitaux et les personnes. Une grande partie du monde vit déjà dans les conditions d'une économie mondiale unifiée. Toute décision concerne ainsi d'autres pays et peuples, tandis que leurs décisions nous concernent. Chaque État moderne, y compris les plus puissants, fonctionne dans les conditions d'une interdépendance internationale croissante qui succède à l'indépendance nationale ou régionale.

Dans ce monde globalisé, toutes les décisions politiques importantes sont internationalisées. C'est pourquoi il faut chercher et trouver des solutions sinon au niveau mondial, du moins au niveau international. Il y a de plus en plus de problèmes qui échappent à l'emprise des pouvoirs nationaux, régionaux ou locaux. Leur solution relève des institutions européennes, de l'Organisation de coopération et de développement économique, de l'Organisation mondiale du commerce, de l'ONU.

Il en résulte pour la politique, la gouvernance et, par-là, pour l'e-citoyenneté que les décisions nationales et locales dépendent de plus en plus de facteurs globaux qui se trouvent pratiquement hors de portée des formes connues de contrôle démocratique. Des décisions globales importantes sont prises par des experts qui ne représentent même pas des gouvernements nationaux, mais des organisations internationales (tels la Banque mondiale et le Fonds monétaire international) et des corporations transnationales. La grande question est donc de savoir dans quelle mesure le nouveau e-citoyen actif peut avoir une influence sur ces problèmes et sur la prise de décisions. Comment mettre en place un système efficace de contrôle démocratique sur leur préparation ?

L'application des TIC

Le quatrième facteur de changements, probablement le plus nettement lié à l'e-citoyenneté, est le développement et la diffusion rapide des TIC qui touchent déjà tous les domaines de la vie sociale et individuelle. Du point de vue des conséquences pour la gouvernance, pour la politique et pour l'e-citoyenneté, voici seulement les effets les plus importants :

- les nouvelles technologies liées à l'Internet s'appliquent largement pour établir un lien, pour informer les citoyens et créer entre eux des liens d'interdépendance ; sur ce point, chaque jour on voit naître de nouvelles idées et de nouvelles démarches ;
- l'offre et l'utilisation de services administratifs et d'autres services publics sur Internet connaissent une extension rapide : telle est l'idée que le grand public se fait du dit « gouvernement électronique » ;
- de nouvelles possibilités apparaissent pour l'e-démocratie (par exemple, voter sur l'Internet) et l'e-gouvernance (impliquer les citoyens dans des formes directes de consultation avant de prendre les décisions).

Dilemmes, problèmes et menaces pour le développement de l'e-citoyenneté

Certains analystes, qu'ils se définissent ou non comme des « e-optimistes », conçoivent les facteurs évoqués de changement comme un symbole à sens unique pour le développement de l'e-citoyenneté et, sur cette base, de la démocratie moderne. Hélas, il n'en est pas exactement ainsi. Cette partie est consacrée à un pan seulement des dilemmes et des menaces qui surgissent avec ces évolutions.

Comme la plupart des phénomènes de réseau, l'e-citoyenneté lance un défi aux hiérarchies formalisées et rigides, aux centres traditionnels de pouvoir et de contrôle. C'est un des grands arguments au profit du potentiel démocratisant de l'e-citoyenneté : plus de chances pour aller au-delà des règles qui limitent les citoyens et qui sont immanentes aux anciennes structures politiques. Or, la simplification des phénomènes de réseau peut faire surévaluer les possibilités démocratiques de l'e-citoyenneté. Le dilemme principal, ici, est entre le pouvoir formel et le pouvoir réel dans les conditions sociales réelles.

Un individu peut se situer très bas dans la hiérarchie formelle, mais il peut en revanche occuper une position centrale dans plusieurs réseaux de rapports virtuels, ce qui lui garantit un pouvoir réel considérable. Pour parler dans la langue du réseau, si beaucoup de personnes doivent passer par moi pour atteindre un objectif désiré, voici bien l'indice que je possède un pouvoir et une influence véritables. C'est pourquoi l'hypothèse mécanique suivant laquelle les e-réseaux donnent du pouvoir à tous les citoyens « à égalité » ne correspond pas à la réalité. La première chose qui vient à l'esprit est notamment la « division numérique », c'est-à-dire l'accès inégal aux TIC modernes. Mais il existe des inégalités plus profondes en ce qui concerne l'e-citoyenneté. Il a été prouvé que les réseaux de l'Internet peuvent limiter les horizons de vie et les chances des individus, et cela même de manière plus efficace que ne le font les structures hiérarchiques traditionnelles.

Comme tous les réseaux, les e-réseaux engendrent aussi des différences quant aux possibilités d'exercer une influence et, par-là, ils créent de nouvelles inégalités. Les cas d'abus sont bien connus comme l'utilisation des possibilités de l'Internet pour des duperies commerciales, pour induire les personnes en erreur ou encore contrevenir à la loi et à des normes morales. Et même quand on ne va pas jusqu'à de tels extrêmes, les inégalités dans le niveau d'instruction, des connaissances et des savoir-faire créent inévitablement des déséquilibres quant au pouvoir détenu par les e-citoyens : certains d'entre eux sont par définition mieux préparés que d'autres pour profiter des possibilités que met à leur disposition la société des réseaux. Une partie relativement petite des e-citoyens est reliée à beaucoup plus de points sur le réseau tandis qu'une autre occupe une position périphérique ou plutôt isolée. Or, cette inégalité n'a pas qu'un aspect quantitatif.

Le potentiel qu'a un e-citoyen d'exercer une influence ne dépend pas seulement, et pas tellement, du nombre de liens auxquels il participe, mais avant tout de la qualité de ceux-ci. Bien des liens sur un réseau ne sont pas égaux quant à leur influence. Dans les TIC et en particulier dans les e-réseaux gît un capital considérable de savoir qui n'est pas évident (c'est la règle) et que l'on ne peut transmettre de manière mécanique. Si l'on vous vole votre téléphone portable, en principe la perte des contacts avec les personnes figurant sur votre annuaire téléphonique est beaucoup plus grande que l'impossibilité technique provisoire de les appeler. Pour le voleur, c'est le téléphone (le moyen) qui a une valeur, les liens avec les personnes figurant sur l'annuaire sont inutiles. Seul le propriétaire du téléphone (le participant au réseau) peut profiter pleinement du potentiel de la technologie : le capital du savoir lié au réseau est difficile à transmettre, il est rare que l'on puisse l'assimiler entièrement et il ne saurait être restitué par un tiers. Ce sont justement ces possibilités spécifiques, voire uniques de participation et de partage de savoir dans les réseaux qui expliquent leur rôle accru dans le monde d'aujourd'hui.

Les individus capables de créer et d'utiliser des réseaux dans l'espace réel et surtout dans l'espace virtuel acquièrent un niveau de pouvoir pratiquement nouveau. Or, ce pouvoir ne saute pas aux yeux, il n'est pas transparent. Contrairement aux hiérarchies formelles où il peut y avoir, et où il y a réellement des procédures de transparence des rapports de pouvoir, les e-réseaux peuvent cacher le caractère réel de ces rapports. Voilà pourquoi l'e-citoyenneté n'est pas exempte du problème des inégalités. Plus encore, elle doit faire face à des défis autrement plus grands à cet égard.

Les chercheurs, tout comme ceux qui pratiquent l'e-citoyenneté, doivent tenir compte de ce dilemme et ne pas contribuer, consciemment ou inconsciemment, à sous-estimer les risques et les ambiguïtés, ainsi que l'inévitable division entre les « gagnants » et les « perdants ». Il ne suffit pas de constater que ces nouvelles divisions et inégalités sont inévitables ; toute la question est de savoir comment perfectionner les rapports en réseau afin qu'ils profitent mieux tant aux citoyens qu'aux institutions démocratiques.

Les citoyens et les institutions publiques doivent être conscients et bien préparés pour les dangers potentiels que recèlent les e-réseaux. Les effets positifs de l'e-citoyenneté ne sauraient être considérés comme acquis une fois pour toutes. Il y a déjà suffisamment d'exemples de réseaux sociaux qui sont plutôt des clubs fermés et qui peuvent difficilement être rattachés aux valeurs de la parité et de l'ouverture. Le dialogue collectif actif quant aux « règles du jeu » de l'e-citoyenneté est nécessaire. Plus encore, il est inévitable. L'élaboration d'une sorte de « constitution de l'e-citoyenneté » pourrait être un nouveau pas important dans ce sens même s'il n'est pas envisageable dans l'immédiat et qu'il donnerait lieu à de vifs débats. Pareille constitution peut ne pas revêtir nécessairement la forme d'un texte spécial. Elle contribuerait cependant à canaliser ou du moins à rendre plus visibles les voies par lesquelles les e-réseaux exercent un pouvoir.

Sans aucun doute existe-t-il une contradiction entre « l'esprit du réseau » et l'idée de soumettre ce réseau à une « constitution ». L'essence des réseaux est dans leur caractère immanent infini et souple. Mais puisque les réseaux actuels accumulent de plus en plus de pouvoir et sont en train de s'institutionnaliser, il convient d'admettre que ce pouvoir peut servir aussi bien aux bonnes qu'aux mauvaises causes. L'inégalité croissante au sein de ce pouvoir n'est pas à sous-estimer comme une source potentielle de problèmes.

La nature de la « production » et le partage du pouvoir dans la société d'aujourd'hui témoignent probablement du fait qu'il existe des problèmes toujours en suspens dans chaque société démocratique : qui possède le pouvoir ? Avec quelle raison et dans l'intérêt de qui l'exerce-t-il ? Quels en sont les résultats définitifs ? Voici des questions qui sont toujours d'actualité à l'époque de l'e-démocratie et de l'e-citoyenneté.

Alexandre Marinov

Conclusion

Quelle e-Citoyenneté pour quelle e-Démocratie ?

Ce volume est le dernier d'une série regroupant les contributions aux différentes sessions du colloque « Médias, Internet, Démocratie » organisées en 2012 dans plusieurs pays européens[402] et, en particulier, à Sofia, au sein de la Nouvelle Université Bulgare.

Notre environnement nous impose des « nouveautés » qui ont évidemment tendance à se banaliser... après les « nouvelles » « technologies de l'information et de la communication »[403], les « nouveaux médias » sont investis par de « nouveaux » usages dans des espaces publics qui semblent se transformer. Les conséquences économiques sont énormes et de nombreux analystes évoquent une « révolution », tentent de décrypter les tendances, cherchent à comprendre comment de « nouveaux » modèles économiques peuvent se stabiliser.

Mais ce sont surtout les conséquences politiques, et de fait sociales et culturelles, qui sont au centre de cet ouvrage. Anna

---

402. Parus fin 2012 dans la même collection, trois ouvrages regroupent les contributions centrées sur les usages (Serge Dufoulon (dir.) *Internet ou la boite à usages* & Gilles Rouet (dir.), *Usages de l'Internet, éducation & culture* et *Usages politiques des nouveaux médias*,) et un autre les contributions centrées sur la participation citoyenne (Antoniy Galabov & Jamil Sayah (dir.), *Participations & citoyennetés depuis le Printemps arabe*).

403. Le « N » de « NTIC » n'étant plus utilisé que de manière résiduelle !

Krasteva décrit et analyse très précisément l'évolution des participations de nouveaux engagés, voire de nouveaux citoyens qui investissent à la fois les places et l'Internet (chapitre 1). Une personnalisation « nouvelle » de l'organisation, de la création comme de la diffusion de l'information désormais participative semble se généraliser alors que les réseaux sociaux sont massivement utilisés et jouent un rôle incontournable au quotidien, pour les *digital natives* comme pour les autres.

Les citoyens développent ainsi des usages sociaux avec ordinateurs, téléphones ou télévisions connectés, avec autant d'évolutions technologiques qui leur permettent de nouvelles pratiques, et qui installent également de nouvelles identités numériques. Les accès rapides et nombreux aux données, les échanges induits par les outils de communication s'installent dans les pratiques, bousculent les institutions dans le cadre d'une nouvelle écologie cognitive. Généralement, « e-citoyenneté » est comprise comme synonyme de « citoyenneté numérique », ensemble d'activités utilisant les technologies numériques, soit pour faciliter des pratiques existantes ou bien pour installer de nouvelles pratiques dans le champ de la « participation citoyenne ». Ainsi, dans ce paradigme, l'« e-démocratie » renvoie à l'usage des technologies numériques dans le cadre d'activités politiques ou en lien direct avec le débat public tandis que l'« e-citoyenneté » intègre plus largement des activités d'expression, d'implication et/ou d'échanges citoyens.

Ce rappel induit une des nombreuses questions qui font débat : l'Internet est-il ou non un média comme un autre ? Ce qui sous-entend alors qu'il s'agit d'un changement d'échelle et non d'une transformation profonde, donc pas forcément de « mutations de la citoyenneté » (Bernard Lamizet, chapitre 2).

Pour Annie Blandin, comme pour d'autres auteurs, « *Internet n'est pas un média comme un autre dans la mesure où il est le support privilégié de l'exercice des droits et libertés fondamentaux. Il permet notamment d'exercer la liberté d'expression dans des conditions nouvelles qui mettent en jeu la démocratie participative, le pluralisme, les échanges entre diverses communautés sur les réseaux sociaux et la création d'œuvres par les internautes. Le média Internet est aussi, et on devrait insister davantage sur ce point, le support de la liberté d'entreprendre* »[404].

Cette question en appelle donc une autre, également fondamentale : l'Internet et ses applications concrètes modifient-ils radicalement l'appropriation de la « chose publique » par les citoyens, les usages, les « sans-pouvoir » ?

La préface de Saskia Sassen nous évoque l'essai que Václav Havel a rédigé en 1978, *Le Pouvoir des sans-pouvoir*[405], dans lequel il dénonce comment les structures de la « mauvaise raison d'État » privent les citoyens ordinaires de toute capacité d'action sur leur vie quotidienne. Ces mécanismes aboutissent à la résignation et à la démission de chacun, ce qui annihile toute dynamique sociale. Il s'agissait alors, un an après la création de la « Charte 77 », de démontrer la force de la résistance morale.

L'appel de Václav Havel est universel par sa portée et son intention. Il ne s'agit alors pas d'inciter aux manifestations dans l'espace public, mais de demander aux habitants des pays totalitaires de « vivre dans la vérité », de faire comme si le régime politique n'existait pas, de résister, en quelque sorte, pour qu'une société civile existât, non pas seulement par la désobéissance civile, mais aussi par l'organisation de multiples activités, autonomes, hors des institutions officielles : groupes de musique, clubs littéraires, associations sportives, etc. Comment alors réaliser un contrôle systématique de la population ? Il ne s'agissait donc pas seulement de tenter de renverser un régime qui semblait installé durablement, mais bien plus de mettre en place une démarche d'activité (d'activisme ?) civile, d'inventer une société civile active et résistante.

---

404. Annie Blandin, « Communications électroniques et nouveaux médias : quelle architecture juridique pour l'Europe ? », Chaire européenne Jean Monnet, Leçon inaugurale du 22 novembre 2011, Telecom Bretagne, disponible sur <http://www.telecom-bretagne.eu/lexians/wp-content/uploads/2011/09/Le%C3%A7on-inaugurale-Annie-Blandin-chaire-europ%C3%A9enne-Jean-Monnet-20111.pdf>, p. 8 (22/2/2013).

405. *Moc bezmocných*, 1978, publié en France en 1989 à Paris, Calmann-Lévy, Collection « Essais politiques ». Une traduction anglaise était parue dès 1985 avec un titre plus explicatif : *The Power of the Powerless: Citizens Against the State in Central-Eastern Europe*, Londres, Hutchinson. Rappelons que Václav Havel passera près de 5 ans en prison entre 1977 et 1989. L'ouvrage a eu un retentissement important qui a dépassé la Tchécoslovaquie.

La transposition de ce « vivre dans la vérité » à l'ère de la communication numérique est certainement anachronique… mais pour les « sans-pouvoir », en particulier, de nouveaux moyens d'organisation sont apparus, et ont été investis à une vitesse évidemment surprenante.

Ainsi, la généralisation des connexions et des réseaux sociaux, le développement des sites d'information participatifs et des blogs ont bien bousculé, voire stimulé la participation politique (Fani Kountouri, chapitre 5), dans un cadre qui peut être qualifié de « cybercitoyenneté » (Muriel Bourdon, chapitre 3) et dont il s'agit d'analyser les contours… L'information s'impose alors d'autant plus comme « axe organisateur de l'activité citoyenne » (Svetla Koleva *et al.*, chapitre 6) et la profusion informative liée à la fluidité de la communication renforcerait les rejets des institutions.

Car, au fond, c'est bien cette question des institutions qui est sous-jacente à toutes les analyses. Alors qu'aucun autre modèle de fonctionnement démocratique n'est proposé, il faut gérer ce paradoxe apparent au sein des « vieilles démocraties » : les jeunes, actifs dans le « virtuel » sont parmi les moins actifs en politique, si on en juge, par exemple, leur abstentionnisme électoral. Est-il possible de relier, voire de réconcilier institutions et usages numériques, de tenter d'adapter les institutions à cette « nouvelle » *e-participation* qui semble plutôt, par certains aspects, aboutir à « moins » de démocratie traditionnelle, avec des effets jugés dangereux, comme l'« haterisme » ou bien des usages xénophobes ou haineux de l'Internet qui banalisent discriminations et thèses extrémistes de toute sorte.

Alors « Internet est-il dangereux pour la démocratie ? », s'interroge Antony Todorov (chapitre 7) et *quid* de ces « dilemmes éternels des inégalités » (Alexander Marinov, chapitre 12) ?

Cet ouvrage paraît alors qu'en Bulgarie de nombreuses manifestations ont abouti à la démission du gouvernement début 2013 et à une crise politique majeure, les partis représentés au Parlement refusant de s'engager dans la formation d'un gouvernement à quelques mois des élections parlementaires, prévues début juillet 2013 puis anticipées… Ce n'est pas tant le nombre et la récurrence des manifestations qui étonnent, mais bien leur caractère apparemment spontané. Depuis plusieurs mois, des manifestants se réunissaient, souvent en petit nombre, pour défendre en particulier la protection de la nature (Idiko Otova, chapitre 8, Valentina Gueorguieva, chapitre 10). Le mouvement s'est largement amplifié en termes de thématiques comme de participants. Le déclenchement de la colère est l'augmentation du prix de l'électricité, un problème qui met en cause directement la légitimité de la politique de privatisation menée par le gouvernement[406]. Bien évidemment, des tentatives de récupération ou d'instrumentalisation ont eu lieu, mais le mouvement a été très lié aux communications sur l'Internet. S'il s'agit bien d'e-participations qui dépassent les signatures de pétitions ou les votes (*like*) pour des messages sur *Facebook*, le lien avec l'e-démocratie n'en est pas pour autant établi…

Thierry Vedel[407] propose trois différents niveaux et types de participation des citoyens aux débats publics : l'information et la diffusion de l'information ; la consultation et le débat sur des propositions, choix, décisions à prendre et, enfin, la délibération et la codécision, processus dans lequel les citoyens sont considérés comme des acteurs à part entière du processus décisionnel. Dans ce schéma, les outils numériques peuvent supporter ou même amplifier les différents niveaux de participation. Ainsi, l'Internet et ses outils pourraient rendre réel et opérant un niveau élevé d'engagement citoyen.

Pour autant, d'un point de vue institutionnel, la plupart des initiatives en Europe semblent plutôt être des expérimentations que des dispositifs pérennes et il est actuellement difficile de susciter des degrés de participation importants. Outre les partis politiques, comme le décrit dans le chapitre 11 Jiří Dušek et Lubomír Pána pour la République tchèque, les parlements ou les exécutifs nationaux ou locaux utilisent de plus en plus les TIC pour la diffusion d'informations, parfois pour organiser des échanges avec ou entre les citoyens, mais il est encore difficile de généraliser ces expériences en « démocratie participative ». Au mieux, il s'agit d'améliorations réelles de la participation démocratique des citoyens.

---

406. Les augmentations successives ont abouti à des montants facturés qui ne peuvent plus être payés par les usagers, en particulier par les retraités.

407. Thierry Vedel, « L'idée de démocratie électronique : origines, visions, questions », in Pascal Perrrineau (dir.), *Le Désenchantement démocratique*, La Tour d'Aigues, Éditions de l'Aube, 2003, p. 235.

Alors, quels réels espoirs placer dans l'évolution des usages du numérique ? La mise en place d'instruments, de dispositifs d'« e-démocratie » aurait des effets vertueux car permettant aussi de canaliser les usages que les supposés citoyens font des médias et réseaux sociaux…

Néanmoins, il est indéniable qu'au niveau local de nombreuses expériences sont des réussites et contribuent à une meilleure implication citoyenne et/ou une consolidation des liens sociaux dans un quartier ou une localité. Il ne s'agit pas encore d'un « eldorado de l'engagement » (Lucile Merra, chapitre 9) qui se concrétise en participation citoyenne idéale, mais bien d'activités participatives qui confortent une des thèses de Dominique Cardon : la liaison entre les relations numériques sur les réseaux et les relations physiques. Les outils de communication démultiplieraient donc les relations concrètes entre les personnes[408].

Alors est-il possible de répondre en termes de structures à cette évolution d'une citoyenneté intégrant une e-citoyenneté, ou plutôt d'e-participations devenant citoyennes, et d'institutionnaliser des outils de consultation, de participation, au sein de nos systèmes démocratiques ? L'e-démocratie érigée en système serait alors une solution à la désaffection supposée de nombre de contemporains pour la chose politique, une désaffection qui se manifeste en particulier à travers les taux d'abstention aux votes, le rejet des classes politiques.

Il est inutile de se référer à une histoire plus ou moins ancienne pour constater que la « démocratie », souvent universelle dans son idéal, est polymorphe dans sa concrétisation, que cette caractéristique est peut-être justement un des fondements mêmes du paradigme sociétal. Nos systèmes de démocratie représentative sont souvent décrits comme épuisés et la médiation par des représentants élus paraît de moins en moins légitime. La généralisation des outils de communication numérique renforce la dénonciation des systèmes de représentants élus accusés de conflits d'intérêts, de corruptions, d'incompétences… La planète

408. Cf. l'analyse de la « société civile » de Dominique Cardon, « Réseaux sociaux numériques et mobilisation d'individus », in Antoniy Galabov & Jamil Sayah, *Participations et citoyennetés depuis le Printemps arabe,* Paris, L'Harmattan, 2012, pp. 21-34.

Facebook revendiquerait alors une démocratie participative de délégation de pouvoir, certes à organiser, mais surtout en gardant la possibilité de s'autosaisir de certaines questions, de participer à des débats, même au risque d'une atomisation de chacun dans la prise de décision… De nombreux partis populistes européens prônent d'ailleurs une démocratie participative, un « appel au peuple » souverain sans recours aux médiations offertes par la démocratie représentative, jugée inadaptée ou illégitime, et investissent dans les outils de l'Internet.

On peut ainsi aussi se demander si l'e-démocratie, plutôt que de renouveler la possibilité d'une démocratie participative, ne consacre pas, *de facto*, une forme de démocratie d'opinion. Encore faut-il intégrer la réalité de la formation des opinions publiques avec les usages des outils d'information et de communication numériques.

L'Internet reste un instrument, un ensemble d'outils. L'Internet ne favorise certainement pas l'indignation (Anna Krasteva, chapitre 1), mais lui fournit des exutoires. Mais il est probable qu'une institutionnalisation d'une partie de l'Internet n'aboutira pas à faire évoluer la démocratie[409]. Les évolutions semblent plus profondes et, surtout, mettent en évidence la nécessaire transformation des systèmes politiques, car l'Internet et ses usages mettent en évidence les contradictions des démocraties et la nécessité d'une articulation à établir entre le global et le local.

En suivant Paul Mathias, « *les réseaux donnent […] à penser une manière de "post-citoyenneté" […], l'idée d'une citoyenneté qu'il est devenu impossible d'enfermer dans le cercle herméneutique de la responsabilité et de la rationalité, mais qu'il faut identifier au caractère parfaitement erratique et aléatoire de son expression réticulée, inégale, polymorphe, tantôt superficielle et tantôt tragique, témoignage tantôt de la trivialité des représentations politiques ou sociales des particuliers que nous sommes, tantôt d'une raison discursive qui trouve son point d'orgue dans la rencontre de la multiplicité informe des autres – les absents, là-bas, ailleurs, invisibles, inconnus des espaces intercommunicationnels. […] De l'idée de la citoyenneté à celle de l'"e-citoyenneté", la distance paraît bien plus grande qu'il n'était prévisible ou*

409. Et il faudrait aussi considérer la question de la « neutralité » de l'Internet dans ce débat, la normalisation du droit à la connexion *vs* l'idéal de liberté et de gratuité…

peut-être même souhaitable. […] Tout le monde "sait bien" […] que l'Internet citoyen n'est pas une rêverie de nanti post-industriel, et que réciproquement il est permis de concevoir que les réseaux tissent un espace légitime d'expression de la citoyenneté »[410].

Ces expressions de la citoyenneté nous incitent à prendre en compte la réalité des participations locales, à considérer donc le problème de la démocratie et de son évolution en commençant par le concret du quotidien, de l'échange et du relationnel, une vision simple qui ne vise pas à faire émerger une quelconque sagesse politique de ces pratiques polymorphes. L'e-participation, cette action politique via le numérique, peut plus ou moins s'accommoder et se développer en dehors de toute institution démocratique de l'État. La question du pouvoir devient centrale et cette société civile numérique est alors porteuse d'espoir de renouvellement, de concrétisation. L'e-citoyenneté ne peut que s'appuyer sur les acteurs qui, au sein des sociétés, induisent par leurs démarches et la réalité de leurs échanges cette évolution des démocratisations des sociétés comme des États. Autant d'espoirs que d'incertitudes ou de résistances sont au centre des pratiques numériques.

Gilles Rouet

---

410. Paul Mathias, « Pour un concept de l''e-citoyenneté' », *Sens Public*, sur <http://www.sens-public.org/IMG/pdf/SensPublic_PMathias_ecitoyennete.pdf>, p. 8.

Auteurs des textes

Muriel Bourdon est spécialisée en histoire contemporaine. Elle a consacré sa thèse à l'Europe des universités et s'intéresse à toute forme d'engagements en faveur de la paix et d'une meilleure entente entre les peuples.

Jiří Dušek est docteur en économie, spécialiste d'économie publique et de développement régional, membre du comité scientifique de l'Association internationale de sciences politiques. Il travaille à la faculté d'économie de l'Université de Bohème du Sud.

Valentina Gueorguieva est docteur en sociologie de l'Université Laval (Québec) et maître-assistante au département d'histoire et de théorie de la culture de l'Université de Sofia Saint-Clément-d'Ohrid. Ses recherches portent sur les mouvements sociaux des jeunes.

Svetla Koleva est directrice de recherches et dirige le département *Société de la connaissance : science, éducation, innovation* de l'Institut d'étude des sociétés et du savoir, Académie bulgare des sciences.

Fani Kountouri est docteur en science politique de l'Université de Paris 1, chargée de recherche au Centre national des sciences sociales d'Athènes. En 2011, elle a publié *L'Espace Politique et le Pouvoir. Des partis politiques et des médias en Grèce pendant la décennie 2000* aux éditions Tipothito-Dardanos.

Anna Krasteva est professeur à la Nouvelle Université Bulgare et docteur *honoris causa* de l'Université de Lille 3. Elle dirige un groupe de recherche sur l'e-citoyenneté.

Bernard Lamizet est professeur émérite à l'Institut d'études politiques de Lyon, membre de l'UMR *Triangle*. Il travaille en sémiotique politique. Dernier ouvrage paru : *Le langage politique* (Ellipses).

Alexander Marinov est docteur en sociologie et maître de conférences en administration publique à l'Université de Sofia Saint-Clément-d'Ohrid.

Lucile Merra est doctorante en sociologie à Paris Descartes, membre du GEPECS. Ses recherches portent notamment sur les médias sociaux, l'engagement, la mobilisation et l'étude des usages et des représentations sociales.

Tanya Nedeltcheva est professeur de sociologie, directrice du département *Communautés et identités* à l'Institut d'étude des sociétés et du savoir, Académie bulgare des sciences.

Diana Nenkova est sociologue au département *Société de la connaissance : science, éducation, innovation* de l'Institut d'étude des sociétés et du savoir, Académie bulgare des sciences.

Ildiko Otova est doctorante dans le département de Sciences politiques de la Nouvelle université bulgare. Membre de l'équipe *e-Citizenship*, elle travaille sur l'e-participation et la démocratie dans la ville.

Lubomír Pána est professeur associé au Collège d'études européennes et régionales, membre du comité scientifique de l'Association internationale de science politique.

Dimitrina Popilieva est sociologue au département *Communautés et identités* de l'Institut d'étude des sociétés et du savoir, Académie bulgare des sciences.

Gilles Rouet est professeur de sciences de l'éducation (France) et d'études européennes (Slovaquie), Chaire Jean Monnet *ad personam* en études interdisciplinaires sur l'Europe.

Saskia Sassen est professeur de sociologie à l'Université Columbia et à la *London School of Economics*, spécialiste de la mondialisation et de la sociologie des très grandes villes du monde. Elle est à l'origine du concept de « ville globale » et mondialement reconnue pour ses analyses sur la globalisation et sur les migrations internationales.

Evelina Staikova est doctorante et membre de l'équipe *e-Citizenship*, Nouvelle Université Bulgare. Elle travaille sur l'e-participation et la démocratie dans la ville

Antony Todorov est professeur de science politique à la Nouvelle Université Bulgare.

Gérard Wormser est philosophe et éditeur, fondateur et directeur de la revue *Sens Public*. Spécialiste de phénoménologie morale et politique, il est l'auteur d'une thèse sur Jean-Paul Sartre, membre du comité des Temps modernes, organisateur de nombreux congrès et débats, en particulier à Lyon et à Paris et dans le cadre de réseaux européens.

Table des Matières

L'Europe aux éditions L'Harmattan

Dernières parutions

EUROPE PARTAGÉE, EUROPE DES PARTAGES
Sous la direction de Dufoulon Serge et Rouet Gilles
La crise actuelle serait peut-être une occasion de dessiner de nouvelles alliances, de nouvelles solidarités et de nouveaux équilibres au sein de l'Union européenne. Mais comment cette Europe partagée en politique peut-elle devenir une Europe des partages par et pour les citoyens ? L'Europe se construit du local des quotidiens plus que du global des institutions. Une Europe partagée, c'est une Europe qui se vit au quotidien. Il reste à apprécier, à découvrir voire à définir un projet collectif, européen.
(Coll. Local et Global, 23.50 euros, 240 p.)
ISBN : 978-2-343-00021-3, ISBN EBOOK : 978-2-296-51600-7

MONTÉE (LA) DU RACISME ET DE LA XÉNOPHOBIE EN EUROPE
Diagne Ousmane
Ce livre s'intéresse, parallèlement à l'histoire du racisme, à des phénomènes nouveaux tels que la «cyberhaine» et la «négrophobie». L'auteur pose un regard universel sur le phénomène du racisme et son extension et s'interroge sur sa présence institutionnelle par le biais de la représentation politique.
(11.50 euros, 92 p.)
ISBN : 978-2-296-99554-3, ISBN EBOOK : 978-2-296-53018-8

RISQUES (LES) PSYCHOSOCIAUX EN EUROPE
Analyse jurisprudentielle
Droit communautaire, Allemagne, Belgique, Espagne, France, Italie, Pays-Bas, Royaume-Uni, Suède
Sous la direction de Loïc Lerouge
Les risques psychosociaux au travail sont désormais l'objet de l'attention du législateur au sein des pays de l'Union européenne, mais à des degrés divers. Certains pays ont adapté des législations depuis un certain nombre d'années, d'autres ne s'y sont attelés que récemment. La portée et le recul sur ces textes sont aussi différents. Le rôle du juge est ici essentiel. Cet ouvrage propose ainsi d'étudier les risques psychosociaux au prisme de la jurisprudence.
(21.00 euros, 212 p.)
ISBN : 978-2-336-29091-1, ISBN EBOOK : 978-2-296-51562-8

EUROPE (L') À LA RECHERCHE DE SON PROJET SOCIAL
Sous la direction de Geneviève Duché et Ewa Bogalska-Martin
La crise financière, la crise économique et la dette publique dévoilent la fragilité de la construction d'une zone euro privée des moyens d'une vraie politique économique et monétaire, ainsi que l'impact du fonctionnement des

marchés financiers non régulés et déconnectés de l'économie réelle. L'absence de projet social cohérent devient, en ces temps de crise, particulièrement préjudiciable pour le devenir de la construction européenne.
(Coll. La Librairie des Humanités, 27.00 euros, 258 p.)
ISBN : 978-2-336-29104-8, ISBN EBOOK : 978-2-296-51680-9

CONSTRUIRE L'ESPACE POLITIQUE EUROPÉEN. HISTORIOGRAPHIES, POLITIQUES ET TERRITOIRES
Building the european political space Historiography, Policies and Territories
Sous la direction d'Ariane Landuyt et Denis Rolland
La construction de l'espace européen est un sujet complexe. La crise économique et financière a ramené au coeur du débat l'architecture institutionnelle de l'Europe et son niveau de légitimation démocratique. La mise en oeuvre d'une politique plus solidaire requiert en effet la réalisation concrète d'un espace de démocratie. Tels sont certains des aspects qu'abordent ici nombre de spécialistes européens de haut niveau. (Articles en français et en anglais.)
(Coll. Inter-National, 30.00 euros, 292 p.)
ISBN : 978-2-296-99742-4, ISBN EBOOK : 978-2-296-51606-9

EUROPE CENTRALE ET ORIENTALE DEPUIS 1989
Changer le monde avec des mots
Sous la direction de Brigitte Gautier
La transition de 1989 en Europe de l'Est, redevenue ainsi «Europe centrale et orientale», a bouleversé le continent européen et les visions de l'histoire. Les changements ont influencé la langue, l'histoire et la littérature des différents pays. Il existe un avant et un après-1989 de la langue, qui devient plus riche, parfois anarchique, plus précise et surtout plus joyeuse. La littérature est là pour le prouver. Elle se réapproprie le passé de façon ludique et dévoile la complexité du présent.
(21.00 euros, 214 p.)
ISBN : 978-2-336-29278-6, ISBN EBOOK : 978-2-296-53025-6

DIFFICILE (LA) COHABITATION ETATS-NATIONS / EUROPE
Riva Jeanne
Si l'Union européenne exerce une force d'attraction, elle exerce aussi une force de répulsion, notamment en période de crise. Se pose ainsi la question de la cohabitation entre les 27 États membres de l'UE et l'UE elle-même, sur les plans spatial (jusqu'où l'UE s'étendra-t-elle ?), temporel (sera-t-elle durable ?), politique (qu'adviendront les souverainetés nationales ?) et social. Où en est donc le projet européen ?
(Coll. Intelligence stratégique et géostratégie, 21.00 euros, 202 p.)
ISBN : 978-2-336-29207-6, ISBN EBOOK : 978-2-296-51620-5

REGARDS SUR LA «CRISE» GRECQUE
Sous la direction de Joëlle Dalègre
Ce livre décrypte les phénomènes et les stéréotypes dominants concernant la Grèce et apporte des compléments, souvent introuvables par ailleurs, sur les

réalités. Il peut se lire au niveau de l'Europe et à celui de la Grèce, considérée à la fois comme laboratoire expérimental des recettes néolibérales et comme cas particulier. Pourquoi la Grèce a-t-elle été élue premier «maillon faible» ? En quoi consiste son «sauvetage» ? Pourquoi persister dans un traitement destructeur ? La Grèce change-t-elle et en quoi ?
(27.50 euros, 266 p.)
ISBN : 978-2-343-00005-3, ISBN EBOOK : 978-2-296-53033-1

APPRENDRE L'HISTOIRE À L'ÉCOLE COMMUNISTE
Mémoire et crise identitaire à travers les manuels scolaires roumains
Marin Gabriel - Préface de Violeta Barbu
La manipulation du passé sous le régime national-communiste de Nicolae Ceausescu a laissé dans la société roumaine de profondes traces. L'auteur utilise un corpus de manuels d'histoire parus avant et après 1989, afin de comprendre ce qui a amené la société roumaine à une sorte d'hypomnésie à l'égard de son passé communautaire. La destruction symbolique et physique du passé est liée à la fonction de l'École en tant qu'institution du transfert social intergénérationnel pendant le communisme.
(Coll. Chemins de la Mémoire, série XXe siècle, 39.50 euros, 412 p.)
ISBN : 978-2-336-29040-9, ISBN EBOOK : 978-2-296-51720-2

HELENA RETROUVÉE – Récits polonais
Cain Larissa
Fin décembre 1942, une petite fille s'échappe du ghetto de Varsovie. Elle est accueillie par quatre femmes dont Helena, 15 ans, qui lui fait partager sa vie. Dans la chaleur de ce foyer, elle retrouve un peu de bonheur mais bientôt elle doit de nouveau fuir. Dans le chaos de l'après-guerre, elle tente de retrouver cette famille, en vain. Soixante ans après, un message venu de Pologne permet de chaleureuses retrouvailles... Trois autres récits évoquent la vie clandestine de jeunes traqués.
(Coll. Mémoires du XXe siècle, 11.50 euros, 88 p.)
ISBN : 978-2-343-00174-6, ISBN EBOOK : 978-2-296-53001-0

VERS UNE SOCIÉTÉ SANS CLASSE ?
Le cas de la société suisse contemporaine (1970-2008)
Tillmann Robin
Ce livre est consacré à une évaluation des thèses du déclin, voire de la fin, des classes sociales. La Suisse est caractérisée par une tertiarisation importante de l'économie, un chômage faible et des niveaux de rémunération élevés. Malgré cela, les analyses effectuées, au sujet de l'évolution de la structure sociale, du monde du travail, des ressources économiques et sociales, montrent que ces thèses peuvent être réfutées.
(Coll. Logiques sociales, 24.50 euros, 246 p.)
ISBN : 978-2-296-99824-7, ISBN EBOOK : 978-2-296-52989-2

ÉTAT (L') CANDIDAT À L'UNION EUROPÉENNE
Memeti-Kamberi Lendita
Cet ouvrage traite des aspects juridiques d'un État candidat à l'adhésion à l'Union Européenne. Fondée sur une analyse générale de l'évolution des

conditions d'adhésions et des relations qui lient l'État candidat à l'UE, avec une attention particulière consacrée à la stratégie de préadhésion, cette étude démontre que la candidature d'adhésion à l'UE est une situation particulière, qui oscille entre le statut d'État tiers et celui d'État membre.
(Coll. Droit, Société et Risque, 55.00 euros, 640 p.)
ISBN : 978-2-336-00454-9, ISBN EBOOK : 978-2-296-51284-9

IDENTITÉ ET PARTICIPATION SOCIALE DES JEUNES EN EUROPE ET EN MÉDITERRANÉE
Sous la direction de Jean-Yves Dartiguenave, Christophe Moreau et Maïté Savina
Cet ouvrage analyse en détail les processus de construction identitaire chez les jeunes adultes, non seulement à travers l'insertion dans la sphère du travail, mais aussi à travers l'ensemble de ce qui constitue les rapports sociaux d'une société. Le propos fait une large place aux questions relatives à la mobilisation de la jeunesse en Europe et en Méditerranée ainsi qu'à leurs stratégies migratoires. Il restitue les moyens mis en oeuvre par les jeunes pour mettre à l'épreuve leurs compétences sociales.
(Coll. Logiques sociales, 26.00 euros, 254 p.)
ISBN : 978-2-336-00848-6, ISBN EBOOK : 978-2-296-51517-8

GRÈCE (LA) À L'HEURE DU DÉCROCHAGE EUROPÉEN
Di Salvo François
Une introduction qui débute au coeur de l'intrigue et par une nouvelle percutante : la sortie définitive de la Grèce de l'Union européenne. Le lecteur est plongé au coeur de la conflictualité psychologique et sociologique de l'État hellénique. En définitive, l'analyse sociologique des faits politiques, hors de tout jugement de valeur, s'organise au fil des pages comme un travail de recomposition thématique. La sclérose du système y est abordée sous l'angle de la diversification des points de vue.
(Coll. Questions contemporaines, 23.00 euros, 230 p.)
ISBN : 978-2-336-29148-2, ISBN EBOOK : 978-2-296-51513-0

TERRE DE DÉTRESSE
Birkenau - Bergen-Belsen
Abadi Odette
Préface d'Annette Wieviorka, postface de Pierre-Emmanuel Dauzat
L'auteur avait été arrêtée à Nice, par la Gestapo, en avril 1944, puis déportée à Birkenau. Son crime : être née juive, avoir créé avec Moussa Abadi un service clandestin et mis ainsi à l'abri des recherches de la police allemande plus de cinq cents enfants. Cinquante ans après, elle feuillette, pour nous, le terrible album des images et visages de «la terre de détresse» d'une jeune femme médecin, confrontée à l'innommable... La vérité, rien que la vérité, sans oubli ni pardon...
(23.00 euros, 234 p.)
ISBN : 978-2-296-99443-0, ISBN EBOOK : 978-2-296-51291-7

L'HARMATTAN, ITALIA
Via Degli Artisti 15; 10124 Torino

L'HARMATTAN HONGRIE
Könyvesbolt ; Kossuth L. u. 14-16
1053 Budapest

ESPACE L'HARMATTAN KINSHASA
Faculté des Sciences sociales,
politiques et administratives
BP243, KIN XI
Université de Kinshasa

L'HARMATTAN CONGO
67, av. E. P. Lumumba
Bât. – Congo Pharmacie (Bib. Nat.)
BP2874 Brazzaville
harmattan.congo@yahoo.fr

L'HARMATTAN GUINÉE
Almamya Rue KA 028, en face du restaurant Le Cèdre
OKB agency BP 3470 Conakry
(00224) 60 20 85 08
harmattanguinee@yahoo.fr

L'HARMATTAN CAMEROUN
BP 11486
Face à la SNI, immeuble Don Bosco
Yaoundé
(00237) 99 76 61 66
harmattancam@yahoo.fr

L'HARMATTAN CÔTE D'IVOIRE
Résidence Karl / cité des arts
Abidjan-Cocody 03 BP 1588 Abidjan 03
(00225) 05 77 87 31
etien_nda@yahoo.fr

L'HARMATTAN MAURITANIE
Espace El Kettab du livre francophone
N° 472 avenue du Palais des Congrès
BP 316 Nouakchott
(00222) 63 25 980

L'HARMATTAN SÉNÉGAL
« Villa Rose », rue de Diourbel X G, Point E
BP 45034 Dakar FANN
(00221) 33 825 98 58 / 77 242 25 08
senharmattan@gmail.com

L'HARMATTAN TOGO
1771, Bd du 13 janvier
BP 414 Lomé
Tél : 00 228 2201792
gerry@taama.net

583115 - Octobre 2014
Achevé d'imprimer par

1livre.com
du rêve à la réalité !